金　宗郁

地方分権時代の自治体官僚

木鐸社

目次

第1章　はじめに ··· 9
　第1節　地方分権時代の現状と課題 ··· 9
　　1. 中央・地方の財政悪化 ··10
　　2. 第一次分権改革：地方分権一括法の施行 ··································12
　　3. 第二次分権改革：三位一体改革 ··15
　第2節　本書の目的と構成 ··19
　　1. 本書の目的 ···19
　　　1－1　地方自治における多様性：自治体間の政策競争 ····················19
　　　1－2　分権時代における自治体の政策バリエーション ·····················21
　　　1－3　政策バリエーションに対する分析視点：
　　　　　　ブラック・ボックスと官僚の組織行動 ······························22
　　2. 本書の構成 ···25
　　3. データの説明 ···27

第2章　理論的背景と分析枠組み ···29
　第1節　政策決定論からのアプローチ ···29
　　1. 地域社会の権力構造論（CPS） ··30
　　2. 政策決定要因論 ··34
　　3. ブラック・ボックスに対する論点提供 ·····································40
　第2節　社会学的新制度論からのアプローチ：組織と環境 ·····················43
　　1. マイヤーとローワンの「神話と儀式」 ····································43
　　2. ディマジオとパウエルの「同型化」 ······································44
　　3. 同型化理論の成果 ··46
　　　3－1　制度選択の論理：文化・認知的アプローチ ·······················46
　　　3－2　制度的環境 ··48
　　4. 同型化理論の限界：フィールド内のバリエーション ·····················51
　　　4－1　ミクロ・レベルの行為者 ··51
　　　4－2　準マクロ・レベルの環境 ··52
　　　4－3　文化における規範的な側面 ······································53
　第3節　分析枠組み ··56
　　1. 自治体を取り巻く制度的環境：行政パラダイムの変化
　　　　―新公共管理論（NPM）の台頭 ··57
　　　1－1　NPM：行政ディレンマに対する挑戦 ·····························58
　　　1－2　日本の自治体におけるNPM ······································67

2. 組織の意思決定における個人行動と組織行動……………………69
　　　2－1　サイモンの合理性と「限定された合理性」……………70
　　　2－2　組織の意思決定における「決定前提」…………………72
　　　2－3　サイモンの価値前提による手がかり……………………74
　　3. 個人行動と組織行動の媒介体としての組織規範…………………75
　　　3－1　組織規範の定義……………………………………………76
　　　3－2　組織文化との関係…………………………………………80
　　　3－3　組織規範の機能……………………………………………85
　　4. 分析枠組み……………………………………………………………87

第3章　自治体における組織規範……………………………………………93
　第1節　組織規範の内容：行政のあり方………………………………93
　第2節　組織規範の特定化：職員個人レベル…………………………95
　第3節　自治体における組織規範の存在：組織レベル………………98

第4章　自治体官僚と組織規範……………………………………………107
　第1節　はじめに………………………………………………………107
　第2節　公共選択論における官僚行動………………………………109
　　1. 政府支出における拡大要因………………………………………109
　　2. 本人－代理人理論…………………………………………………112
　　3. 官僚の予算行動と情報公開制度…………………………………115
　　　3－1　自治体における単独事業費……………………………115
　　　3－2　自治体における情報公開制度…………………………118
　　　3－3　実証分析…………………………………………………120
　第3節　行政統制における内部統制としての組織規範……………121
　　1. 従来の行政統制からの検討………………………………………122
　　2. 官僚の責任行動：行政責任論からの検討………………………124
　　3. 官僚の責任行動と組織規範………………………………………127
　第4節　組織文化と組織規範…………………………………………129
　　1. 組織文化の下位レベルとしての組織規範………………………129
　　2. 職員の責任性に対する組織文化と組織規範……………………134
　第5節　組織成果と組織規範…………………………………………137

第5章　自治体の政策パフォーマンスと組織規範
　　　　　（都道府県レベルの分析）……………………………………141
　第1節　はじめに………………………………………………………141
　第2節　アクターの評価と条例制定…………………………………142

第3節　都道府県の政策バリエーションと組織規範：条例制定の規定要因
　　　　　　　　　　　　　　　　　　　　　　　　　　　　　　　　150
　　　第4節　職員の主観的評価と組織規範，責任行動……………153

第6章　自治体の政策パフォーマンスと組織規範（市レベルの分析）
　　　　　　　　　　　　　　　　　　　　　　　　　　　　　　　　157
　　　第1節　はじめに……………………………………………157
　　　第2節　変数説明と仮説設定………………………………162
　　　　1．環境要因…………………………………………………163
　　　　2．市長要因…………………………………………………165
　　　　3．議会要因…………………………………………………168
　　　　4．組織規範要因……………………………………………169
　　　第3節　実証分析……………………………………………171
　　　第4節　市長の改革志向……………………………………175

第7章　組織規範の形成・促進要因……………………………179
　　　第1節　はじめに……………………………………………179
　　　第2節　組織規範の形成・促進要因………………………180
　　　第3節　組織規範の形成・促進要因に対する実証分析：
　　　　　　　HLMモデルによる分析…………………………182
　　　　1．階層線形モデル…………………………………………182
　　　　2．財政・組織規模要因……………………………………186
　　　　3．地域社会要因……………………………………………188
　　　　4．議会要因…………………………………………………189
　　　　5．知事要因…………………………………………………191

おわりに……………………………………………………………195

引用・参考文献……………………………………………………198

あとがき……………………………………………………………216

abstract……………………………………………………………219

索引…………………………………………………………………221

地方分権時代の自治体官僚

第1章　はじめに

第1節　地方分権時代の現状と課題

　現在，生じている自治体の財政危機は，自治体における政策，組織，職員の思考といったすべての領域において変革を迫っている。また，財政の逼迫とともに，多様化する住民の行政ニーズと高齢・少子化は，各自治体に政策を立案する上で様々な工夫を要求している。

　さらに，2000年の地方分権一括法の施行による機関委任事務の廃止は，従来の地方自治のあり方から脱して，新たな自治体，特に政策能力のある自治体への変化を求めるきっかけとなった。これまでの自治体・国における政治・行政システムは，機関委任事務に代表される「公平性の確保」を基本として運営され，そのため，政策主体を国に限定して，集権のもとで全国画一的に国が示した施策を効率的に行うことを前提に構築された。したがって，自治体は「公平」という視点から国が示した画一的な通達・通知というマニュアル行政で運営されてきた[1]。しかしながら，こうした「公平」の原則を支えてきた財源はもはやなくなり，各々の自治体と地域の自助努力・能力によって，各自治体における格差を解消していかざるを得なくなった。

　そして，機関委任事務の廃止とともに，次々と要求されている自治体の制度的対応は，従来の行政のあり方に変化を促している。地方分権一括法の成立以前，地方分権推進委員会は，第一次勧告として「地方公共団体の自己決定権の拡充に伴い，地方公共団体の行政の公正を確保しその透明性を向上さ

（1）　天野（2004），6頁。

せることが重要になるので，地方公共団体の行政をこれまで以上に広く住民の監視の下に置く必要がある」と指摘し，情報公開条例と行政手続条例の制定を促進すると同時に，外部監査機能の導入を含む監視機能の強化を求めた。

このような国内における行政環境の変化とともに，NPM をはじめとする従来の行政に対する問題提起は，自治体の政策過程を変化させるもう一つの環境であった。実際，自治体の現場においても，PFI 法の成立と NPO 法の施行により，従来の行政領域は崩れ始め，民間との協力・競争が本格化した。さらに，各自治体における改革事例は，情報公開と IT の発達によって，全国同時に地域住民に伝えられた。こうした自治体の改革事例の伝播は，地域住民にとって他の自治体との比較素材として，自治体の首長をはじめ，議員，職員などにとって重い政治的負担となりつつある。したがって，各自治体は自分が置かれている状況に合わせて独自に新政策を導入したり，あるいは，他の自治体の政策を模倣して採用することで，変化する行政環境に対応しようとしている。

以下では，こうした近年の地方分権改革を概観することによって，地方分権時代における自治体の現状を検討することにしたい。

1．中央・地方の財政悪化

日本は，景気回復下にあった2005年度において29.4兆円，GDP 比5.8％（道路公団民営化・厚生年金代行返上の影響を除くと，それぞれ24.9兆円，4.9％）の赤字を記録した。また，毎年の財政赤字が累積された一般政府負債残高は2005年度末で957兆円（GDP 比190.2％）に達し，国際的にも歴史的にも平時としては異例の高水準となった。このような政府の債務は，中央・地方の財政再建改革の主要な背景となり，1998年，橋本内閣は法的拘束力によって歳出を削減し，国家財政の再建を図る財政構造改革法を成立させたのである[2]。しかし，バブル崩壊以後，公共財政の支援を受けながらも多量の不良債権を抱えている財界は，このような路線に積極的な同意を示さなかった。また，政界においても葛藤が存在しており，とりわけ，公共事業を通して政治権力を維持してきた自民党にとって公共事業に関わる財政規模の縮小は，積極的に受け入れることができない政策路線であった。

（2） 岩波（2001），2頁。

その結果，財政構造改革法は深刻な不況の下で実施されず，事実上の廃止となった。その後，小渕・森内閣では不況打開のために，景気対策として大型予算と補正予算が成立した結果，中央・地方の財政は最悪の状態に陥ることになった。

このような経緯を辿った中央政府の巨額にのぼる財政赤字は，1980年代以後の地方政府の財政赤字と不可分の関係をもつ[3]。1980年代初め，経済的不況によって行政投資を減少させる緊縮政策が実施されたが，1985年のプラザ合意によって内需拡大が強いられ，税収入を超える自治体の行政投資が行われるようになった。このような自治体の行政投資は，自治体と中央政府における行政投資に対する経費負担の推移をみると，より明確となる（図1－1）。

1980年代の初め，中央政府の行政投資は減少した上で，一定水準を保つようになったが，市町村と都道府県の場合，増加の推移を示しながら，その水準を維持している。特に，1985年前後の中央と地方における行政投資の逆転は明らかであり，これについては1980年代の緊縮政策による自治体向け国家補助事業の抑制，プラザ合意以降の自治体単独事業の急増という背景がある。また，自治体における単独事業の急増には，単独事業に対する起債発行の優待措置，地方債の元利償還金に対する交付税措置などによって中央政府が自治体の単独事業の拡大を誘導した結果でもあった。結局，自治体の過度な単

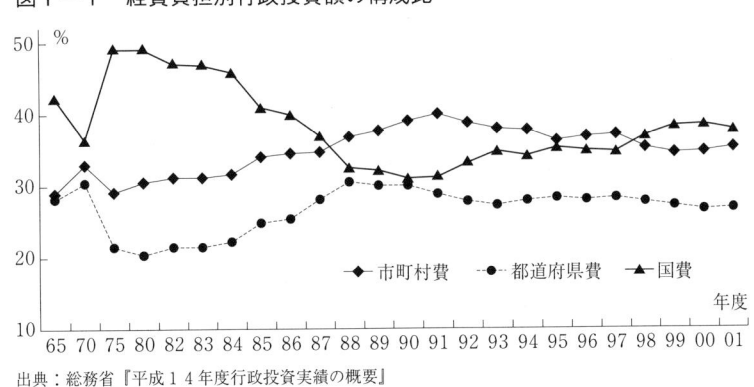

図1－1　経費負担別行政投資額の構成比

出典：総務省『平成14年度行政投資実績の概要』

（3）　岩波（2001），10頁。

独事業は，1991年バブル崩壊以後，地方財政悪化の主な要因となった。

このような1990年代自治体の財政拡大による中央・地方の財政悪化は，国家全体の政治・行政改革のきっかけとなり，地方分権改革もこの中に位置づけることができる[4]。中央政府の場合，地方分権一括法（2000年）に基づく機関委任事務の廃止によって事務責任を自治体に移譲し，中央政府の減量を図ると同時に，自治体間の競争を誘導し財政再建を推進するようになった[5]。一方の自治体は，人員ならびに公共事業の削減などの独自の行政改革によって行政の効率化を推進してきた。以上のような地方への権限委譲に加え，2004年には地方交付税と補助金の削減という三位一体改革が行われた。

2．第一次分権改革：地方分権一括法の施行

戦後の民主化改革では，中央政府の下請機関であった都道府県が自治体化され，住民の選挙によって知事が選出されるようになった。それとともに，シャウプ勧告によって基礎自治体に対する急進的な事務配分を中心とする議論が行われた。しかし，こうした議論は挫折し，中央集権的なシステムを維持・確立する方向の改革が進められた[6]。

その後，戦後の中央集権的な行政体制の下で，本格的な地方分権の議論が行われ始めたのは，1980年代の政治・行政改革の議論からである。1982年に出された第二次臨時行政調査会の基本答申では，行政改革の中心は地方分権であり，国家と地方の機能分担に対する改革が必要であり，住民に身近な行政はできる限り住民と最も密接な地方公共団体が処理すべきであることが謳われた。その後，臨時行政改革推進審議会，政府行政改革推進本部である地方制度調査会などの論議を経て，1995年に地方分権推進法が成立した。

そもそも，地方分権推進法とは，地方分権改革を推進するために5年間の期限を設けて成立したものであり，地方分権の原則を定めて改革の手法を盛り込んだ基本法である。この法律では，地方分権推進委員会を設置した上で，

（4） 村松は1990年代の地方分権改革を含むNPM改革，財政再建，住民参加などの一連の改革を包括的ガバナンス改革とし，その背景には財政圧迫，新しいリーダーシップ，グローバリゼーション，自治体関係者の意識変化などがあると指摘する村松（2003）。
（5） 村松（2002），62頁。
（6） 新川（2002），148頁。

内閣は委員会の勧告を受け，地方分権推進計画を作成・実施しなければならないと規定された。地方分権推進委員会は4回の勧告を内閣に提出し，これに基づいて1998年に「地方分権推進計画」が閣議決定された。その後，地方分権推進委員会の第五次勧告によって，1999年，政府は「第二次地方分権推進計画」を閣議決定し，7月に「地方分権の推進を図るための関係法律の整備等に関する法律」(以下，地方分権一括法)を制定した。地方分権一括法では，475本の法律改正を含めて機関委任事務の廃止と事務の再配分，国等からの関与等のルール化，権限委譲の推進と事務処理特例条例，必置規制の見直しなどが盛り込まれた。

このような地方分権改革の過程について西尾(1999)は「地方分権の混声合唱」と表現した。すなわち，官界を除いた財界(経団連などの地方財界)，政界，地方自治関係団体，学界などのほとんどの各界がそれぞれの地方分権に対する期待を持ちながら，地方分権を唱えたのである。また，彼によれば，地方分権に対する異なる声は，三つの流れの中で生じ，それらが合流することによって地方分権改革を生み出したという。第一に，行政改革の流れである。1980年代の行政改革によってある程度の成果(3公社の民営化)を挙げたが，依然として行政改革に対する財界の要求は高かった。特に東京一極中心の経済による地方経済の低迷は，地方財界にとって大きな不満であり，これは規制緩和と地方分権という要求として噴出した。第二に，政治改革の流れである。1990年代初めの選挙制度改革と政治資金規正法改革などの政治改革は，政府と民間，中央と地方の癒着構造にメスを入れるものである。補助金を取り巻く利害関係者間(中央官僚，政治家，自治体，企業など)の癒着関係は，自民党の利益誘導政治を固着し，自治体だけでなく政治全般の弊害をもたらした。利益誘導政治に対する批判は，小選挙区比例代表並立制への転換とともに，地方分権に対する強い要求につながった。第三に，地方制度改革の流れである。戦後，広域自治体である都道府県の事務は，基礎自治体の市町村に移譲する持続的な作業が行われており，政令指定市・中核市制度を通じて都道府県の事務移譲は加速化されてきた。これに伴って，都道府県の空洞化に対する危惧が強まり，地方分権に対する都道府県の要求が強くなった。

このような三つの流れにおいてそれぞれの利害関係者は，地方分権という総論に同意しても各論においては互いに異なる意見を持っていた。その結果，

第一次分権改革は機関委任事務の廃止，国の関与緩和などの内容に帰結して，地方分権一括法が成立することになった。

　また，地方分権一括法は，戦後改革によって残されていた都道府県の完全自治化を図ったものであり，こうした意味から考えれば，地方分権一括法はいわゆる「未完の戦後改革」を完成したという側面をもつ[7]。つまり，地方分権一括法は戦後日本の地方自治において大きな障害物であった機関委任事務を廃止することにより，地方自治事務の範囲を画期的に広げるとともに，国家の関与を縮小・廃止して自治体の自律性を制度的に高めたと評価することができる。

　他方，こうした評価にも拘わらず，地方分権一括法は自治事務の裏付けとなる地方自主財源の確保において成果を十分に残せなかった。1998年に閣議決定された地方分権推進計画で，「国庫補助負担金の整理合理化と地方税財源の充実確保」が明記されているものの，国庫補助負担金の縮小や地方税の拡充法案については具体的な議論が行われなかった。また，上述したように，中央と地方における利益誘導政治を解決するためにも，地方財政改革が実質的に実行される必要があった。1993年の選挙制度改革における小選挙区制度への変更の目的は，補助金を中心とする後見主義的な政治を打破するためであった。しかし，小林（2005）によると，小選挙区制が導入されて10年が経っても，補助金は依然として政治家の集票手段であり，「票と補助金の交換システム」に大きな変化は見られないという結論が得られている。これは日本の政治改革が国レベルの制度改革だけでは達成できず，国庫補助金と地方交付税の見直しなどの地方財政改革を同時に行わなければならないことを示すものといえる。また，地方分権改革の過程において自治体が強く要求したのも権限委譲とともに地方税制の改善を含む税財源の移譲であった。

　このような地方分権一括法のもつ限界を踏まえて，地方分権推進委員会の最終報告（2001年6月14日）では，今まで達成された分権改革を第一次分権改革とし，分権改革は未完であり第二次分権改革，第三次分権改革が続いて行われなければならないと言及された。このことは，機関委任事務の廃止による事務権限の移譲という第一次分権改革に続いて，地方財政改革による税財源移譲という第二次分権改革が不可欠であることを意味する。

（7）　西尾（1999），116頁。

3．第二次分権改革：三位一体改革

　地方分権一括法の施行後，地方財政改革に関する議論は，2001年4月の小泉内閣誕生とともに，画期的な転換を迎えることになった。「聖域なき改革」を唱える小泉内閣は2004年当時で700兆円に上る政府負債を財政構造改革によって解決しようとした。具体的な手段として，道路特定財源の改革，公共事業の削減，郵政民営化などの財政改革プログラムを設定し，国庫補助負担金の廃止・縮減，地方交付税の縮小，地方への税源移譲を一体的に行う三位一体改革もそれらの中に含まれた。

　また小泉内閣は，従来の政府・与党の二重権力構造から内閣・首相という権力集中へ，政府運営における官僚主導から政治主導への変化を促した上で，内閣府の下で首相直属の重要政策を議論する経済財政諮問会議，総合科学技術会議，中央防災会議，男女共同参画会議などの四つの戦略会議を設置した。このような中央政府の政策過程における変化は小泉内閣の発足とともに，とりわけ経済財政諮問会議の発言力の強化につながった。経済財政諮問会議の民間委員は財政再建を強く主張し，小泉首相も「官から民へ」，「国から地方へ」を唱えた。このような変化の中で，地方財政改革に関しては地方交付税を縮小する財政再建論と，権限と税源を移譲する財政分権論が共存した[8]。

　三位一体改革の過程を概観してみると，本格的な議論となったのは，2002年6月，小泉首相が「補助金，交付税，税源移譲を含む税源配分に関して三位一体で検討」という改革方針を決定した後のことである。これは，2004年度予算編成過程において政府政策議題として公式化された。2003年6月27日，政府は「経済財政運営と構造改革に関する基本方針2003」を閣議決定し，具体的な数値目標として「3年間4兆円の補助金削減」を提示した。また，税源移譲に関しては基幹税（所得税と消費税）の一部を移譲することを原則とした上で，義務的事業の補助金削減分の全額移譲が盛り込まれた。一方，一部の地方では，このような政府の方針をより積極的に受け止めて，2003年8月岩手県，宮城県，千葉県などの6県の知事らが「約9兆円の補助金を削減し，その削減分を地方に移譲すべき」と主張した。中央政府の補助金への依存度が高い自治体の財政状況に鑑みると，補助金の削減に対する自治体の主

（8）　坪井（2004），18頁。

張は地方の変化を感じさせる姿勢と言える。

　しかし，こうした地方の要望があったにも拘わらず，「経済財政運営と構造改革に関する基本方針2003」は，廃止される国庫補助負担金に比べると，税源移譲が不十分な上に地方交付税が大幅に削減されたことで，自治体に財政負担を強いることになり，当初の目標と違って地方の裁量と自由度を一層制限する結果をもたらした[9]。さらに，2004年交付税改革案[10]が公表されたことで，自治体は一連の改革を槍玉にあげて一斉に批判した。

　こうして地方が激しく反発する中，2004年4月に税源移譲の先行決定を内容とする「麻生プラン」が発表され，それに基づいた「経済財政運営と構造改革に関する基本方針2004」が決定された。そして，その方針の決定を受けて，小泉首相は，全国知事会に3兆円の補助金削減に関する具体的な項目を依頼した。一方，全国知事会は，8月20日に地方の補助金削減案をまとめた「国庫補助負担金に関する改革案」を政府に提出した。この地方案には，義務教育国庫負担金などの移譲対象補助金として3.2兆円を削減し，個人住民税の10％を比例税率化し所得税から住民税へ約3兆円を移譲するという要求が盛り込まれていた。さらに，地方財政改革に関する政府の政策決定過程に地方の意見を反映させるため，全国知事会は改革案提示の条件として中央地方間の協議機関設置を要求した。小泉首相は，こうした地方の案に応じる形で，総務大臣，財務大臣などの閣僚と，地方団体の代表によって構成される協議機関を設置し，2004年9月14日に初協議を行った。しかし，協議は各省庁と族議員の反発に直面するなど難航が続き，2004年11月26日，2005－2006年に約2兆8000億円の国庫補助負担金を廃止・削減し，1兆7600億円の税源を移譲することを柱とする三位一体改革に関する政府・与党の全体像がようやく決定された。

　第二次分権改革ともいえる三位一体改革は，地方財政における国庫補助金の比率の縮小と，税財源の移譲などによって今後の地方財政改革において一歩を踏み出したと評価できる。特に，小泉首相の「3年間4兆円の補助金削減」という指示は，具体的な数値目標を設定させて中央省庁に少なからず負

（9）　増田（2004），86頁。
（10）　従来地方交付税によって補填された赤字地方債を含む交付税を2兆9000億円削減する改革案であった。

表1－1　三位一体改革の主要内容

年月日	主要内容
2001年6月	地方分権推進委員会の最終報告「地方税財源の充実確保方案」など
7月	地方分権改革推進会議の発足
2002年6月	「経済財政運営と構造改革に関する基本方針2002」閣議決定
	国庫補助負担金，交付税，税源移譲を含む税源配分を三位一体で検討
10月	地方分権改革推進会議の最終報告「事務事業に関する意見」
11月	6県共同の緊急提言（岩手県，宮城県，三重県，和歌山県，鳥取県，高知県）
	－国庫補助負担金の廃止・縮減が単に地方への負担転嫁とならないように税源配分に対する検討を提言
	－地方公共団体の意見が十分に反映された地方税財源の充実確保を提言
2003年6月9日	地方分権改革推進会議が内閣総理大臣に意見提出「三位一体改革に対する意見」
6月26日	経済財政諮問会議の審議
	－三位一体改革を含む「経済財政運営と構造改革に関する基本方針2003」原案作成および決定
6月27日	「経済財政運営と構造改革に関する基本方針2003」閣議決定
	－3年間4兆円の国庫補助負担金廃止（初年度1兆円削減）
	－義務的経費国庫補助負担金の全額税源移譲，公共事業費国庫補助負担金の8割税源移譲
	－住民税などの基幹税の充実
	－交付税の縮減
8月	岩手県，宮城県，千葉県などの6県の知事
	「約9兆円の補助金削減・税源移譲」
2004年4月	「麻生プラン」発表
	－所得税から個人住民税へ税源移譲の規模（約3兆円）・内容（10％比例税率化）を先行決定
	－2006年まで3兆円の補助金削減
	－2005年の地方税，地方交付税などの一般財源総額は前年度と同様に維持
5月	経済財政諮問会議「経済財政運営と構造改革に関する基本方針2004」決定
	小泉首相　改革に関する地方案を地方団体に依頼
8月	全国知事会「国庫補助負担金などに関する改革案－地方分権推進のための三位一体改革」
	－義務教育国庫負担金などの移譲対象補助金3.2兆円
	－所得税から住民税へ3兆円移譲・個人住民税の10％比例税率化
9月	中央－地方協議機関の初会議
11月26日	三位一体改革に関する政府・与党の全体像決定
	－2005年・2006年約2兆8000億円の国庫補助負担金の廃止及び削減
	－1兆7600億円の税源を移譲（2004年税源移譲額をあわせて2兆4000億円）

担をかけた[11]。また，こうした具体的な数値目標とともに，地方の意見を反映するという中央政府の姿勢を考えると，自治体間の利害一致はできなくても，自治体は地方財政改革において絶好の機会と認識するのに十分であった

---

(11)　坪井（2004），19頁。

12。

　しかし，三位一体改革がもつ意義が分権型社会の創造であるとすれば，三位一体改革に関わる議論過程と結果は実質的な地方財政の自立改革にかかわる議論までには至らなかった。上記においても触れたように，三位一体改革の過程においては，常に地方財政の縮小を念頭におく財政再建論と，地方分権論が緊張の軸を形成してきた。こうした緊張関係は，中央省庁と自治体の軸だけでなく，中央省庁の中においても，とりわけ，「財政計画・交付税廃止」の財務省と「税源移譲・交付税維持」の総務省の対決によって鮮明となった[13]。その結果，三位一体改革の内容は税源移譲を含む税財源配分というより，地方交付税と補助金の削減に傾き，財政再建論を強く反映させたものともいえるだろう。また，三位一体改革の議論における具体的な数値目標の設定は，改革の進展を押し上げる動因となったが，中央省庁間，中央省庁と自治体の間における数字合わせゲームとなり，地方分権の中における三位一体改革の意味が薄くなった。

　自治体は，地方分権一括法の施行と三位一体改革によって，従来よりも自治体の運営においてある程度の自由裁量をもつようになったが，同時にさらなる財政圧迫を招いた。したがって，広くなった自由裁量をどのように用いるかによって自治体の明暗が分かれることが予想される。地方交付税と補助金に対する依存度が高かった自治体では，行政サービスにおける負担と責任の意識が欠如していたことも事実である。こうした現状を踏まえ，近年の地方分権改革は，自治体に対する国の関与をなくし，自治体間の競争を促す方向へ進んでいる。今後自治体は，限られた資源を考慮した上で，自治体の政策を民主的な手続きに基づいて優先順位を決めて行わなければならない。こうした自治体の政策過程は，過去よりも高い政策能力が要求される一方，議会と住民の積極的な参加が不可欠である。すなわち，今までの地方分権改革が「団体自治」を拡大する過程であるとすれば，自治体に要求される今後の改革は「自己決定・自己責任」の「住民自治」に関わるものとなる。

　これまでみてきたように，2000年地方分権一括法の施行とともに2004年三

---

(12)　増田（2004），86頁。
(13)　高木（2004），3頁。

位一体改革は，機関委任の廃止と，補助金の削減・税源移譲という成果を残した半面，自治体は，さらなる財政圧迫という厳しい環境に置かれるようになった。したがって，地域社会に対する自治体の対応，すなわち，自治体の政策能力による結果は，自治体間の格差を生み出すことになり，自治体間における改革政策の競争は激しくなっていく。しかし，こうした状況を肯定的にとらえると，地方自治がもつ政策実験の場としてのメリットがより活かされるともいえる。そこで，本書では自治体の多様性を生み出す政策競争に目を配りながら，議論を進めていきたい。

第2節　本書の目的と構成

1．本書の目的
1-1　地方自治における多様性：自治体間の政策競争

J．S．ミル（J. S. Mill[14]）は，『代議制統治論』の中で「地方代議機関について」という一つの章を設け，自治体の存在理由をデモクラシーと効率性に求めた。彼は，地方代議機関の目的について，以下のように述べた。

> 「地方的代議制度をもつ目的そのものが，かれらの同国人たちの全体の共有しない，なんらかの利害を共通にもつ人びとが，かれら自身の手でその共同利害を処理できるようにということであり……[15]」

つまり，自治体は住民と政治家に対する政治的教育の場を提供し，地域の要求に即応できるとミルは主張したのである。このことは，自治体の意義が地域的な特殊性をもつ住民の要求を反映して地域運営に携わることを示しており，地域的な問題に対する自治体の対応が中央政府の画一的な処理よりも効果的であるということを意味する。しかし，地方自治が地域だけなく国家全体の民主主義を増進させるという両者の肯定的な関係は，地方選挙における極めて低い投票率が象徴するように必ずしもそうとは言い切れない。ただ，選挙における投票参加以外，地方自治では，住民が地方の政治過程に日常的

---

(14)　J. S. Mill (1997 [1861]).『代議制統治論』（水田洋訳）岩波文庫。
(15)　Mill (1997 [1861])，邦訳書357頁。

に参加できるように多様な参加チャンネルを確保することができ，国家のそれよりも参加コストも低い。勿論，こうした参加チャンネルで行われている住民参加の質が問われることもあるが，地方政治における多様な参加空間は，地方自治とデモクラシーの関係を前向きに考えてもよい素材となるだろう。他方，地方自治と効率性に関しては，地域住民の要求と支持を吸い上げ，地域的問題に対する効果的な対応ができるという点ではデモクラシーとの関係を前提に成り立つと考えることができる。自治体の存在価値を自由，参加，効率から検討したL．J．シャープ（L. J. Sharpe[16]）が指摘したように，利害の統合，代議制による応答性，市場の存在しないサービスの提供，官僚を含め，専門集団の活用などは，確かに地方自治がもつ効率性を良く示している。これに対して，地方自治は国家全体の利益よりも偏狭な（parochial）利益を求めることもある[17]。例えば，地域的利益を優先することにより，環境問題において負の外部効果が生じやすいことや，税収増加を図ることによる低所得層の排除などは，必ずしも地方自治が効率的でないことを裏付けている。

しかし，このような地方自治と効率性の関係に対する疑問があるにも拘わらず，自治体間における多様性がもたらすメリットがあることを指摘しておきたい。そもそも，多様性とは何か。まず，国家制度上において各自治体のもつ権限と財源による多様性が挙げられる。日本では，2008年1月現在，47の都道府県と1818の市区町村が存在する。さらに，市の中で，17の政令指定市，35の中核市，44の特例市が政令に基づいて都道府県の事務を担当している。こうした自治体間の役割は，国家の法律によって定められており，そのレベルによってその制度運営や政策内容もそれぞれ固有のものをもつ。一方，同レベルの自治体間における多様性はより広いパターンで目にすることができる。地方分権が進められる以前，つまり中央集権的な国家統治構造においては，自治体のレベル間の多様性は存在するが，同レベルの自治体間の多様性は生じにくい。しかし，地方分権が進むほど，同レベルの自治体間の多様性は幅広く進行すると期待される。また，こうした同レベルの自治体間，す

---

(16) Sharpe (1970), pp. 153-174.

(17) たとえば，Langrod, Georges. (1953). "Local Government and Democracy" *Public Administration*, vol. 31, pp. 26-31 は，地方自治の排他性を指摘した。Hill, Dilys M. (1974), pp. 23-25 を参照。

なわち,都道府県間,市区町村間においては,同じ権限の下で,置かれているそれぞれの環境に対応しながら,様々な政策が計画・実行される。その中で,自治体間における先導的な政策的実験は国家レベルに比べて容易であるし,その成功は他の自治体のみならず国家にも波及する。例えば,90年代において自治体の情報公開制度が国の情報公開制度を誘導したことはよく知られている。つまり,自治体で行われる政策実験の可能性は,地方自治が効率性と肯定的な関係を保つことができる[18]という根拠となり,自治体間の競争を誘導することによって,地域住民の福利増進と関わりながらも,国家全体の効率性が図られるのである。これに関してW. E. オーツ (W. E. Oates, 1972[19]) は,「分権化定理」を示して,国による公共財の提供よりも地方政府による公共財の供給の方が社会的厚生を高めると主張し,地方分権は,地域間の競争を促して効果的な公共財を供給し,政府の肥大化を防げると論じた。

したがって,自治体間の多様性がもたらすメリットは,自治体間の政策競争によって現実化されるのであり,地方自治の意義をより深めることになる。

1-2 分権時代における自治体の政策バリエーション

このように,同レベルの自治体間の政策競争は,自治体間における政策バリエーションを意味し,地方自治における多様性のメリットとなる。

そして,上記の地方自治ないし自治体の価値が実現するには,自治体の自律性が保障されなければならず,自治体の自律性については,国との関係を考慮しなければならない。つまり,国と自治体における権限と財源がどのように分散されているかであり,これに関しては,これまで中央・地方関係の研究によって多く検討されてきた。集権的な色彩が強かった日本の地方自治では,自治体の政策選択において国の存在が大きな影響力をもつ。しかも,その影響力は,単に法律上の事務権限に限らず,自治体の財源形成にも及び,自治体の「自治」を制限した。とりわけ,自治体のもつ地域の資源が乏しい場合,国の移転財源である交付税や補助金に依存せざるをえなくなり,その結果,自治体の政策選好は地域社会のニーズを反映したものにならず,自治

---

(18) Greenwood, R. and Stewart J. D. (1986), pp. 37.
(19) Oates, Wallace E. (1972), *Fiscal Federalism*, New York: Harcourt Brace Jovanovich.

体は国の動向に長らく従っていた。

　しかし，1990年代の自治体の財政拡大によって生じた中央と地方の財政悪化は，日本全体の改革を加速化させ，近年の分権改革にも影響を及ぼすようになった。つまり，国の場合，機関委任事務の廃止に象徴されるように，地方分権一括法を通して事務責任を地方に移譲することによって，自らのダウン・サイジングを実行するとともに自治体間の競争を誘導し，財政再建を図ったのである[20]。このような現状に鑑みると，自治体間の「改革競争」は激しさを増し，一見すると，地方分権の効果として評価できるかもしれない。これに対して，自治体では，人員削減と公共事業の削減などの独自の改革政策を通じて行政の効率化が進められてきた。このような中央政府の政策方向と，自治体の自助努力は，自治体全体の裁量領域を増やしたという評価が下される一方，多様な分野において自治体間の格差が生じることになった。特に，自助努力もしくは改革政策に対する自治体間の差異は，各自治体における行政能力の差だけでなく，その能力によって決まる地域社会の将来を表し，同レベルの自治体間の多様性を把握するための格好の素材となる。

　したがって，同レベルの自治体間の多様性に対して，本書では「改革競争」という視点に立ち，改革政策をめぐる政策バリエーションを検討することにしたい。現在，自治体が取り組む改革は，住民参加，組織改編，財政健全化など多岐にわたっており，自治体間における採用の程度も偏差をみせている。ただ，こうした改革政策が，直ちに自治体が目標とする効果の実現を――財政再建，住民の福利増進など――意味するわけではない。例えば，多様な住民参加制度を設けたとしても，地域社会ないし自治体に対する住民の積極的な参加が実現されたとはいえない。また，行政効率化を図るために，行政評価制度や組織改編を行った結果，直ちに財政力指数が向上することも稀である。この意味を踏まえてみると，本書における政策バリエーションは，自治体間におけるアウトカムの差でなく，アウトプットの差を意味するといえるだろう。

1－3　政策バリエーションに対する分析視点
　　：ブラック・ボックスと官僚の組織行動

---

　(20)　村松（2002），62頁。

「自治体の政策バリエーションは，なぜ生じるのか」

この問いは，政治・行政学において非常に魅力的なテーマであり，政策決定過程の研究に関わるものである。とりわけ，地方自治をフィールドとする研究者にとっては，明瞭な問題意識であるとともに難解であり，上記において述べた自治体の正当性に関わるものである。

従来，自治体の政策決定に関する研究は，様々な角度から検討されており，数え切れないほどの研究成果が存在する。地域社会の権力構造研究と政策決定要因研究では，事例研究とともに，比較分析を通して上記の問いに対して答えようとした。また，研究方法について言及すると，事例研究から計量研究へ，あるいは二つの方法の融合まで，多岐にわたって行われた。中でも環境要因，影響力関係，中央政府との関係といった説明要因は，自治体の政策決定過程に対するモデルの説明力を高めた。しかし，これらの研究では，自治体の政策過程におけるインプットからアウトプットへの変換過程がブラック・ボックス（black box）として扱われた。

一方，すべての公共政策は組織の意思決定過程を通じて成り立つ。従来の自治体の政策決定研究では，政策決定における首長の影響力が注目されており，官僚組織に対する分析はあまり多くない。自治体の政策決定における官僚組織は，政策の形成・導入だけでなく，政策の詳細である設計および運営・実行に携わることによって影響力を行使している。したがって，上記の「ブラック・ボックス」と「官僚組織」は，自治体の政策バリエーションに対する解明においてオーソドックスなキーワードであり，不可欠なものである。つまり，自治体の政策過程における「ブラック・ボックス」の解明は，組織の意思決定過程に関わり，組織の意思決定過程においては，首長，議会とともに官僚組織の行動を考察しなければならない。

そこで，本書では，自治体の政策過程における「ブラック・ボックス」に対して，「官僚組織」の問題とともに二つの論点を設定したい。まず，自治体の政策過程における「環境」とは何かである。自治体の政策決定過程は，インプットからアウトプットへの変換過程である一方，自治体という組織における一連の意思決定過程である。さらに，その意思決定過程は，自治体を取り巻く外部の環境要因に対する認知・解釈の過程である。

これに対して，組織社会学では組織と環境においてオープン・システムを

強調しながら，環境に対する組織の対応が検証された。例えば，コンティンジェンシー理論では，環境に対する組織の合理性が指摘された。しかし，こうした組織の合理性に対する視点は，マイヤーとローワンの「官僚制の神話」に見られるように，環境が異なるにも拘わらず，すべての国において官僚制を採用しているのは何故かという批判を甘受せざるをえない。そこで，社会学的新制度論の「同型化理論」では，何故，同種の組織フィールドにおいて組織の構造や行動が似ていくのかを説明することによって，組織における環境の概念を改めて定義した。すなわち，社会学的新制度論では組織における環境としてのマクロ・レベルの制度的環境を概念化した上で，環境に対する組織行動を「適切さの原理」によって組織間の同型化を説明したのである。こうしたマクロ・レベルの「制度的環境」は，従来の政策決定要因研究における社会・経済的環境とともに，自治体の政策過程に対する認知・解釈フレームを提供する。

次の論点は，環境に対する認知・解釈の主体に関わるものである。すなわち，本書では自治体の政策過程における官僚組織に着目するが，それに関連する官僚の組織行動とは何なのかである。

この点について，従来の組織研究では，意思決定論，リーダーシップ，組織文化，組織コミットメントなどによって，官僚の行動が説明されてきた。とりわけ，意思決定論では，合理モデル，満足モデル，増分モデル，ゴミカンモデルといった規範的なモデルから実証的なモデルまで多様なアプローチを提供してきたが，意思決定論における主体はあくまで個人であることに注意しなければならない。自治体の政策は，政策の形成ならびに実施の各段階において一連の意思決定が集団的に行われる「組織的決定」の複合的アウトプットであるからである。したがって，自治体の意思決定過程における官僚の個人行動がどのように組織行動へ変換されるかが注目される。この点については，H. A. サイモン（H. A. Simon, 1945）が提示した「決定前提」は参照に値する。サイモンは組織の中の個人がもつ「限定された合理性」のため，組織は，組織構成員に対して「決定前提」を与えることによって目的－手段における合理性を求めていると述べている。つまり，組織における「決定前提」は，組織構成員に対するコントロールの機制として作用し，組織的行動を形成するのである。

こうした論点を踏まえて，本書では，まず，自治体間における政策バリエーションを検討するために，制度的環境に対する自治体の認知・解釈過程に注目する。ここでいう自治体の認知・解釈過程とは，自治体における諸アクターによる意思決定過程であり，自治体の政策決定過程である。自治体の政策決定に関する従来の研究では，自治体の内部過程を影響力関係からとらえてきた。さらに，自治体の政策決定において絶対的な権限をもつ首長に注目し，分析が自治体の政策アウトプットと首長のリーダーシップに主になされた。それに対して，本書は，政策形成・執行段階における官僚行動に着目し，政策アウトプットとの関係を検証する。さらに，制度的環境の下で，個人レベルの官僚行動がどのように組織レベルの組織行動へと転換され，自治体の政策に影響を与えるかに注目した上で，個人レベルの官僚行動と組織レベルの組織行動の媒介体として「組織規範」を概念化する。本書における「組織規範」とは，マクロ・レベルの制度的環境に対する自治体の認知・解釈的フレームとして官僚の個人行動をコントロールしながら，組織行動に変換させる組織の価値・信念体系である。

したがって，本書の目的は，自治体間の政策バリエーションに対する官僚の組織行動の影響を「組織規範」というレンズを通して理論的・実証的に検証することである。

2．本書の構成

本書では，自治体間の政策バリエーションに対する官僚の組織行動の影響を分析するために，以下の手順でに進めていくことにしたい。

第2章では，本書の分析枠組みを設定するため，先行研究の検討とともに「組織規範」の定義を行うことによって，本書の理論的拠り所を提示する。まず，従来の研究において自治体の政策決定を含めて自治体のバリエーションがどのように分析されてきたか整理することにする。つづいて，従来の政策決定過程論において，自治体の存在がどのように位置づけされており，自治体における政策の差異がいかに説明されてきたか検討する。さらに，自治体が政策ないし制度を採択する際，いかなる論理が作動するかを，社会学的新制度論，その中でも，とりわけ同型化理論に基づいて検討する。同型化理論では，環境において社会の文化的価値を強調する制度的環境が論じられており，その制度的環境に対する組織の認知過程が注目される。しかも，制度

的環境に対する自治体の認知過程は，組織における官僚行動と関わっており，そこでいう官僚行動とは官僚個人レベルの行動というよりも，組織レベルの組織行動である。したがって，個人レベルの官僚行動と組織レベルの組織行動の媒介体を探るために，「組織規範」を概念化した上で，その機能を探りながら，本書の分析枠組みを設定したい。

第3章では，自治体の職員における組織規範の特定化に対して近年のNPMを含む行政のあり方に関わる内容を用いて試みる。具体的には，マクロ・レベルの制度的環境としてのNPMを含む新しい行政価値に対して都道府県の職員意識を検討した上で，個人レベルと組織レベルにおいて組織規範の抽出作業を行う。さらに，それらの組織規範が都道府県間における組織的特性を示していることについても論じることにしたい。

第3章の結果を受けて第4章では，組織規範の機能として取り上げられた「職員行動に対する統制的機能」，すなわち，組織規範が職員行動に対してどのようなインフォーマルな制約を与え，職員の組織行動による結果である自治体のアウトプットにいかなる影響を及ぼすかについて検討する。具体的には，情報公開制度のような外部統制とともに，内部統制の重要性を論じながら，内部統制としての組織規範を検討する。さらに，組織規範の内部統制的機能を検証するために，職員の責任行動に対する組織規範の影響を実証分析するとともに，内部統制としての機能を持つともいえる組織文化に対して，組織規範がいかなる関係をもつかについても検討する。

第5章では，自治体を取り巻くマクロ・レベルの制度的環境の中で，第一次分権改革といわれる2000年地方分権一括法の施行後の自治体の変化について論じることにしたい。まず，自治体の変化については，自治体の政策過程に関わっているアクター（首長，議員，職員，住民など）の評価とともに，都道府県における条例制定を取り上げて検討する。続いて，都道府県の政策パフォーマンスとしての条例制定に対する規定要因を考察するとともに，職員の主観的評価に対して「組織規範」と「責任行動」はいかなる関係をもつかについて分析する。とりわけ，都道府県の条例制定に対しては，本書の「組織規範」ならびに知事，議会，地域社会などの諸要因がどのような影響を与えているかについて実証分析を行う。

第6章では，市レベルの自治体の職員における組織規範の共有・内在化は，どのように形成・促進されるだろうかという問いに対して試論的分析を行う。

組織規範に対する本書の定義によれば，組織規範の内容はマクロ・レベルの制度的環境によって形成されるが，自治体において組織規範が内在化もしくは促進されるには，何らかの自治体の内部要因が働き，組織規範は組織としての特性を有する。第7章では，自治体の職員に影響を与えながら，組織規範を形成・促進させる要因として，「財政・組織規模要因」，「地域社会要因」，「議会要因」，「知事要因」を設定した上で，階層線形モデル（HLM, Hierarchical Liner Model）を用いて組織規範との関係を検討することにしたい。

これらの分析結果を総括しながら，おわりにでは本書の知見と展望を述べることにする。

3．データの説明

本節では，自治体の政策バリエーションを説明するために，自治体の関係者（首長，議員，職員）に対する意識調査データと集計データについて説明する。

まず，市レベルの意識調査データについては，2001年に行った「日米韓FAUIプロジェクト」調査データを用いることにしたい。「日米韓FAUIプロジェクト」とは，テリー・ニコルス・クラーク（シカゴ大学社会学部教授）が主催する「緊縮財政と都市改革プロジェクト（The Fiscal Austerity and Urban Innovation (FAUI) Project)」の一環として，小林良彰（慶應義塾大学法学部教授）を研究代表者として数回にわたって行われている調査研究である。同調査研究は，地方政府が行った都市の改良に関する情報を分析することを目的としており，アメリカをはじめ，39の国々において公務員に対する調査が行われている。2001年の調査では，全国672市（2001年4月1日現在）の市長，市議会議長，財政担当部課長，総務担当部課長の四者を対象にして調査が行われた。調査の回収率は，全体で69.9%（1,880通）であり，市長66.8%（449市），議長67.6%（454市），財政課長73.4%（493市），総務課長72.0%（484市）である。また，同調査の実施に際しては，慶應義塾大学G-SEC研究助成，ならびにサントリー文化財団研究助成を受けた。

また，都道府県レベルの意識調査データは，2005年に全国都道府県の知事，議会の議員，職員を対象として行われたものであり，知事と職員の調査については，慶應義塾大学21世紀COEプログラム『多文化多世代交差世界における政治社会秩序形成－多文化世界における市民意識の動態－』（拠点リーダ

一・小林良彰：慶應義塾大学教授）が行ったものである。また，議員の調査については，全国都道府県議会議長会『都道府県議会制度研究会』（座長・大森弥東京大学名誉教授）と慶應義塾大学21世紀COEプログラム『多文化多世代交差世界における政治社会秩序形成－多文化世界における市民意識の動態－』の共同調査である。いずれも2005年8月に実施し，全国の知事，議員，職員宛てに，それぞれ郵送調査を行った。同調査の回収率については，知事を対象とした調査の場合，29名の都道府県知事から回答（回収率61.7％）を頂いた。

また，都道府県議会議員の場合は，2005年8月11日現在の全国の都道府県議会議員全員を対象とした全数調査（対象2812名）を行った。回収率については，2006年1月末の終了時点で1103名の都道府県議会議員から回答（回収率39％）を頂いた。

一方，都道府県職員に対する調査では，部長級以上は全員を対象とし，課長級は各都道府県において共通して存在する課を選択し，各筆頭課長級以上に，調査票を送付した。その結果，対象者1065名（部長級：364名，課長級：701名）のうち，回答者は535名である（回収率50.2％）。

また，本書では，市と都道府県の関係者に対する意識調査データとともに，各自治体に関わる集計データを用いることにする。例えば，市レベルに対する分析では，2002年に日本経済新聞社と日経産業消費研究所が行った「全国市区の行政比較調査」データを用いることによって，市の政策パフォーマンスを測ることにする。なお，各自治体の基本データは，『都市データパック』（東洋経済新報社，各年版），『統計でみる都道府県のすがた2005』（総務省統計局），日経NEEDSなどを用い，都道府県の条例については，2006年3月の時点で各都道府県がホームページで公開している「例規集」から調べたデータである。

最後に，上記の二つの調査についてご協力を下さった自治体の関係者の方々とともに，調査データの使用についてご許可を下さった「日米韓FAUIプロジェクト」の関係者ならびに慶應義塾大学21世紀COEプログラムには，ここに記して感謝の意を表したい。

第2章　理論的背景と分析枠組み

　本書の目的は，自治体間における政策バリエーションに対する官僚の組織行動の影響を検証することである。とりわけ，制度的環境に対して個人レベルの官僚行動がどのように組織レベルの組織行動へと転換されて，自治体の政策に影響を与えるかに注目した上で，その媒介変数として「組織規範」を設定し理論的・実証的に検証することにある。

　そこで，本章では，従来の研究において自治体の政策決定を含めて自治体のバリエーションがどのように分析されてきたかを整理することにしたい。まず，従来の政策決定過程論においては，自治体の存在がどのようにとらえられており，自治体における政策の差異がいかに説明されてきたのかを検討する。次に，自治体が政策ないし制度を採択する際，いかなる論理が働いているか，社会学的新制度論の同型化理論から検討する。同型化理論では，環境において社会の文化的価値を強調する制度的環境が論じられており，その制度的環境に対する組織の認知過程が注目される。また，こうした社会学的新制度論の議論を踏まえると，制度的環境に対する自治体の認知過程には，自治体のアクター，特に職員の行動が深く関わっている。職員行動には，官僚個人レベルの行動と組織レベルの組織行動という二つのパターンがあるが，本書では後者に着目する。最後に，官僚個人レベルの行動と組織レベルの組織行動を形成させる媒介体に対する解明のため，本書では「組織規範」という概念を用いて探ることにしたい。

第1節　政策決定論からのアプローチ

　公共政策は，政治・行政学において最も説明すべきである従属変数である。

なぜならば、諸価値をめぐる利害対立は、主として政府の政策決定過程において展開されるからである。また、こうした政策決定過程は国、自治体に応じて様々な様相をみせる。したがって、R.ドーソンとJ.ロビンソン（R. Dawson and J. Robinson, 1963）が指摘したように[1]、政治・行政学では「政策の相違はなぜ生じるか」について説明可能な独立変数と媒介変数を発見しなければならないのである。つまり、政府の政策決定過程は、分析レベル（国、自治体）や時間的レベルにおいてその違いが存在しており、その相違に対する説明によって政策決定過程を総合的に眺望することができるからである。

本節では、自治体の政策決定過程に関わる従来の研究を検討しながら、本書の理論的枠組みの土台を築くことにしたい。まず、地域社会の古典的研究である地域社会の権力構造論を検討しながら、自治体の存在がどのように扱われてきたかについて述べる。続いて、予算または支出に注目して自治体の政策バリエーションを分析した政策決定要因論を紹介した上で、そこで指摘される問題点を取り上げる。

1. 地域社会の権力構造論（CPS）

地域社会の権力構造論（CPS: Community Power Structure）では、地域社会に対する強い影響力を持つ主要なアクターは存在するか、もし存在するならば、誰かといった地域社会における権力の所在が考察される。つまり、地域社会を「誰が支配するか」に集約される地方政治に関わる理論である。ここでは、地域社会の権力構造論において主として議論された代表的な研究を取り上げながら、まとめることにしたい。

地域社会の権力構造論における初期の研究では、地域社会に対する影響力をもつのが少数か多数かというエリート主義論と多元主義論の対立構図であった。

エリート主義論では、地域社会の権力が少数の経済エリートに集中されており、彼らが自治体の政策決定に支配的な影響力を行使すると考えられている。例えば、F.ハンター（F. Hunter, 1953[2]）は、アトランタ市を分析対象

---

(1) Dawson and Robinson (1963), pp. 266.
(2) Hunter, F. (1953). *Community Power Structure: A Study of Decision Makers*, The University of North Carolina Press. 鈴木広監訳（1998）『コミュニティの

とし,「評判法」(reputational approach) を用いて誰の影響力が大きいかを調べた結果,経済エリートの影響力が強いことを示した。

それに対して,多元主義論では,地域社会において権力は分散されていると考える。つまり,単一のエリートがすべての政策領域で影響力を行使するのではなく,政策領域ごとに異なるエリートが存在し影響力を持つのである。ニューヘイヴン市を分析対象としたR.ダール (R. Dahl, 1961) の研究[3]では,政党の候補者指名,都市再開発計画,学校教育などの争点別に市のリーダーを検討する「争点法」(issue approach) が用いられた。その結果,権力は不平等に分散されているが,影響力を持つエリートは争点ごとに異なることが明らかとなり,権力構造は多元的であるという結論に至ったのである。

エリート主義論と多元主義論は,地域社会の物事を誰が決定するかを取り上げ,それぞれ異なる結論を導き出した。すなわち,エリート主義論では少数のエリートが権力を独占しているとみる一方,多元主義論では,分野別にエリートが存在し,互いに競争するので,権力は分散されていると結論づけたのである。また,方法論においても,「評判法」と「争点法」の対比にみられるように,権力ないし影響力に対する観察方法をめぐる論争も活発に行われた。これらの研究を自治体の自律性に関連づけてみると,両研究における自治体は,エリートに従属するか,あるいは多様なエリートの競争の場として位置づけられ,自律性を持たない存在として扱われているようにみえる。

一方,自治体の自律性の限界をより明らかにした研究もある。代表的な研究はP.E.ピーターソン (P. E. Peterson, 1981) の研究[4]であり,自治体における自律性の限界に注目した都市限界論である。中央政府と違って,自治体は資本と労働を統制することができないので,地域経済が不況に陥ると,財政基盤の脆弱化,公共サービスの低下,失業率の悪化に直面することになる。したがって,自治体は都市成長のために開発政策に積極的となるが,再配分政策には消極的となるのである。つまり,資本の移動が自治体の自律性を制

　　権力構造』恒星社厚生閣。
（3）　Dahl, R. (1961). *Who Governs?: Democracy and Power in an American City*, Yale University Press. 河村望・高橋和宏監訳 (1988)『統治するのはだれか』行人社。
（4）　Peterson, Paul E. 1981. *City Limits. Chicago*: The University of Chicago Press.

約し，自治体の政策選択に大きな影響を及ぼすのである。都市限界論は，市場の影響力を強調し自治体が開発政策に偏らざるを得ない自律性の限界に注目しており，この点についてはエリート主義論や多元主義論と共通するかもしれないが，自治体の自律性を制約する要因を地域社会内部でなく，外部の社会経済的要因に求めたことに注意すべきである。しかし，都市限界論では，地方政治が経済発展という一つの目標によって動かされると言われたが，その問題では，地域社会において経済発展をめぐる政治的葛藤が無視されているという点が指摘できる[5]。

そこで，都市成長に対する説明を補完・強化する理論として成長マシーン論（Growth machine theory）が提示された。成長マシーン論[6]では，主として地域経済の成長による利益を享受する勢力が連合を組み都市の政治を主導していくと考えられた。すなわち，土地の交換価値を高めようとする地主が自治体と連合して，都市限界論のように構造的要因によって地方政治のエリートが都市の成長を誘導するというよりも，地域の成長によって利益を得る利害関係者が同盟を形成して地域開発を主導するのである。しかし，なぜ，自治体が成長戦略に傾くかについては疑問が残り[7]，自治体における政策決定のメカニズムに関する解明には至らなかったと指摘せざるを得ない。したがって，エリート主義論，多元主義論，都市限界論と同様に，自治体の自律性に対して否定的な立場を有していることになる。

一方，地域社会における自治体の自律性に注目する研究も存在する。これは，いわゆるレジーム論（Regime theory）であり，自治体と非政府部門（企業）の協力と，レジームの形成に着目する。ここでのレジームとは，公的主体と私的利害が地域社会の統治決定・実行のために，互いに協力する非公式的な配置を意味する[8]。C.ストーン（C. Stone, 1989[9]）の主張によると，自治体において資源の限界が存在するので，自治体は都市開発の資源を持つ非政府部門と安定した協力を試みる。すなわち，自治体にとって政策の効果は，

（5） Molotch (1976), p. 313.
（6） Molotch, Harvey. (1976). "The City as a Growth Machine: Toward a Political Economy of Place." *The American Journal of Sociology*, Vol. 82(2), pp. 309-332.
（7） 中澤（1999），111頁。
（8） Stone (1989), p. 6.
（9） Stone (1989), p. 178.

自治体と非政府部門がいかに上手く結合されたかに左右されるのである。したがって，レジーム論では自治体の自律性を強調しながら，地域社会における連合形成の政治過程が観察されたのである。

これまでみてきた地域社会の権力構造論における従来の研究をまとめてみると，二つのことがいえる。第一に，理論的な視点に立つと，「地域社会のエリートは少数か多数か」，「自治体は自律的な存在か」などによって各理論が分かれる。多元主義論では権力構造が多数のエリートによって分散されているが，エリート主義論では少数のエリートが独占しているとみる。しかも，両者は，自治体を従属的存在として扱っており，都市限界論や成長マシーン論においても同様である。これに対してレジーム論は，自治体を自律的存在としてアプローチすることにより，他の理論との相違をみせる。これらの研究と現状の社会に鑑みると，地域社会のエリートにおいては多元主議論が指摘したように分野別のエリートの存在が説得力をもつようにみえる。また，政策過程において自治体が果たす主導的役割を考えると，地域社会における自律的存在としての自治体が注目される。特に，日本の場合，地域社会の成長戦略に対する自治体の影響力は大きいだろう。したがって，自治体の自律性を認めているレジーム論においても自治体の政策決定過程を中心とする内部の政治過程が優先せざるをえないのである。このことは，自治体が政策目標を達成するために政策資源を有している集団の協力を主導するといえるだろう。

第二に，研究方法論からみると，エリート主義論と多元主義論では，権力をどのように測定できるかというのが争点となった。しかし，別の角度から考えれば，エリート主義論と多元主義論が導き出した結論は，どの時期のどの都市を選択するかによって結果が異なるという指摘ができる[10]。このような指摘は，比較都市研究において計量分析が用いられる背景となり，大規模な調査に基づいた研究が行われるようになった。

このように地域社会の権力構造論では，自治体の政策決定に対する影響力の所在によって地域社会の意思決定メカニズムを解明することが主な問題意識であった。すなわち，「なぜ，自治体がある特定の政策（アジェンダ）を選択したか」という問いに対して，事例研究を通して説明を試みたのである。

---

(10) 中澤（1999），110頁。

これに対して,「なぜ,自治体間において政策の違いが生じるか」という問いに対しては,自治体の政策アウトプットを取り上げながら,比較・計量分析に基づいて解明する政策決定要因研究が進められてきた。

2. 政策決定要因論

政策決定要因論では,「なぜ,自治体間において政策の差が生じるか」に対して,主に「社会経済的要因」vs.「政治行政的要因」という対立構図による議論が行われた。また,被説明変数である自治体の政策は,そのアウトプットである予算ないし支出を用いて分析を試みた[11]。自治体の政策インデックスとして,支出はいくつかの問題があるにも拘わらず[12],自治体の全体的な政策方向と政策選好を反映しているので,多くの研究者に用いられた。具体的には,州あるいは市政府に対する大規模の集計データによる比較分析を行い,社会経済的要因ないし政治行政的要因などが自治体支出にどのように影響を与えるかを分析した。政策決定要因論において支出もしくは予算が用いられた背景には,政治構造や過程を中心とした従来の研究が自治体の政策アウトプットをうまく説明できなかったという理由がある[13]。

1950年代から始まった初期の政策決定要因研究では,主に経済学者により,アメリカの州政府と市政府の政策を地域の社会経済的な特性と関連づけた分析が行われた。彼らは,公共財の消費者(政府政策を享受する納税者ないし地域住民)の選好を検討するために,地域社会の多様な特徴を調べた上で,自治体の支出との関係を分析した。たとえばS.フェブリカント(S. Febricant, 1952[14])は,1942年のアメリカの自治体における一人あたり支出の違い

---

(11) たとえば,Febricant (1952), Dawson and Robinson (1963), Hofferbert (1966), Lewis-Beck (1977), Dye and Robey (1980), Clark and Ferguson (1983), Jacoby and Schneider (2001) などが取り上げられる。

(12) たとえば,住民一人あたり支出の水準は,各政策に対する自治体間の要求度が無視されており,自治体の政策に対する住民の満足を意味しないという指摘もある。Aronson, J. Richard and John L. Hilley. (1986). *Financing State and Local Governments*, Washington D. C.: The Brookings Institution.

(13) Jacob and Vines (1976), p. 558.

(14) Febricant, S. (1952). *The Trend of Government Activity in the United States Since 1900*. New York : National Bureau of Economic Research.

を検討するために，一人あたり所得，都市化，人口密度を用いて分析を行った結果，72%の説明力を持っており，一人あたり所得が自治体の支出と最も強い相関関係があることを明らかにした。

これに対して，S.ザックスとR.ハリス（S. Sachs and R. Harris, 1964[15]）は，フェブリカントの三つの変数に加えて自治体の支出に対する連邦補助金の影響を分析した。1960年のデータを分析した結果，自治体の支出（特に，福祉・保健分野）に対する一人あたり所得，都市化，人口密度など変数の説明力が弱くなっていることが明らかとなった。例えば，1942年総支出において72%の説明力を持つ三つの変数は，1960年の総支出において53%に落ちており，福祉分野の支出においては45%から11%に，保健分野の支出においては72%から44%にモデルの説明力が落ちたのである。このような社会経済的な変数の説明力の低下を，彼らは連邦補助金の効果による結果であると説明した。すなわち，連邦補助金は，自らの経済的資源による制約から自治体の自由度を高め，資源の限界を超える政策プログラムを実行できるようにしたので，特に，福祉・保健分野において，従来の社会経済的変数の説明力が低下したのである，と。

このような経済学者の研究結果は，政治学者にとって大きな刺激となった。政治学では，政策内容は政治的要因によって左右されると説いた上で，政党間の競争と政府の支出との関係を見出そうとした。例えば，V.O.キー（V. O. Key Jr., 1951）は，政党間の競争が激しい（二大政党システム）地域では低所得層のニーズに反応して公共支出が増加するという結果を導き出した[16]。しかし，後続の研究では，自治体の支出に対する政治的要因の影響を明らかにすることができなかった。R.ドーソンとJ.ロビンソン（R. Dawson and J. Robinson, 1963）の研究は，アメリカの州政府における福祉支出をめぐる政党間競争が，それほど大きな影響力を持たないことを明らかにした[17]。彼らは，州政府の福祉支出と政党間の競争において強い相関関係があると指摘したも

---

(15) Sachs, Seymour and Robert Harris. (1964). "The Determinants of State and Local Government Expenditures and Intergovernmental Flow of Funds." *National Tax Journal*, No. 17, pp. 78-85.

(16) V. O. Key Jr. (1951), pp. 298-314.

(17) Dawson, R. and J. Robinson (1963). "Interparty Competition, Economic Variables, and Welfare Politics." *The Journal of Politics* Vol. 25(2), pp. 265-289.

のの，都市化，産業化，所得などの社会経済的な変数をコントロールすると，有意な相関関係がなくなったことを導き出したのである。また，R. ホッフェルベルト（R. Hofferbert[18]）は，政党間の競争に州議会の議席割当，州議会に対する政党の影響力，産業化などの要因を追加して，州政府の支出との関係を分析した結果，環境変数である産業化が強い相関関係を示しているのに対して，その他の政治的変数は，影響を及ぼしていないことを明らかにした。

これを受けて，C. クヌードゥとD. マックロン（C. Cnudde and D. MacCrone, 1969[19]）は，「混成モデル」（hybrid model）により政府の支出に対する社会経済的要因と政治的要因の影響について言及し，経済的資源が公共政策の形成に直接的な影響を及ぼす一方，政治的競争・参加を通じた間接的な影響力も有しているという見解を示した。特に，分析対象となった福祉支出は他の政策分野よりも富裕層と貧困層の葛藤を反映しているので，政治的競争にも影響を及ぼしていると考えられたのである。

このように，政策決定要因研究では，自治体における公共政策（支出）のバリエーションを社会経済的要因と政治的要因によって説明することが試みられた。なお，分析方法においても集計データに基づいて計量分析を行うことにより，説明モデルの一般化が図られた。これらの研究結果をまとめてみると，主として自治体の公共支出において社会経済的要因が強い影響を与えており，それに対して政治的要因は，公共政策を促進するものとして受け止めることができる。すなわち，政治的競争や参加などの政治的要因は，社会経済的資源(外部環境)と公共政策の関係に影響を与えているのである[20]。しかし，このような政策決定要因論に対しては，以下の問題を指摘することができる。

第一に，政策決定要因論によって導き出された結論は，政治システムによるインプット（社会経済的資源）からアウトプット（政策）への変換過程を

---

(18) Hofferbert, Richard I. (1966). "The Relationship between Public Policy and Some Structural and Environmental Variables in the American States." *The American Political Science Review*, Vol. 60(1), pp. 73-82.

(19) Cnudde, Charles F. and Donald J. McCrone. (1969). "Party Competition and Welfare Politics in the American States." *The American Political Science Review*, Vol. 63(3), pp. 858.866.

(20) Dye (1981), p. 337.

示すものであり，社会経済的要因，または政治的要因のどちらが強い影響力をもつかという対立的な関係ではない。また，社会経済的要因の強い影響力が明らかになったとしても，「地域社会の社会経済的環境によって政策アウトプットは異なる」という決定論的な関係よりも，その先にある「社会経済的環境を統制した上で，政治的要因によって政策アウトプットはいかに異なってくるのか」という問いがより強調されることになるだけである。すなわち，政治学において自治体の政策決定要因を探る意義が，「地域社会の社会経済的バリエーション」を検討することではなく「自治体のバリエーション」であるとすれば，地域社会に対応する自治体の選択行動を見出すことが重要となるわけである。

　さらに，自治体の選択行動は，リーダー（首長・議会）によって決められるだけでなく，自治体の官僚組織を含む一連の政策過程を通しても行われる。このことに関しては，T.クラーク（T. Clark, 1981[21]）の指摘が注目に値する。彼は，自治体の政策決定に影響を及ぼす要因として，「人口移動と経済活動の配置」，「政治的リーダーシップと財政政策決定」，「官僚制過程とサービス供給」，「市民の選好」を取り上げる。つまり，社会経済的環境の変化が政治システムに影響を与え，それに対する政治家の反応から政策決定が行われる。さらに，その政策過程は官僚制（組織）を通して完成され，サービスが供給される。また，このような政策選択によるサービスと負担は，市民によって評価されながら，選挙などを通して政治システムに新たな信号を送り出すことになるのである。

　第二に，自治体の政策を示すインデックスとしての支出に対する批判が存在する。政策決定要因研究では，主として自治体間の政策バリエーションを検討するために，総支出ないし政策分野別の支出を被説明変数とした。確かに，自治体の政策アウトプットとして支出は，自治体の総体的な活動水準を表し，自治体間の比較研究において有効な被説明変数である。なぜならば，自治体が住民の要求を投入・転換してアウトプットを生み出す際に，支出が伴うので，最も自治体の活動を説明できるからである。しかし，これには自治体の財政的自律性が保障されているという暗黙の前提が立てられている。また，自治体において経常的支出を除く財政的余裕がどの程度であるかによ

---

(21)　Clark (1981), p. 29-30.

って，自治体間の政策バリエーションに対する検討要因も広がる。すなわち，財政的に乏しい自治体は，自治体の政治過程による政策的な選択の余地が広くないので，地域社会の人口構成などが自治体の支出にそのまま投影される。したがって，従来の研究においても社会経済的環境要因によって，自治体間の支出の差をほとんど説明でき，政治的要因を浮き彫りにすることに失敗したのである。このような結果は日本の研究においても同様である。例えば，藤本・大岩・川野辺・黒川・横山の研究では，政治的な影響の存在が指摘されながらも，社会経済的要因の影響力が強調されている[22]。

これに対して，自治体における新規政策などの改革政策を取り上げて，自治体のバリエーションを検討する試みが増えている。自治体の政策活動は，必ずしも大きな支出を伴わないものもあり，特に，近年の自治体における改革政策の場合，公共事業を含む自治体の行政効率化，組織改革や，住民参加などに集中し，これらに対する自治体の改革政策におけるバリエーションは，支出だけでは明らかにできないであろう。したがって，分析対象を支出とせず，改革プログラムの採択率を取り上げて分析を試みた研究もある[23]。その中でもS.クラーク（S. Clarke, 1989）は，財政的圧迫の状況に置かれているアメリカ自治体の財政戦略を，首長の選好と関連付けて分析した。また，日本においても河村（1998），伊藤（2002）は，財政再建政策の採用数，条例制定をそれぞれの従属変数とし，社会・経済環境，政治的環境との関連を分析した。

---

(22) 藤本・大岩・川野辺・黒川・横山（1983），現代経済研究センター研究グループ（1985）。

(23) たとえば，Sullivan, John L. (1972). "A Note on Distributive Politics." *The American Political Science Review*, Vol. 66(4), pp. 1301-1305; Gary, L. E. (1973). "Policy Dicisions in the Aid to Families With Dpendent Children Program: A Comparative State Analysis." *Journal of Politics*, Vol. 35(4), pp. 888-920; Foster, J. L. (1978). "Reginalism and Innovation in American States." *Journal of Politics*, Vol. 40(1), pp. 179-187; Savage, R. L. (1978). "Policy Innovativeness as a trait of American States." *Journal of Politics*, Vol. 40(1), pp. 213-224; Clarke, Susan.E. (1989). *Urban Innovation and Autonomy*. SAGE Publication; 河村和徳(1998)「財政再建政策をもたらす要因」小林良彰編『地方自治の実証分析』慶應義塾大学出版会；伊藤修一郎（2002）『自治体政策過程の動態－政策イノベーションと波及』慶應義塾大学出版会などが取り上げられる。

その他，地方交付税や国庫支出金などの国からの財政移転金が多い日本の自治体では，国の介入による政治的要因が自治体の支出に影響を及ぼすと指摘した研究もある。特に，自治体に配分される補助金が政治的要因によって左右される傾向があることから，自治体の支出と補助金に対する中央政治家の影響を分析した研究が多い[24]。例えば，小林（1990）は，全国市町村を対象とし農林水産関連補助金と建設土木関連補助金が農水省・建設省出身議員の得票に影響されることを明らかにした。

最後に，政策決定要因論は，従来のインプット中心の記述的分析をアウトプット中心に転換させたという評価を受けながらもブラック・ボックス（black box）の問題をより浮き彫りにしたといえる。すなわち，政策決定要因論では，インプットからアウトプットへの変換過程を看過した結果，「いかに」（how）転換されるかに対する説明が欠落していた[25]。政策決定研究ではブラック・ボックスの問題に対して，いくつかの研究がその解明を試みた。その代表的研究として挙げられるのは，自治体におけるアクターの影響力関係からの検討である。このような研究では，アクターの相互作用による結果として公共政策を把握し，政治体制の機能に注目する。また，実証分析では，自治体の政策過程に参加するアクター（首長，議会，官僚，市民，利益団体など）の影響力を測定した上で，インプットとなる環境要因とともに分析モデルに投入して，自治体の政策決定における影響力構造を検討した（小林，1987；伊藤，1990；酒井，1999）。

一方，かつてイーストンの政治システムモデル[26]では，インプットからアウトプットへの変換過程が，いわゆる行政機能（administrative function）として論じられた[27]。このことは，近年，政府のパフォーマンスに関する研究において改めて強調されるようになる。特に，従来「ブラック・ボックス」とされた「行政機能」は，政府のパフォーマンスにおける重要な変数である管理機能であるからである。たとえばP.イングラムとA.ニードラー（P.

---

(24) 広瀬（1981）；小林（1987；1990）。
(25) Wright, M. (1988). "Policy Community, Policy Network and Comparative Industrial Policies." *Political Studies* vol. 36, pp. 593-612.
(26) Easton, David. (1965). *A Framework for Political Analysis*. Englewood Cliffs, NJ: Prentice Hall.
(27) Coggburn and Schneider (2003), p. 208.

Ingraham and A. Kneedler, 2000[28]) は，四つのマネジメント・サブ・システムから「ブラック・ボックス」を説明し，政策パフォーマンス（政府行動の結果）との関係を概念化した。具体的には，財務管理（financial management），人事管理（human resources management），資本管理（capital management），情報技術管理（information technology management）といったマネジメント・サブ・システムを統合することによって，政策パフォーマンスの向上が図れると考えたのである。

こうした「行政機能」の側面を踏まえると，政府のマネジメント能力は政府パフォーマンスにおける重要な媒介変数となり[29]，政治的リーダー（首長と議会）とともに官僚組織の能力に関わるものとなる。

3．ブラック・ボックスに対する論点提供

これまで自治体の政策決定について従来の政策決定論の中から，地域社会の権力構造論と政策決定要因論を取り上げて検討した。地域社会の権力構造論では，自治体の自律性と分析方法上の問題を指摘し，政策決定要因論では，政治的要因の重要性と従属変数の問題，インプットからアウトプットへの変換過程をブラック・ボックス化した問題などに注目した。その中でも，ブラック・ボックスの問題は，政策決定過程の研究における大きな課題として位置づけることができる。つまり，一つの独立的存在としての自治体が，環境からのインプットを受けてどのようにアウトプットへ転換するかは，自治体の政治過程に関わり，前述の行政機能ないし管理機能にも関連するのである。

そこで，自治体の政策決定におけるブラック・ボックスをめぐり，二つの論点が浮上する。

第一に，自治体の政策過程においてインプットされる環境とは何かということである。

前述したように，自治体間の支出バリエーションに対する一般化を図った政策決定要因論は，自治体の支出に対して社会経済的要因の決定論に陥っている限界を呈した。つまり，政策決定要因論の分析では，置かれている環境を解釈し，アウトプットを生み出す諸アクターによる変換過程が見落とされ

---

(28) Ingraham and Kneedler (2000), pp. 235-252.
(29) Ingraham and Donahue (2000), p. 292.

た。ここでいう諸アクターによる変換過程とは，政策決定要因論において主要な要因である社会経済的環境が，自治体の政策過程にどのように投影されるのかという環境に対する自治体の応答に関わるものであり，環境に対して政策過程における諸アクターがどのように認知し，政策決定を行うかという意思決定過程である。また，政策決定者の認知対象となる環境は，自治体が利用可能な資源としての社会経済的環境や国との関係などが従来の分析モデルにおいて取り上げられてきた。具体的には，都市化，財政力，人口及び人口構成，各産業従業者，依存財源などであり，これらの変数は政治的要因の影響を確認するためのコントロール変数としても用いられた。しかし，自治体を取り巻く環境は，資源のような有形なものもあれば，自治体に対する社会の期待や要求などの無形なものも存在する。また，こうした自治体に対する社会の期待と要求は，自治体の存在価値に関わるもので，世界，国家，地域社会などの多様なレベルにおいて示される。したがって，政策過程に関わる諸アクターが認知すべき環境は，幅広くとらえるべきであり，それらに対して諸アクターの認知・解釈過程によって政策パフォーマンスは異なるであろう。

　第二に，環境に対する認知・解釈の主体に関わるものである。従来の研究では，自治体の政策決定に最も影響力をもつ主体は首長であった。例えば，地方自治研究資料センター（1979）の調査によると，首長の影響力は，「最初の問題提起」と「問題形成」という政策形成段階において最も大きいことが看取できる。しかしながら，自治体の政策決定に影響を与える自治体内部のアクターは，首長だけでなく，議会，職員も存在する。議会の影響力については，曽我・待鳥（2001；2006）が政策選択あるいは政策変化に対する首長の影響とともに，議会との関係から自治体の政策決定を実証的に論じた。それに対して，自治体の職員を考慮した研究はきわめて稀である。

　近年，自治体において情報公開制度，行政評価制度，PFI，住民参加制度，環境条例，など多様な改革政策が競争的に採用されつつある。これらの改革政策について，伊藤（2002）は，「内生条件」，「相互参照」，「横並び競争」などの「動的相互依存モデル」によって自治体の政策決定メカニズムを論じた。すなわち，自治体が社会経済的環境や政治的環境に応じて新政策を採用し，意思決定の際の不確実性に対処するために他の自治体を参照するのである。また，他の自治体に比べて遅れないように新政策の採用を図ることによって，

自治体間の新政策の採用は波及する。その中で、「内生条件」については、社会経済要因、政治要因、組織要因を取り上げており、政治要因である首長のリーダーシップや首長と議会の関係などが新政策の採用に影響を及ぼすことを明らかにした。一方、組織要因については、伊藤は疑問を投げかけている[30]。つまり、組織要因とは行政組織の専門能力を意味しているが、既存の研究結果によると、人口規模、財政規模などの社会経済要因によって規定されてしまうので、社会経済要因から独立して組織要因が成り立たないと指摘したのである。なお、彼は、組織要因としての「行政能力」を測定するのは、トートロジーの可能性も存在すると主張した。

しかし、彼による事例分析を検討すると、例えば情報公開条例においては、「最初の問題提起」及び「問題形成」を主導した主体は、神奈川・滋賀県（知事）、富山県（議会）など都道府県によって異なる。なお、問題提起以降、制度設計などの実務段階に入ると、上記の事例に共通して、職員の動きが登場する。いわゆる、情報公開条例に盛り込まれる内容に対して庁内の抵抗感などを含む官僚の姿勢が現れるのである。また、彼の研究では、条例制定の時期がポイントとなったので、最終的な条例内容に関する比較はなかったが、官僚組織の姿勢は条例内容に影響を与えたといえるだろう。このことからすれば、新政策に対するアジェンダ・セッティングとは別に、政策設計や運営に関しては、官僚組織の影響を見落とすことができない。つまり、彼が指摘した組織要因の問題は、変数の操作化の問題であり、本質的な組織要因である官僚にまでは立ち入っていないと思われる。自治体の政策決定における官僚組織の問題は、首長・議会と同様に、上記のように環境に対する認知・解釈に関わるものである。

さらに、自治体の政策決定における官僚の行動を考察することは、政策決定の概念を幅広くとらえることによって、自治体間の政策アウトプットの差に対する包括的な説明を可能にする。例えば、今村（1997[31]）は、「政策実施過程における政策決定の解明を抜きにして、政策決定の分析はできないことがますますはっきりしてきている」とし、「政策実施過程における政策決定」を論じた。すなわち、政策決定の研究では、自治体の政策アウトプットに対

---

(30) 伊藤（2002），69頁。
(31) 今村（1997），63頁。

して，政策形成段階における首長・議会の決定力を認めつつ，政策執行段階を担当する官僚組織の検討により，住民の支持と要求を含む環境に対して自治体の対応をより明確にとらえることが可能になるのである。

したがって，自治体を取り巻く環境に対して，本書では，自治体に対する社会の期待と要求を含む自治体の価値を取り入れることにより幅広くとらえつつ，従来の研究において看過された自治体の官僚（組織）に着目して，自治体の政策決定におけるブラック・ボックスの問題にアプローチすることにしたい。

次節では，社会学的新制度論において論じられる環境の概念を検討し，組織と環境の関係を新たに探ることにしたい。社会学的新制度論における同型化理論（isomorphism）では，環境に対する組織行動が，効率性よりも正当性（legitimacy）に基づいて行われる。ここではそれらの研究において代表的なものである，J.マイヤーとB.ローワン（J. Meyer and B. Rowan, 1977）の「神話と儀式」（myths and ceremony），P.ディマジオとW.パウエル（P. DiMaggio and W. Powell）の「同型化」（isomorphism, 1983）などを取り上げて検討することにしたい。

第2節　社会学的新制度論からのアプローチ：組織と環境

本節では，本書の課題である自治体間の政策「バリエーション」とは逆に，組織の「同型化」に注目した社会学的新制度論の研究を検討する。社会学的新制度論では，現代組織論，新古典派経済学，合理的選択論などが共有している基本的な観点に対する批判から出発する。すなわち，社会学的新制度論では自己利益を最大化する個人，効率性の追求，組織の目標達成のための組織設計といった道具的・機能的なアプローチを否定し，個人の合理性の追求過程，意思決定過程において文化的・認知的な要因を強調するのが特徴である。特に，ここでは社会学新制度論により論じられる制度的環境と，組織における文化・認知的アプローチに注目する。

1．マイヤーとローワンの「神話と儀式」

マイヤーとローワンは，官僚制の世界的な普及が文化的価値の影響力によるものと考えた[32]。近代国家における官僚制という組織形態が一般化された背景について，従来の解釈では，各組織が抱えている問題を合理的あるいは

効率的に解決できる手段であるからという視角が主流であった。これに対して，マイヤーとローワンは組織の効率性による官僚制の採用という道具的・機能的アプローチを批判する。このような批判の根拠としては，まず，多くの国家において官僚制の導入の前提条件である市場の発達と技術の複雑性の増加が，官僚制の台頭以降に現れたことを指摘する。また，フォーマルな組織構造と組織の運営の間には乖離が存在していることにも言及する。つまり，官僚制が実際，合理的に運営されないと，官僚制の各国の拡散の理由として組織運営の効率性を提示するのが難しいことになるわけである。そこで，彼らは官僚制という組織形態が世界的に拡散された理由を組織の環境に求める。すなわち，官僚制が組織の問題解決のために効率的な手段であるからでなく，組織を取り巻く環境が官僚制の価値や正当性を認めたので，官僚制の波及が可能となったのである。彼らは，こうした環境において組織が期待される官僚制の合理性を「神話（myth）」と表現し，官僚制的合理性に対する同意を「儀式（ceremony）」とした。このような経緯によって，各組織は，自らの正当性（legitimacy）と生存可能性を高めるために，官僚制を採用することになるのである。つまり，社会において認められた官僚制の象徴的な意味によって官僚制という組織形態が拡散されたのである。マイヤーとローワンは，このような過程を「既存の活動領域において制度的神話（Institutional myths）の合理化が進むにつれて，組織がその神話と同型する[33]」過程として解釈した上で，組織を社会的正当性の論理に基づいて説明した。彼らの組織構造の同型化については，ディマジオとパウエルによってより具体化される。

2．ディマジオとパウエルの「同型化」

---

(32) Meyer, John W. and B. Rowan. (1977). "Institutionalized Organizations: Formal Structure as Myth and Ceremony." *American Journal of Sociology* Vol. 83(2), pp. 340-363, Meyer, John W. (1994). "Rationalized Environments." in W. Richard Scott and John W. Meyer(eds.), *Institutional Environments and Organizations: Structural Complexity and Individualism*. Thousand Oaks: Sage; Scott, W. Richard and John W. Meyer. (1994). "Developments in Institutional Theory." in W. Richard Scott and John W. Meyer(eds.), *Institutional Environments and Organizations: Structural Complexity and Individualism*. Thousand Oaks: Sage.

(33) Meyer and Rowan (1977), p. 345.

マイヤーやローワンと同様に，ディマジオとパウエル[34]は，組織の技術的な効率性を高めるために組織構造の同型化過程が進行したのでなく，組織構造と形態が類似していく理由が，社会において適切と認められた組織形態を取り入れることによって組織の正当性と生存可能性が高められることにあると主張した。さらに，彼らは，このような同型化が「組織フィールド」において行われると唱えた。ここでいう「同型化」とは，組織が制度的影響のもとで，多かれ少なかれ類似した形式構造や行動パターンを呈することを意味し[35]，「組織フィールド」とは，供給者や消費者，規制機関などの制度運営を共有する諸組織，あるいは類似したサービス・財を生産する諸組織の集合体のことを指す[36]。そして，組織フィールド内の参加者は，フィールド外の参加者よりも頻繁に相互作用を行い，共通の価値体系を有している[37]。

こうした同型化について彼らは，以下の三つの過程によって行われると考えた。

第一に，強制的同型化（coercive isomorphism）である。強制的同型化は，特定の組織が依存している他の組織（資金をもつ組織など）から公式的・非公式的な圧力を受けたり，組織に対する社会の文化的期待という圧力を受けたりして，組織形態が収斂する過程である。自治体と関連づけてみるなら，中央政府の法律・指針により，自治体に制度・政策の導入が図られる場合を考えることができる。

第二に，模倣の過程（mimetic processes）であり，成果に対する評価によって正当性が認められて，各組織が模倣していく過程である。このことは，不確実な環境に対処するための結果であり，基本的には類似な組織間の交換体系（exchange relations）において生じる。つまり，組織間の類似性は，組織間の取引をより容易にするため，制度的な模倣が行われるのである。

第三に，規範的圧力（normative pressures）であり，専門化，専門的な業務の条件，基準及び範囲を定義する過程と関係する。具体的には，専門家組

---

(34) DiMaggio, Paul J. and Walter W. Powell. (1983). "The Iron Cage Revisited: Institutional Isomorphism and Collective Rationality in Organizational Fields." *American Sociological Review* Vol. 48, pp. 147-160.
(35) 河野（2002），38-39頁。
(36) DiMaggio and Powell (1983), p. 148.
(37) Scott (2001), p. 84.

織（professional associations）などを通して，共通の信念，慣例，倫理綱領などが反映された組織形態に対する規範を形成することである。このような組織形態に対する規範の共有は，組織の同型化として現れる。

このような組織の同型化に関して実証的な研究の例としては，P.トルバートとL.ザッカー（P. Tolbert and L. Zucker, 1983[38]）の研究がある。彼らは20世紀初めのアメリカにおける自治体の行政改革過程を分析した結果，行政改革過程において初期の自治体の場合，自らの経験による組織の問題を解決するために，企業型の政府組織を導入したことを明らかにした。一方，その後の自治体の場合，自らが抱えている問題に対する解決策として企業型の政府組織を導入したというよりも，そうした政府形態が適切であるという社会的な認識が浸透することにより，組織の正当性を確保するために模倣・採用したことが明らかになったのである。その他，日本においては，伊藤（2002[39]）の研究が挙げられる。

3．同型化理論の成果

3－1　制度選択の論理：文化・認知的アプローチ

社会学的新制度論における制度は，合理的選択新制度論のそれと異なる概念をもつ。合理的選択新制度論に立つD.ノース（D. North）は，「制度は社会におけるゲームのルールである。あるいは形式的に言えば，それは人々によって考案された制約であり，人々の相互作用を形づくる。したがって，制度は，政治的，社会的，あるいは経済的，いずれであれ，人々の交換におけるインセンティヴ構造を与える[40]」と述べ，制度に新たな意味を与えた。つまり，合理的選択新制度論では人間の相互作用を制約するルールとして制度を把握しており，それは個人の効用の最大化を求める人々によって合理的に設計された体系（edifices）であるのに対して[41]，社会学的新制度論では，制

---

(38) Tolbert, Pamela S. and Lynne G. Zucker. (1983). "Institutional Sources of Change in the Formal Structure of Organizations: The Diffusion of Civil Service Reform, 1880-1935" *Administrative Science Quarterly* Vol. 28, pp. 22-39.

(39) 伊藤修一郎(2002)『自治体政策過程の動態－政策イノベーションと波及』慶應義塾大学出版会．

(40) North (1990)，邦訳書，3頁．

度を「特定の行為に集合的な意味と価値を与える文化的規則[42]」,「規制的・規範的・文化認知的システム[43]」と定義づけている。また,制度は人間活動の結果であるが,意識的に考案・設計された産物ではないと指摘した[44]。

これらのことから,合理的選択新制度論においては制度の構造的・制約的要因を強調している一方,社会学新制度論では制度の認知的・文化的な要因に焦点をおいていると言える。このように制度に対する両者の異なる視点は,「個人」を優先するか,それとも「制度」を優先するかによるものである[45]。すなわち,制度を構造的・制約的要因として捉えることは,個人の選好は所与とするものであり,そうすることによって制度が個人の選好と行動に影響を与えると合理的選択新制度論は論じている。それに対して制度の認知的・文化的要因を強調する社会学新制度論の場合,先験的に存在する個人の選好と行動によって社会現象が生じることでなく,文化的価値,意味体系としての制度が先験的に存在し,個人の選好と行動に影響を及ぼすとするのである。また,個人行動に意味を与える枠としての制度は,社会における適切な行動を意味しており,人々が当然な（taken-for-granted）ことと認識する対象が焦点となる。このことから,J．マーチとJ．オルセン（J. March and J. Olsen, 1984[46]）は,社会学新制度論では「適切さの論理」（logic of appropriateness）が強調されていると指摘した。

したがって,社会学的新制度論では,制度が公式的・非公式的規則だけでなく,人間行動に意味を付与するシンボルや認知といったように幅広い意味を有しているので,文化と制度を区分することが難しい。

文化に対して社会学的新制度論では,社会的な現実に対する解釈フレームとしてその重要性を指摘した。例えば,個人の行為が意味をもつ,あるいは社会的に理解されることは,他者との相互作用によって観察可能である。つまり,もし行為者と他人においてある行為に対する意味付与が一致しなければ,個人間の相互作用が円滑にいかなくなるのである。したがって,個人間の相

---

(41) Scott (2001), p. 34.
(42) Meyer and Boli and Thomas (1994), p. 10.
(43) Scott (2001), p. 51.
(44) DiMaggio and Powell (1991), p. 8.
(45) 河野（2002），14−15頁。
(46) March and Olsen (1984), p. 741; March and Olsen (1995), pp. 30-31.

互作用においては，人々が社会における行為と状況をどのように認識するかという認知過程が重要である。また，L．ザッカー（L. Zucker, 1991[47]）は，個人間の相互作用が可能となるために，他者とともに認知する，あるいは認知できる相互主観的世界としての客観的な社会的現実が存在しなければならないと主張した。つまり，個人間の相互作用が円滑となるためには，状況と行為に対する解釈の共有が前提となり，その解釈は主観的でありながらも客観的でなければならないのである。そして，その解釈のフレームこそ文化なのである。つまり，個人の外部に存在する意味解釈のフレームとしての文化的なフレーム（external cultural framework）が各個人の内部における解釈過程に影響を及ぼすので，意味と解釈が共有される[48]。

結局，社会学的新制度論における「文化」とは，ある行為がもつ意味を社会的に共有する手段であり，個人の主観的な認知過程に意味解釈のフレームを提供するものである。

このように，制度の文化・認知的な要素を強調するのは，社会学的新制度論の主要な特徴である[49]。また，その特徴は，社会という環境に対応する組織は，社会における当然視される制度を受容するという同型化理論にも反映されており，文化的・認知的アプローチが援用されるといえる。このことは，前述したマイヤーとローワンの研究からもよく理解できる。つまり，官僚制の普及は，組織を取り巻く環境（社会）が官僚制の正当性を認めることによって，組織が自らの生存のために選択した結果であり，そこには適切さの論理が働いたのである。また，官僚制に対する正当性を与える環境が文化であり，後述する制度的環境と関係するのである。

3－2　制度的環境

組織の同型化に関する研究は，環境と組織の関係の再概念化を試みたことによって評価される。すなわち，組織の構造が，組織内部の要求（効率性の向上）によって変化するという機能主義的アプローチを否定し，社会的な正当性という環境に対して順応する組織を想定しており，組織の順応性は，同

---

(47)　Zucker (1991), p. 85.
(48)　Scott (2001), p. 57.
(49)　Scott (2001), p. 57.

種の組織間である組織フィールド内（organizational field）で同型化の進行中に現れると論じている。ここで彼らのいう環境とは，従来の研究のそれと違って，社会的・文化的意味を強調するものである。

一般に，組織における環境とは，組織の外部に存在し組織に影響を与える可能性をもつものとされる[50]。また，この外部環境を，D.カッツとR.カーン（D. Kats and R. Kahn, 1978[51]）は，文化的環境，政治的環境，経済的環境，情報・技術環境，物的環境などに分類しており，R.ホール（R. Hall, 1991[52]）は技術的状況，法的状況，政治的状況，経済的状況，人口統計学的状況，生態学的状況，文化的状況などを取り上げた。

組織と環境の関係については，1960年代後半から環境に対する組織の適合性を検討したR.ローレンスとW.ローシュ（R. Lawrence and W. Lorsh, 1967）[53]などのコンティンジェンシー理論によって注目を集めるようになった。従来の組織研究では，組織の目標は所与とされており，組織内部の管理を分析するのが主流であったからである。これに対してローレンスとローシュは，プラスティック，食料品，コンテナなどの三つの産業において10の企業を選択して環境の差異と効果的な企業構造の関係を検討し，組織の内部環境と外部環境の適合性を分析した。分析の結果，各産業における環境の不確実性によって各企業の組織構造（組織の分化と統合）がどのように対応できるかによって組織の成否が決定されることを明らかにした。

しかし，コンティンジェンシー理論は，従来の組織研究において環境との関係を強調するオープン・システムへの転換を論じたと評価されるものの，組織と組織構成員を合理的存在とみなしたことについて批判を受けた。また，組織環境についても，技術・経済環境に重視することによって，社会的・政治的・文化的環境の影響を看過したのである。

一方，1970年代後半からの社会学的新制度論では，オープン・システムの立場をとりながらも，技術・経済的環境よりも，社会的・文化的環境を積極

---

(50) Daft (1992), p. 71.
(51) Kats and Kahn (1978), p. 124.
(52) Hall (1991), pp. 203-210.
(53) Lawrence, R. P. and W. J. Lorsh. (1967). *Organization and Environment*. Harvard University Press.（吉田　博訳（1977）『組織の条件適応理論』産業能率大学出版会）

的に取り入れた。たとえば，W. スコット（W. Scott, 1995[54]）は，組織のパフォーマンスと構造に影響を与える環境として技術的環境（Technical Environment）と制度的環境（Institutional Environment）に分類し，環境の概念を，「個別組織が正当（legitimacy）であると受け入れながら，従わなければならぬルールや要求」であると定義した。技術的環境には情報通信技術などの科学技術のみならず，管理・行政技術も含まれる。つまり，効率的なパフォーマンスによって利益を得るような市場において交換される製品やサービスを提供する組織が活動する環境である。したがって，技術的環境の影響を受ける組織は，自らの生産物やアウトプットによって評価される。これに対して，制度的環境とは国家や職業の連合により強制される規制，組織の役割を規定する一般的信念体系などである。つまり，制度的環境は，個々の組織がその環境から支持や正当性を得ようとするならば，対応しなければならないルールや要求によって特徴づけられる。したがって，組織は制度的環境からプロセスないし構造上のコントロールを受ける。また，スコットは，上記の二つの環境と組織の関係を，環境の強弱によって四つの類型に分けて示した（図2−1）。

図2−1　組織と環境の関係

	技術的環境 強	
公益事業 銀行 病院		製造業
制度的 強 環境		弱
精神科医院 学校，法律事務所 教会		レストラン ヘルスクラブ 保育
	弱	

出典：Scott (1987), p. 126.

（54）　Scott (1995), p. 46; Scott, W. R. and Meyer, J. M. (1994), pp. 122-123.

社会学新制度論では，技術的環境よりも制度的環境を強調するために，技術的環境の影響力が弱く，制度的環境により影響を強く受ける諸組織が注目された。たとえば，学校（Rowan, 1982），行政組織（Tolbert and Zucker, 1983），赤十字（Christensen and Molin, 1995）などがその例である。これらの諸組織は，単に一般企業のようにアウトプットの効率性を求めることができず，社会における重要な価値と役割が求められるものである。こうした制度的環境は，組織のもつ特性によってその影響度が異なるものの，社会における組織の正当性が組織の行動と構造に影響を及ぼす主な要因となる。本書の分析対象である自治体においても，一般企業のような技術的環境というより社会的な正当性が強調される制度的環境の影響が強いだろう。

　このように，社会学新制度論は，組織環境の概念に社会の領域を組み入れることによって，組織行動と構造に対する説明力を高めることに貢献したといえる。

4．同型化理論の限界：フィールド内のバリエーション

　社会学新制度論における同型化理論は，組織行為において経済的な合理性だけを強調した既存のアプローチと異なり，社会的な合理性の重要性に着目することにより，組織研究において社会的な領域を持ち込むに成功したと評価できる[55]。しかし，同型化理論は，「なぜ，特定の組織フィールド内の組織間において類似の制度を採択するか」については大いに貢献したが，「なぜ，同種の組織フィールドにおいて各組織が異なる制度を設計して運営するか」という問いに答えていない。つまり，逆説的な「フィールド内のバリエーション[56]」に対する批判に直面したのである。

4-1　ミクロ・レベルの行為者

　社会学的新制度論では，マイヤーとローワンが指摘したように，行政機構が異なる環境をもつにも拘わらず，制度化された神話の下で，組織の構造が同型化する儀式を行うと言われた。

　しかし，現実において，すべての組織が，あるいは同種の組織フィールド

---

(55)　DiMaggio and Powell (1983), p. 156.
(56)　Hung and Wittington (1997), p. 5533; Kondra and Hinings (1998), p. 745.

における組織が社会的な合理性を受け入れながらも，同じ組織行為や組織構造を有しているわけではない。つまり，マクロ・レベルの制度的環境の影響力がかなり強いならば，同種の組織フィールドにおける組織の行為と構造は類似の傾向を示さなければならない。

これに関してはマクロ・レベルにおける文化的なアプローチを取り入れている同型化理論の特徴がその背景にある[57]。つまり，マクロ・レベルでの文化的なアプローチが，ミクロ・レベルでの行為者の相互作用によりどのように組織に影響を与えるかという行為者の役割を軽視する結果をもたらしたのである[58]。

この点について，C. オリバー（C. Oliver, 1991[59]）は，組織フィールドにおける個別組織が制度的環境の圧力に対して，「黙認，妥協，回避，抵抗，操作」などの対応方法を取る可能性があると主張した。すなわち，制度的環境の圧力に対して組織は，単に受動的に対応するよりも，自らの戦略的な対応を図る。また，制度的環境に対する組織の戦略的な対応は，組織の内部的要因によって決定される。組織の内部的要因では，組織における行為者の利益追求行動や行為者間の権力関係などが注目される。たとえば，自治体であれば，自治体における首長，議会，職員などの個別行動とその相互作用は，同じ制度的環境（国家制度や社会的な文化）の下で，各自治体の対応（政策）における差異を生み出すのである。このことから，社会学新制度論では，「個人」を出発点としたミクロな発想に基づく分析が行われなければならない[60]。

4-2　準マクロ・レベルの環境

また，同型化理論は，組織に対するマクロ・レベルでの制度的環境の影響を説明することが目的であったので，準マクロ・レベルである地域環境を看

---

(57) Scott は，こうした組織社会学の特徴を，文化・認知的（cultural-cognitive）なアプローチとマクロ・レベルでの分析の結合と表現した。Scott (2001), p. 86.

(58) Hirsch, Paul M. and Michael Lounsbury. (1997). "Ending the Family Quarrel: Toward a Reconciliation of 'Old' and 'New' Institutionalisms." *American Behavioral Scientist* Vol. 40(4), pp. 406-418.

(59) Oliver (1991), p. 151.

(60) 河野（2002），171頁。

過した。個別組織がいかなる地域環境に位置するかによって組織の業務戦略は異ならざるを得ない。たとえば，S.クレッグ（S. Clegg, 1990[61]）は，普遍的な文化的な価値が個別の組織に大きな影響力を及ぼすことは事実であるが，同時に組織形態の収斂過程は，個別的な地域状況（local circumstances）と権力関係によって異なると指摘した。

さらに，旧制度論と呼ばれるP.セルズニック（P. Selznick, 1953[62]）の研究が注目するに値する。セルズニックは，アメリカのテネシー川流域開発計画（TVA）における外部の反対勢力の参加過程を分析した。最初の計画は地域住民の要求を反映する計画ではなかったが，地域住民の抵抗を避けるために地域住民の要求を受容する戦略を採択することにより，TVAの目標が修正された。興味深いのは，彼がマクロ・レベルでの組織環境を認めながらも，組織の地域的環境に焦点を当てたことである。つまり，組織がどこに位置するかによって直面する要求と期待が異なるので，組織の特性が地域環境との関係によって形成されると結論づけた[63]。また，TVAが外部勢力に対応して，どのように変化するかを分析した彼の研究は，相違する地域環境をもつ個別組織がどのように組織の特性を具体化するかを明らかにすることによって，組織の多様性をめぐる議論に大きな貢献を果たした[64]。特に，自治体の多様性を検討する際には，国家レベルでの環境要因も存在するが，地方自治の観点からすれば，地域的環境要因が注目されるべきであるとした。

4-3 文化における規範的な側面

初期の同型化理論では，文化の認知的な側面に関心を集中した結果，共有された価値と規範としての文化価値を排除したようにみえる。こうした傾向は，社会学的新制度論と旧制度論の対比によってより浮き彫りにされる。マイヤーとローワンの研究では，組織が正当性を求めて，社会における当然なことを受け入れる過程として組織の制度化を捉えることによって，文化の認知的な側面を強調した。一方，セルズニックは，組織の制度化過程が組織に

---

(61) Clegg (1990), p. 163.
(62) Selznick, P. (1953). *TVA and the grass roots: A Study in the Sociology of Formal Organization*. Berkeley: University of California Press.
(63) Selznick (1966), pp. 41-44.
(64) Perrow (1986), p. 166.

要求される技術的な必要性に拘わらず，地域社会の価値が注入されることによって行われるとし[65]，文化の価値・規範的な側面を強調した。

社会学新制度論の指摘のように，文化的な要素が組織と人間の行動に影響を与えるとすれば，文化の価値・規範的要素を考慮しなければならない。つまり，「置かれている状況をどのように定義するか」という認知過程だけでなく，「期待される適切な役割と行動とは何か」という自らの価値に対する組織の意思決定過程が重要となるのである。そこで，ディマジオとパウエル（1991）やスコット（2001）などは，マイヤーとローワンと違って，組織の同型化における規範的な側面を強調した。要するに，組織が社会における特定の文化を受け入れ，制度化することを，彼らは単に認知的アプローチだけによって説明できないと主張した。制度的環境の圧力の下で，組織は自らの生存のために「いかに行動するのが適切か」という規範的な側面を考えながら，行動している。

このように，社会学新制度論の同型化理論は，組織フィールド内の類似の組織行動を解明することに成功したにも拘わらず，マクロ・レベルでの文化的・認知的アプローチだけが取り上げられ，ミクロ・レベルでの行為者の行動や地域的環境，文化の規範的要素などを考慮しないという批判を受けた。その他，行為者間における権力関係の問題も提起されてきた[66]。それは，ミクロ・レベルでの行為者に関わるものである。すなわち，制度的環境に対する組織行動は一つのアクターとしてとられるのでなく，組織における個人間の相互作用によるものであり，そこに存在する葛藤ないし権力関係は，組織の制度化過程にも影響を与えると考えられた。

こうした同型化理論の限界に対して，ミクロ・レベルでの分析を試みた最近の研究は，制度的環境に対する組織の対応あるいは組織行動を解明する作業により具体性を持たせるようになった。とりわけ，類似の組織環境をもちながらも，なぜ個別組織が異なる構造と制度を採択するのかを解明するために，組織内部に着目する研究が行われるようになった[67]。個別組織が単純に制度的環境に順応するよりも，制度的環境の規則と規範を解釈した上で，組織の理念と利益を考慮し戦略的に対応するという組織内部のアプローチが，

---

(65) Selznick (1996), pp. 270-277.
(66) DiMaggio (1988), p. 13.

制度的環境に対する組織の多様性を説明するに有効だからである。例えば，B. タウンリー（B. Townley, 2002[68]）の研究では，個別組織にとって制度的環境による価値が異なるものとして受け入れられることを結論として導き出した。彼は，文化施設と歴史資源の組織（the Cultural Facilities and Historical Resources: CFHR）において事業計画と成果測定を導入する過程を分析した結果，組織の構成員は自分の組織を「自らの価値と規範による自律的価値領域」とし，「効率性と経営責任，政府の統制」と認識される事業計画と成果測定の採用に反対したことを明らかにした。しかし，彼の分析モデルでは，一つの組織に対する時系列分析が用いられているため，個別組織間の組織内部の特性を反映したものではない。しかし，制度環境に対する組織の信念体系が組織の制度設計に影響を及ぼすことを示唆しているといえる。

　これまで，自治体の政策バリエーションを分析するために，先行研究の中で，政策決定論と社会学的新制度論を検討した。政策決定論においては，地域社会の権力構造論，政策決定要因論の二つを取り上げて，それぞれの成果と限界を論じた。すなわち，地域社会の権力構造論では，自律的な存在としての自治体に対する視点や比較分析の必要性を提起したのに対して，政策決定論では，社会経済的環境の中における自治体の選択行動の問題や被説明変数の問題，ブラック・ボックスの問題などが指摘された。とりわけ，政策決定論におけるブラック・ボックスの問題に対しては，環境の再概念化，政策決定のアクターとしての官僚（組織）への着目などを分析視野に入れる必要性を述べた。

　環境に対する諸アクターを含む自治体（組織）の認知過程については，組織のもつ制度的環境，それに対する文化的・認知的アプローチに関する理論的根拠を提供した社会学的新制度論が注目された。しかし，組織の多様性を検討するためにはミクロ・レベルの行為者と準マクロ・レベルとしての地域環境，制度的環境における規範的要素などを分析の視野に取り入れることが必要とされる。

---

(67)　Scott (2001), p. 162.
(68)　Townley, B. (2002). "The Role of Competing Rationalities in Institutional Change." *Academy of Management Journal*, Vol. 45(1), pp. 163-179.

第3節　分析枠組み

　本書では，自治体間における政策バリエーションを検討するために，制度的環境に対する自治体の認知・解釈過程に注目する。自治体の認知・解釈過程とは，自治体における諸アクターによる意思決定過程であり，自治体の政策決定過程のことである。自治体の政策決定に関する従来の研究では，アクターの影響力関係から自治体の内部過程が分析された。したがって，自治体の政策決定において絶対的な権限をもつ首長が注目され，自治体の政策アウトプットと首長のリーダーシップの分析が主としてなされた。それに対して，本書では，政策形成・執行段階における官僚行動に着目し，政策アウトプットとの関係を検証することにしたい。

　自治体の政策決定にかかわる官僚の行動は，個人行動でなく組織的行動であり，組織レベルで行われる意思決定である。これに関しては，従来の意思決定論において数多く議論されてきたが，そこで主な対象となるのは個人レベルである。一方，今村（1997[69]）が指摘しているように，すべての公共政策は，組織を通じて形成され組織を通じて実施される。つまり，政策の形成及び実施の各段階において一連の意思決定がそれぞれの構成員の所属する各組織体の組織行動として採られ，各種の組織過程と交錯しながら，それらの「組織的決定」の複合的産出物として公共政策が織り成されていく。この指摘を踏まえると，「環境－政府（政策過程）－政策」という設定を，「環境－個人の選択行動－組織の行動・特性－政策」という一連の連鎖として分解し，個人の選択行動と組織行動による政策産出を連結する媒介変数の導出が重要となる。そして，その媒介変数は，制度的環境に対する個人の認知・解釈のフレームを提供しながら，個人行動を制約しその統合を図るものとして理解することができる。これについて本書では，官僚の行動を制約し組織行動へと変換させる媒介体として「組織規範」を概念化することによって，自治体間の政策バリエーションとの関係を検討する。

　このような作業は，政策決定研究における「ブラック・ボックス」を「ホワイト・ボックス」化[70]することであり，社会学新制度論においては，制度

---

(69)　今村（1997），71頁。
(70)　山本（1991），5－6頁。

的環境に対する組織内部の要因を取り入れることになる。なおかつ，個人レベルでの意思決定論を組織レベルでの意思決定論へ転換させることによって，公共政策に関わる研究において，政策決定研究，組織研究，意思決定論からなる総合的な分析モデルを作り上げることができると考える。

以下では，まず，自治体を取り巻く制度的環境について論じることにする。とりわけ，イギリス，ニュージーランド，オーストラリアをはじめとする新公共管理（New Public Management）の台頭は，1990年代以降，日本の自治体に大きな影響を与えたことに着目した上で，1980年代以後の公共セクター改革の取り組みから，自治体に求められる行政価値の変化を検討することにしたい。

次に，自治体の政策決定において官僚の個人行動から組織行動への変換をどのようにとらえるかについて，H.サイモン（H. Simon）の意思決定論を手がかりに検討した上で，自治体の官僚組織における組織規範を明らかにすることにしたい。

1．自治体を取り巻く制度的環境：行政パラダイムの変化
－新公共管理論（NPM）の台頭

社会学的新制度論では，制度的環境を「個々の組織がその環境から支持や正当性を得ようとするならば，対応しなければならないルールや要求」として説明している。また，環境に対する支持や正当性の獲得過程は，組織間の同型化を生じさせる背景となる。そこで，制度的環境という視点に立ち，自治体を含む行政組織を考えれば，常に要求される行政のあり方に対する価値が挙げられる。これに関しては，近年の自治体を含む行政組織においては従来の行政のあり方に対する問い直しが進行しており，その代表的なものがNPM型の行政改革である。

従来の政府は，主権者から委任された権力を用いて国防，治安，公共投資などの経済秩序の形成・維持に努め，各種の政策目的を達成するために国民生活と企業活動に介入してきた。しかし，こうした政府に対する期待ないし正当性は，近年失われており，それは行政改革あるいは政府革新（government innovation）という用語の浸透から窺い知ることができよう。すなわち，今日の政府の役割と機能に対する国民の期待と評価が根本的に変化しているので

ある。これには，政府規模の肥大化が国民の要求に対する政府の鈍感な対応，変化を拒む政府の姿勢を助長し，政府に対する信頼が急速に低下してきたという背景がある。

このような状況に対して，近年の行政改革では，起業家的政府，行政サービスの質の強調，顧客志向の行政などが唱えられ，行政における競争原理の導入，行政の規則・手続きにおける大幅な緩和，官僚の裁量権の拡大などが提起されている。すなわち，「行政のための行政」から脱却して国民の要求に素早く対応し，国民から信頼される結果志向的な行政を実現しようとする試みである。こうした1980年代以後の行政改革もしくは，行政に対する視角の変化は，多様なレトリックによって表現された。たとえば管理主義（managerialism）・起業家主義（entrepreneurialism[71]），脱官僚制的パラダイム（post-bureaucratic paradigm[72]），市場志向の行政（market-based public administration[73]），新公共管理（new public management[74]）などがよく引用される。こうした行政価値に関する潮流は，一般に新公共管理論（以下，NPM）に総括され，行政に対する新しいパラダイムとして位置づけることができる。NPMに関しては，C.フッド（C. Hood, 1991）の "A Public Management for All Season?"（1991）という論文によって提起され，政府改革の理念として注目を集めるようになった。次に，自治体の行政改革におけるNPMのもつ意義を，効率的価値とアカウンタビリティの側面から検討することにしたい。

1-1 NPM：行政ディレンマに対する挑戦

近代の行政においては，効率性と民主性という二つの価値のうち，効率性のみが強調されてきたわけではなかった。効率性という価値は，法律や手続き的アカウンタビリティ（accountability）に代表される民主的価値の対立軸

---

(71) Pollitt, Christopher. (1993b). *Managerialism and the Public Services: The Alnglo-American Experience*. Oxford: Basil Blackwell.

(72) Barzelay, Michael. (1992). *Breaking Through Bureaucracy: A New Vision for Managing in Government*. Berkeley: University of California Press.

(73) Lan, Zhiyong and David H. Rosenbloom. (1992). "Public Administration in Trasition?" *Public Administration Review*. Vol. 52(6), pp. 535-537.

(74) Hood, Christopher. (1991). "A Public Management for All Season?." *Public Administration* Vol. 69 (spring), pp. 3-19.

として形成されてきた。また，この二つの価値は，M. ミノーグ（M. Minogue[75]）のいう，効率的政府（making government efficient）と民主的（説明責任的）政府（keeping government accountable）のように，常に行政における対立軸として作用してきた。

近年では，財政悪化と行政に対する信頼の低下により，R. D. ベン（R. D. Behn, 2001）が述べるように，行政に関する議論の焦点が，不正や汚職を防止することからパフォーマンスを重視する方向へと移行しつつある[76]と言えよう。すなわち，行政においては，効率的な政府がより強調されるようになったのである。しかしながら，法律に基づいた行政や行政の公正さといったアカウンタビリティが，依然として重要な価値を持っていることは確かであり，その結果，政府は効率的でありつつも，民主的であることが求められているのである。そして，政府が追求するこの二つの価値は，トレード・オフの関係にある場合が多く，このことから，しばしば指摘される行政ディレンマが生ずることになる。こうした行政ディレンマの克服に挑戦するのが，世界各国で試みられる NPM である。

1980年代以降の公共部門における改革の内容は，民間企業の経営的思考に基づいたものといえよう。民間企業の経営的思考とは，顧客満足，内部規制（red tape）の緩和，先駆的な行動（risk-taking activities），市場原理志向といったことが挙げられる[77]。すなわち，民間企業の革新的事例や経営手法を学ぶことによって，公共組織のもつ非効率的・硬直的要素を克服できるという期待があったのである。こうした動きは90年代の行政改革において，D. オズボーンと T. ゲーブラー（D. Osborne and T. Gaebler, 1992[78]）の "Reinventing Government" によってより実体性をもつようになった。彼らは，公共部門における起業家精神（Entrepreneurship）を強調した上で，10の原理[79]により起

---

(75) Minogue (1998), p. 17.
(76) Behn (2001), p. 22.
(77) Moon (1999), p. 31.
(78) Osborne, D. and Gaebler, T. (1992). *Reinventing Government: How the Entrepreneurial Spirit is Transforming the Public Sector*. Adison Wesley.
(79) 10の原理とは，以下の通りである。
　①媒介（触媒）的役割（catalytic government）
　②住民自治の強化（community-owned government）

業家政府（Entrepreneurial Government）について説明している。そして，そのような原理は，ほとんどNPMの理念に集約されている。

フッドによれば，NPMは，新制度学派経済学（new institutional economics）とマネジャリアリズム（managerialism）といった異なる理論の結合によって形成されたと言われる[80]。新制度学派経済学では，公共選択論，本人－代理人理論（principal-agent theory），取引費用経済学（transaction cost economics）などが含まれ，競争，使用者の選択，透明性，インセンティヴといったアイディアを提供する。一方，マネジャリアリズムでは，管理の自由（free to manage）を強調し，組織のパフォーマンスを達成するためには，専門性と管理の裁量権が要求されたのである。

NPMの構成要素をみると，以下のとおりである（表2－1）。第一に，ラインの管理者に裁量権を認めることによって，ライン現場の専門管理（hands-

表2－1　NPMの構成要素

構成要素	意味	正当化の論理・必要性
裁量的専門管理	委任的統制，管理的自由	責任所在の明確
明確な成果基準	目標設定，成果に対する量的測定	責任性のための明確な目標 効率性のための目標の客観化
アウト・プット統制	成果による資源配分と報奨	手続きより結果の強調
組織の分化	巨大な単一の公共組織の解体 分権化された組織	管理可能な単位 供給と生産における利害の分離 契約と分離による効率性
競争	契約と柔軟な手続き	低コストと成果基準による競争の刺激
民間管理技法	硬直な職員倫理からの脱皮 雇用と報奨における柔軟性	立証された民間管理技法
資源利用の規律と節約	直接予算の節約　労働規律の形成	資源需要に対するチェック 少ない費用による大きな成果

出所：Hood (1991), pp. 4-5.

　　　③サービス提供者間の競争（competitive government）
　　　④目標の強調（imission-driven government）
　　　⑤結果の重視（results-oriented government）
　　　⑥顧客重視（customer-driven government）
　　　⑦政府組織の利益追求（enterprising government）
　　　⑧問題の予防（anticipatory government）
　　　⑨分権化（decentralized government）
　　　⑩市場志向（maket-oriented government）
　（80）　Hood (1991), pp. 5-6.

on professional management）を強調する。第二に，測定可能な業務成果基準（explicit standards and measures of performance）を強調する。本人－代理人理論に基づいてみると，代理人の行動をコントロールするためには，目標と成果に対する明確な基準が必要とされるのである。第三に，アウト・プットによる統制（output controls）が取り上げられる。つまり，従来の行政の手続きによる統制というよりも，成果・結果に応じて予算などの報奨を与えて官僚組織を統制するのである。第四に，巨大な単一的な公共組織を管理可能な組織単位に分化（disaggregation）することである。分化された組織単位は事業計画，予算などで管理の自律性をもつのである。第五に，公共組織間，もしくは公共と民間との競争を強調することである。とりわけ，契約関係を採用することによって公共サービスに対する民間の参加が促進され，費用の節減とサービスの質の向上を図る。第六に，民間管理技法（private-sector styles of management practice）の導入が取り上げられる。ここでは，軍隊式の職員倫理（military-style public service ethic）からの脱皮，雇用と報奨体系における柔軟性が求められる。最後に，資源利用における規律と節約（discipline and parsimony in resource use）が要求される。つまり，安定的公共サービスと組織の維持を強調するよりも，公共サービスに対する経済的な方法を積極的に模索することが求められる。

　こうしたフッドの主張に鑑みれば，NPMは公共選択論や本人－代理人理論において論じられた「政府の失敗」，とりわけ，公共組織である官僚制に対する問題提起となる。たとえば，本人－代理人理論において，本人（国会・国民）と代理人（行政）の間の情報の非対称性により生ずる，「オポチュニズム（機会主義）」のリスクや「エージェンシーコスト」の問題をいかに解決するかという点に着目したNPMでは，ライン現場の管理者にできるだけ権限を委譲し，職員の裁量権を認めた上で，彼らに対する評価は，顧客（住民）がいかに満足したかという業績（performance）に従って行われる。つまり，従来の行政が非効率的であったのは，職員の問題ではなく従来の行政システムに問題があったという前提に立ち，NPMでは，行政システムを改善し職員の自由な創造力を発揮させ，効率性の向上とともにアカウンタビリティの確保を図るのである。これは，旧来の行政学における指摘，すなわち，できるかぎり行政官僚には裁量・権限を与えるべきではない，という考え方とは異なっている。

こうしたNPMの理念は，国や地域によりその概念に相当の幅があるものの，行政改革において示される共通的特徴としては，以下の点を指摘することができる。

ⓐ 顧客志向
ⓑ 成果・業績評価による統制
ⓒ 市場原理志向
ⓓ エンパワーメント（ヒエラルキー構造の簡素化，権限の分権化）
ⓔ 行政システムの透明化・政策責任の明確化
ⓕ 企画と執行の分離，エージェンシー化
ⓖ 政策過程における市民参加の拡大

① 政府における効率とNPM　NPMとは，アウト・プットを重視する民間企業の経営的手法を公共部門に導入し，公共部門の効率性，パフォーマンスの改善を図ろうとするものである。その基本的な考え方は，1980年代に台頭したいわゆる「政府の失敗」に起源がある。J.ピエールとB.G.ピータース（J. Pierre and B. G. Peters, 2000[81]）も述べているように，公共部門における自動支出の増加と支出の硬直化は，政府の財政悪化という状況の下で，批判の的となってきた。例えば，OECD各国における国民一人あたりの政府支出は，1980年から1990年にかけて二倍に増加した。その結果，政府は規模を小さくするか，より効率的にするか，ないしは両方に取り組まねばならないことになった[82]。さらに，厳しい予算制約とは別に，行政需要の多様化も政府にとってさらなる負担となった。行政サービス，多様化に対する住民の要求は，自らが納める税金の使途に対する関心へとつながる。結果として，有権者ないし市民は，政府のサービスに対する受取人というより，積極的な顧客として自分を定義し始めるようになったのである[83]。

このような現状を受けて，NPMでは，行政が目指すべき価値は公共サービスの顧客である市民の満足度の向上であると言い切る。従来の行政では，最高の価値として公正さが位置づけられてきたが，公正さという価値を強調し

---

(81) Pierre and Peters (2000), pp. 52-54.
(82) Minogue (1998), p. 19.
(83) Minogue (1998), p. 20.

すぎるあまり，手続き重視，前例重視といった形式主義に陥ってしまう現状が存在することもまた事実であった。行政における公正さは，市民には均一的な基準で行政サービスを受ける権利があるという側面では重視されるべきではあるものの，行政サービスを受ける側の市民がどれほど満足を感じるかは，行政の存立基盤に関わるのである。つまり，目標と手段の本末転倒という問題を避けるため，NPMでは改めて住民本位の行政が強調された。

　さらに，顧客志向の行政を実現するために，行政における官僚統制の手段に対してもNPMでは，従来とは異なる別の角度からアプローチする。NPMでは市場メカニズムを導入し，行政に競争意識やコスト意識を高め，行政の効率性が図れると主張した。そのために法令遵守やヒエラルキー構造に従うといった事務的，機械的作業ではなく，職員にできるだけ権限と裁量を与えて，その責任を明確化する。すなわち，ヒエラルキー的な統制や複雑な規則による伝統的な官僚制の内部統制は非効率的で，公務員の勤務意欲を低下させるという指摘を受けてきたことに対し，NPMでは，政府組織に使命や目標（mission），志向的・成果（performance），志向的管理方式を導入し，既存の内部統制を大幅に緩和しようとする。すなわち，職員に権限と裁量を与える一方で，成果・業績による統制への転換を支持しつつ，政府の効率性を高めようとする。

　② アカウンタビリティとNPM　　さらに，NPMでは，近年その重要性が増しているアカウンタビリティ（accountability[84]）に対していくつかの提言を行っている。

　西尾[85]によると，行政の負うべき責任に関する議論は，1940年代ニューディール期のアメリカにまで遡る。この時期，行政府による法案の立案が飛躍的に増えたことに加え，戦時立法により，法律に基づく大統領命令（executive

---

(84) 一般に説明責任として訳されており，アカウンタビリティとは別によく使われているのがレスポンシビリティ（responsibility）である。西尾の場合，アカウンタビリティを法的責任，レスポンシビリティを非制度的責任として位置づける（西尾勝（2000），317-318頁）。また，日本においては，複雑となった行政と市民の適切な関係を探るために，行政の透明性の確保と説明責任を内容とするアカウンタビリティが論じられるようになった（村松（2001），257頁）。

(85) 西尾（2000），315-316頁。

order），及び委任立法に基づく行政機関の準則（rule）も増え，さらに，不確定な概念を多く含む立法が増加したために，行政における裁量領域が格段に拡大した。これに従い，行政府による政治主導に伴う代表制の問題が提起された。この問題に直面したアメリカの行政学は，行政権能の強化を是認する立場に立ち，「代表制」に代わる正統性の根拠を，究極的には行政による民意への「応答性」（responsiveness）に求めた。これが「責任論」の形成を導いた要因であったと西尾は主張したのである。

アカウンタビリティのシステムにおいては，二つのアクターが存在する。それは，ベインが述べるように[86]，責任を負わせる人（accountability holders）と責任を負う人（accountability holdees）である。これら二つのアクター間の関係は本人－代理人の関係であり，伝統的なアカウンタビリティのシステムは，国民（有権者）→議会議員（政治家）→行政官僚という委任と信託の関係である。

本人－代理人関係に基づいてアカウンタビリティを考えると，「誰に対する責任か」，「何に関する責任か」という二つの論点が考えられる[87]。

まず，「誰に対する責任か」という点に関しては，近代議会制民主主義の観点から見た場合，「本人」たる議会に対する責任である。しかし，行政裁量の拡大に伴って，行政官僚の責任は，議会に対する責任と自律的に確保する機能的責任（技術的責任）に分かれることになった[88]。この二つの責任領域は，常に衝突する可能性をはらんでいるが，仮に衝突した場合，どちらの責任を優先するかが問題となる。これがフリードリッヒとファイナーの間における行政責任論争の焦点となった。これは毎熊の述べるように，「直接的な本人とは国民か議会か[89]」と言い換えることができる。さらに，行政官僚に加えられている他律的な統制ないしサンクションは多元的であり，これらが示す

---

(86) Behn (2001), p. 2.
(87) 村松（1999），5頁。
(88) 村松（2001），263－264頁。
(89) 毎熊（2001），72頁。フリードリッヒとファイナーの論争については，Friedrich, C. J. (1940). "Public Policy and the Nature of Administrative Responsibility." *Public Policy I.* Harvard University Press ならびに，Finer, H. (1941). "Administrative Responsibility in Democratic Government." *Public Administration Review.* Vol. 1, pp. 335-338.

行為準則は矛盾していることが多いであろう。西尾も指摘するように，行政官僚はこの矛盾する行為準則の中からどれを選択するかを決めなければならない[90]。このような行政責任に関するディレンマに対して，NPMでは本人としてその重点を顧客に置く[91]。しかし，NPMにおける顧客という概念は不明確であり，伝統的アカウンタビリティのシステムにおける議会に対する応答性が不十分であることを指摘せざるを得ない。

次に，「何に関する責任か」という点に関しては，NPMからみた場合，パフォーマンス，成果，結果などがその答えとなる。従来，これに関しては，過程を重視する会計（finances）と公正さ（fairness）が指摘されてきた。なぜならば，ベインによれば[92]，我々がアカウンタビリティとして期待する会計と公正さが，パフォーマンスや結果に比べ尺度として客観的で，アカウンタビリティを確保するためのルールを作りやすいからであるという。しかし，我々は政府が提供する公共サービスの水準（パフォーマンス）に満足しない場合があり，公共サービスの水準のさらなる向上を政府に求める場合もある。その場合，政策決定者は，その要求に応えなければならないので，政策パフォーマンスの向上を図ろうとはするが，既存の手続きを重視するルールがその妨げとなる。すなわち，会計（finances）と公正さ（fairness）に対するア

---

(90) 民主的行政においては，民意に対しては議会が直接責任を負っているので，身分が保障されている行政官僚は，間接的にその責任を果たすという原理がある。さらに，政策過程における政策対象集団の要求への応答性を確保すべきであるという原理も含まれている。しかし，主として利益集団の要求が多かった以前と異なり，今日では市民の直接的な要求が急増している。したがって，今日の行政はこのような市民の直接的な要求にも応えなければならなくなりつつある（西尾（2000），363頁）。

(91) 毎熊（2001），72頁。一方では，NPMにおける「本人」に関して他の見解も存在する。すなわち，NPMにおいて「本人」とは，伝統的概念としての議会議員と市民ではなく，政策ステイクホルダーである（Behn (2001), p. 78）。しかし，果たして利益集団とアカウンタビリティとの調和が可能かという疑問が残る。つまり，なぜ，市民全体のアカウンタビリティを特定の利益集団に委任しなければならないのか，という代表性の問題が浮き彫りになるのである。

(92) ベインは，こうした偏向をアカウンタビリティ・バイアス (accountability bias) とした。Behn (2001), pp. 12-14.

カウンタビリティと，パフォーマンスに対するアカウンタビリティとの関係がトレード・オフの関係となり，ベインのいう「アカウンタビリティ・ディレンマ[93]」が生じるのである。そこで，NPM は，従来の行政システムの機能不全，特に伝統的官僚制システムの問題点を指摘しつつも，パフォーマンスや結果に対するアカウンタビリティを強調する。また，会計と公正さに対してNPM は，徹底した情報公開，客観的なパフォーマンス指標の設定，厳格な会計制度などを提示する。

③ NPM に対する批判　一方で，NPM に対する関心と期待とは逆に，その危険性や実効性に疑問を投げかける議論も非常に多い。例えば，顧客志向や顧客満足といった概念は主権者としての市民ではなく，行政が公共サービスを改善することを欲するのみにとどまる，受動的市民の役割を仮定しているという指摘もできる。つまり，政治に対する市民の積極性が損なわれるという批判を避けることができないのである。同時に，「本人」として想定している顧客は誰なのか，顧客志向とは何を意味しているのか，顧客が望んでいる事項を正確に把握できないのではないかという疑問が存在する。さらに，マネジャリアリズム的考え方は，法律に基づいた行政活動という行政価値を脅かす恐れがあり[94]，法律や規則よりも職員の業績や成果によって，行政活動を評価するということはその評価基準の適合性と客観性が前提であるものの，公共セクターにおける業績測定は，それほど簡単ではない。

また，行政学における NPM が持つ意味に対する見解も多様である。NPMは，政治・行政融合論から分離論へという観点から行政の強化を目指しているとする考え方[95]がある一方，新たな行政学の体系への形成[96]，単純な行政のスリム化の技法以上のものではない[97]という評価も存在する。

このように行政活動に対するNPMは，議論の余地が多くあるが，今日の行政が直面している問題は，伝統的官僚制システムによって解決できないとい

---

(93)　Behn (2001), p. 29.
(94)　Ronald C., and Robert Gilmour. (1995). "Rediscovering Principles of Public Administration: The Neglected Foundation of Public Law." *Public Administration Review.* Vol. 55(2), pp. 135-142.
(95)　西尾（2000），44頁。
(96)　上山（2004），86頁。
(97)　村松（1999），14－15頁。

う現実の認識も強い。したがって，日本を含め世界各国においてNPM型の行政改革は，その実効性を別として広く普及しつつある。

1-2 日本の自治体におけるNPM

NPM型の行政改革は，日本の行政改革にも強く影響を与えている[98]。中央政府のみならず地方政府においても，行政における「経営」という言葉は，もはや定番となった。また，「顧客」，「成果」，「評価」，「説明責任」といった用語は自治体の文書やホームページにおいても，欠かせないレトリックとなり，NPMは行政改革の象徴となったかのように見受けられる。

日本における中央政府と自治体は，他の国と同様に，財政悪化や政府に対する信頼の低下という問題を抱えている。厳しい財政圧迫の中，自治体は効率的・民主的な行政運営のために，様々な行政改革に取り組んできた。とりわけ最近になって，情報公開制度に対する積極的な姿勢や行政評価制度・発生主義会計制度の導入，PFIといったNPM型の行政改革は，顕著となりつつある。それにも拘わらず，日本の行政においてはNPM型の行政改革が制度化されていない[99]，あるいは単なる行政のスリム化に止まっている[100]という指摘も存在する。

他方，アメリカのNPR（National Performance Review）の場合，中央政府レベルの考え方として市民とメディアから注目を集めているが，その原理は地方政府において開発され適用されてきたという経緯がある[101]。つまり，地方の税源不足や住民ニーズの変化などの行政環境に対して，最も敏感な自治体が支出削減，民営化，事務・事業の見直しなどの先導的な政策を行ったのである。このことは日本においても同様であり，情報公開制度，福祉のまちづくり，景観法などについて，自治体から中央政府に波及したことは周知の事実である[102]。本書の2001年における市レベルの調査データを通じて，

---

(98) 村松（1999），3頁。
(99) Furukawa, Shun'ichi. (1999). "Political Authority and Bureaucratic Resilience: Administrative Reform in Japan." *Public Management*. Vol. 1(3), pp. 439-448.
(100) 高寄昇三（2000），20頁。
(101) Osborne and Gaebler (1992), pp. 16-20.
(102) 伊藤（2006），206頁。

NPM 型の改革政策の採用状況をみると，市における採用の偏在が存在するといえる（図2－2，2001年4月1日現在）。

調査データにおいて取り上げられている NPM 型の改革政策では，「情報公開制度」，「市民意識調査や各分野別のアンケート調査」などのように，「NPM 型」というタイトルが必要でないものもあるが，本書では，NPM の理念との整合性がある改革政策を「NPM 型」の範疇に入れることにしたい。

各市において最も多く実施されている NPM 型の改革政策は「情報公開制度」（95.3％）である。これは，行政活動における透明性の強化は基本的前提であるという認識が強く反映された結果であり，NPM においても管理の自由のための前提となっている。自治体における情報公開制度は，1982年4月に山形県金山町で公文書公開条例が施行されたのを契機に，翌年1983年4月に神奈川県が公文書公開条例を，6月に埼玉県が行政情報公開条例を相次いで施行して以来全国に広がり，現在では大半の自治体が施行している[103]。続いて，「市民意識調査や各分野別のアンケート調査」が80.7％の市で実施されている。専門的な住民満足度調査までは至らないものの，NPM における顧客志向として住民の動向を行政に反映しようとする動きが活発に進んでいることがうかがえる。また，市民意識調査とともに「職員に対する教育」についても48.3％の市が実施している。さらに，自治体の投資活動と経常活動を比較可能にする「バランスシート」（発生主義会計）を採用している市は37.8％である。一方，NPM では，エンパワーメントやヒエラルキー構造の簡素化，

図2－2　各市におけるNPM型の改革政策の採用状況（N＝484）

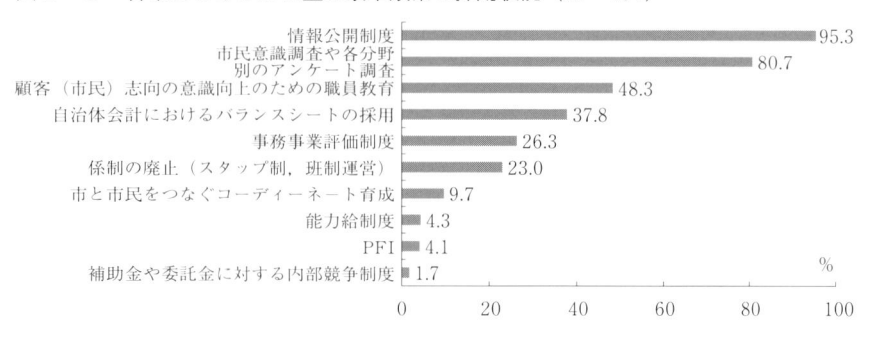

項目	%
情報公開制度	95.3
市民意識調査や各分野別のアンケート調査	80.7
顧客（市民）志向の意識向上のための職員教育	48.3
自治体会計におけるバランスシートの採用	37.8
事務事業評価制度	26.3
係制の廃止（スタッフ制，班制運営）	23.0
市と市民をつなぐコーディネート育成	9.7
能力給制度	4.3
PFI	4.1
補助金や委託金に対する内部競争制度	1.7

（103）　右崎（1999），30頁。

権限の分権化を通じて職員の裁量権を拡大し、そのような裁量権に対する責任は業績・成果によって確保されると主張した。エンパワーメント・成果志向としての「係制の廃止」(23.0%)、「事務事業評価制度」(26.3%)、「能力給制度」(4.3%) を採用している自治体はそれほど多くなかった。その他の項目として、「PFI」(4.1%) と「補助金や委託金に対する内部競争制度」(1.7%) などが続いている。

これまで本書の調査データを通じて各市における NPM 型の改革政策の採用状況を概観したが、NPM 型改革政策の中核といえる事務事業評価制度、アウトソーシング、ヒエラルキー構造の簡素化といった政策の採用の割合は、市において一般化されたとはいえない割合となっている。また、これらの改革政策の実効性もしくは効果に対する評価も断言できないかもしれない。しかし、冒頭で述べたように、NPM というアイディアは、今日の行政現場において支配的な位置を占めており、「官僚制の神話」と逆に「脱官僚制の神話」を作り出している。

2. 組織の意思決定における個人行動と組織行動

公共政策における意思決定とは、簡単に言えば、いくつかの選択肢の中で一つを選択して問題を解決する過程である。初期の組織研究では、環境と断絶されたクローズド・システムをとりながら、合理的モデルに基づく組織ないし行為者の行動を想定した。しかし、現実においてこのような前提は成り立ちにくく、近年では環境との相互作用や合理性の修正が求められるようになった。このような傾向は、組織研究に深く隣接する意思決定論においても同様である。

意思決定論では、政策決定過程に対して合理モデル、満足モデル、増分モデル、ゴミカンモデルといった規範的なモデルから実証的なモデルまで多様なアプローチを提供してきた。また、意思決定をめぐる行為者の決定行動による政策決定研究もある。その中、代表的な研究としては、G. T. アリソン (G. T. Allison, 1971) の研究[104]が取り上げられる。彼は、1962年キューバ・

---

(104) Allison, G.T. (1971). *Essence of Decision: Explaining the Cuban Crisis*, Boston : Little, Brown. (宮里正弦訳 (1996)『決定の本質-キューバ・ミサイル危機の分析』中央公論社)

ミサイルの危機の際のアメリカ政府の意思決定過程，つまり，ソ連のミサイル導入に対してアメリカ政府は，何故，海上封鎖という政策を採択したかについて分析を試みた。そのため，彼は，合理的行為者モデル（モデルⅠ），組織過程モデル（モデルⅡ），官僚政治モデル（モデルⅢ）という三つのモデルを提示した。これらのモデルは，政府の意思決定における合理的な決定作成者（モデルⅠ），組織のルーティン化された対応（モデルⅡ），下位組織の「指導者」による競争的ゲーム（モデルⅢ）によって政策決定を説明する。

このような政府の意思決定に関する研究は，アリソンの研究以外にも主に組織研究によってなされてきた。特に，意思決定における完全な合理性を求める合理モデルに対する批判を行ったH. A. サイモン（H. A. Simon, 1945）の研究[105]が注目される。ここでは，合理モデルに対して根本的な修正を加えたサイモンの「限定された合理性」と「決定前提」を検討することによって，自治体という組織の意思決定において個人としての官僚がどのような状況におかれているかについて考えてみることにしたい。サイモンは，組織における人間の合理性を「合理性の領域」から論じることによって，合理性の概念に大きな影響を与えながら，組織における個人の意思決定を解明するにあたって一歩踏み出したと評価できる。つまり，個人の選択行動がどのように組織の選択行動へと転換できるのかについての糸口を提供したのである。

2－1　サイモンの合理性と「限定された合理性」

サイモン[106]は，「合理性」を，行為者がもつ価値体系に照らして望ましい結果をもたらすと期待する代案の選択であると定義した。それでは，合理性は意識的行動に限るものであろうか。サイモンは，無意識的あるいは無条件的な反射も合理的になると答える。たとえば，熱いものから指を離すのは無意識的な行動であるが，有効な目的達成（身の安全）からすれば合理的な行動と考えられる。したがって，サイモンは「意識的」と「無意識的」により，合理性を判断するのは難しいと考えた。

---

(105) Simon, Herbert A. (1997[1945]). *Administrative Behavior: A Study of Decision-Makin Process in Administrative Organizations*. 4rd. New York:; The Free Press.
(106) Simon (1997), pp. 84-85.

一方，行為者が誤った情報に基づいて行動を選択した場合，彼の選択行動は合理的となるのか。これに関しては，たとえば，病気を治療するために行為者が薬を選択する際，行為者がその薬により病気が治ると信じて（主観的に）薬を選択するのは，合理的であるとした。また，実際に薬の効果があるとすれば，その選択行動は客観的であり合理的であると判断した。

　このように，合理性の概念は複雑なので，適切な修飾語を使用することによって，その限界を克服できるとサイモンは主張した。たとえば，特定の状況においてある価値を極大化するにあたって実際に正確な行動を選択したら，それは客観的に合理的（objectively rational）である。それに対して行為者の立場から目標達成の極大化を図れると判断し行動を選択すると，それは主観的に合理的（subjectively rational）となる。

　また，サイモンは，人間の行動を決定するのは逆説的に合理性というよりも非合理性（nonrationality）や不合理性（irrationality）であると指摘した。個人はまず，非合理性や不合理性を回避しようと行動する上で，非合理性や不合理性が排除された領域内において最大限の合理性が模索される。彼は，これを「合理性の領域」（area of rationality）という概念を用いて説明した[107]。つまり，個人は，合理性の領域内で自分の能力，目標，知識を考慮しながら選択行動を行う。また，このような合理性の領域は，人間の合理性が制限的とならざるをえないことを意味しており，サイモンは経済学の「完全合理性」を批判しながら，「限定された合理性」（bounded rationality）を提示した[108]。彼は，人間の能力が実際の世界において客観的に合理的行動を求める複雑な問題の規模に比べてあまりも小さいにもかかわらず，人間を限定された範囲において合理的となろうと努力する存在として扱った。すなわち，「人間は合理的な存在だ」という経済学的人間観に対して，彼は「人間は合理的となろうと努力する存在だ」（intendedly rational）への修正を求めた。

　意思決定モデルにおいて合理モデル（rational model）や最適モデル（optimal model）は人間の完全な合理性に基づいたモデルであり，意思決定者が自らの選好と効用関数を持ちながら，すべての代案の中で最適の代案を選択する。しかし，サイモンが指摘したように，人間の情報処理能力には限界があり，

---

(107)　Simon (1997), pp. 323-324.
(108)　Simon (1957), p. 198.

意思決定者が完璧な選好と効用関数を持つわけではないので，すべての代案を比較・計算することは不可能である。したがって，サイモンは，意思決定者は自分の欲望水準から代案を模索し，その中から「満足できる代案」を選択するという満足モデル（satisficing model）を提起したのである[109]。

このように，サイモンの見解によると，人間は完全に合理的な存在でないため，経済学における「実質的合理性」（substantive rationality）の実現ができない[110]。それでは，意思決定過程における人間は，制限された能力を用いて複雑な問題をいかに解決し，「合理的となろう」とするのか。その問いに対して，サイモンは，代案の探索過程に対する効率化を図る手続きを強調する。つまり，彼は，選択の結果を強調する「実質的合理性」でなく，代案探索の効率的な手続きとその実行を強調する「手続き的合理性」（procedural rationality）を論じた。

2－2　組織の意思決定における「決定前提」

サイモンの意思決定アプローチは，組織における「決定前提」（decision premise）を定義したことによって重要な特徴をもつ[111]。「決定前提」とは多様な可能性を単一の実際行動に狭めていくときに，組織の構成員が用いる基準もしくは指針である[112]。そして，「決定前提」は，「価値前提」（value premise）と「事実前提」（factual premise）に区分される[113]。価値は「…すべきである，…すべきでない」という当為によって表現され，組織の目標設定に関わるものであるのに対して，事実は設定された目標の実行に関わる。また，事実前提では，観察可能な環境もしくはそれが作動する状態に対する事実的な判断を示し，経験的・科学的に検証が可能であるのに対して，価値前提では経験的な検証が不可能である。

こうした事実前提と価値前提が関わる組織の意思決定において，決定の正しさは，目的を達成するための手段が適切であるか否かによって規定される。サイモンによれば，価値前提と事実前提の関係は，目的と手段の関係，政策

---

(109) Simon (1957), pp. 204-205.
(110) Simon (1976), p. 130.
(111) 今村（1997），58頁。
(112) Simon, Smithburg and Thompson (1950), 邦訳書，29頁。
(113) Simon (1997), pp. 55-71.

問題と管理問題の関係をめぐるものであり，それぞれのコントロールの方法も異なるとされる。すなわち，事実的な命題を正当化する過程は，事実との一致であり，価値判断を正当化する過程は人々の認定である。このことから，公共セクターにおいて価値判断にかかわる政策問題は，政治的代表者（首長，議会）に属しており，事実判断にかかわる管理問題は，行政官僚に属しているので，それぞれの責任と役割はわかりやすくみえる。しかし，価値判断と事実判断に関わる区分は，彼も指摘したように[114]，二つの理由により簡単なことではない。第一に，ほとんどの価値判断は，事実的問題を抱える中間的価値によって行われる。第二に，事実に関わる決定は，民主的に形成された価値判断を忠実に実行するという保証を交わした専門家（官僚）に委ねられる。このことは政治家と官僚の関係を意味しており，新しいものでない。ただ，このような決定前提が，組織の意思決定において重要な意味をもつのは，それが「組織における個人の行動をコントロールし，いかに期待通りの組織行動へ変化させるか」に関わるからである。つまり，今村の表現を援用すれば，以下のようになる。

「管理者が非管理者の行動を効果的にコントロールするためには，いたずらに上司と部下の権限関係に頼るのではなく，組織教義の注入などにより，成員の心理的一体化を強化して貢献意欲を喚起するとともに，公式の職位にとらわれない権威関係やコミュニケーション・システムの編成に工夫を凝らさなければならない。当面する決定状況に合わせて組織成員の価値前提と事実前提を制御することができるように，自覚的に組織的影響力のネットワークをデザインすること，それが組織管理の要諦なのである[115]」。

すなわち，決定前提は，C．ペロー（C. Perrow, 1986）が指摘したように，組織のコンテクストにおける人間行動を強く拘束する「押しつけがましくないコントロール」（unobtrusive control）の機制であり[116]，限定された合理性の領域において「合理的となろう」とする個人の合理性を高める役割を果た

---

(114) Simon (1997), p. 65.
(115) 今村（1997），64－65頁。
(116) 今村（1997），81頁から再引用。

している。

したがって，こうした「決定前提」は，組織における個人の行動を制約するものであり，その組織の特性を表わしている。また，そこには，個人の選択行動と組織行動による政策アウトプットを連結する鍵が秘められている。つまり，政策産物が，政府組織における個人の選択行動から合成された組織行動によって生み出されるとしたら，組織内の個人行動を合成させるのは，サイモンが指摘した「決定前提」によるものであり，個人行動と組織行動をつなげる媒介変数である。

このように，人間の意思決定過程に対してサイモンは，「限定された合理性」の提起によってモデルの現実性を高めたといえよう。そして，限定された合理性の領域の中で，人間の合理性を高めるためには，組織の必要性，管理の重要性が指摘されたのである。さらに，彼は，組織管理の側面から「決定前提」を提起した上で，それを組織における個人行動をコントロールし，組織行動へ変換させる管理ツールとして認識した。

2-3 サイモンの価値前提による手がかり

組織の意思決定における決定前提に対して，サイモンは管理的側面からの重要性を喝破したが，決定前提の詳細，とりわけ「価値前提」については，不明な点が残された。

まず，事実前提と価値前提は，他者から与えられるものであり，それは組織もしくは組織の構成員によって共有されるものである。そこで，組織の個人がどのように受け入れるかが関心を引く。自治体を取り上げて考えると，事実前提の場合，国の法律，経済的状況などがその材料となるので，自治体の意思決定において職員はそれらを参考にしながら，決定行動に反映させるだろう。一方，価値前提の場合，自治体の役割，政策方向などについての価値判断が関わっており，大きく見ると，政治と行政のあり方が問われるのである。それに対して自治体の職員は，インプットを受けて自動的にアウトプットを生み出す一つの機械的な官僚組織でなければ，受け入れ方に対して異なる姿勢をみせるだろう。つまり，与えられた価値に対する自治体職員の共有態度が問われるのであり，組織に対する価値前提の有効性に関わる。これについては，山本が指摘した「心理構造の共有のされ方」が参照に値する[117]。彼によれば，人間の行動に対する環境の影響はきわめて大きいが，それが人

間の行動を完全に規定するとはいえない。つまり，類似の環境に対しても，人間の意思決定は，彼らの認知・解釈によって異なるものとして受け入れられ，異なる行動パターンを生み出すのである。そこで，注目されるのは意思決定者の認知・解釈過程であり，いわゆる「心理的環境」あるいは心理的構造[118]である。心理的構造は，イメージ，信条体系，オペレーショナル・コードなどによって説明され，環境に対する意思決定者の認知・解釈過程に介入する。したがって，彼は，個人レベルの意思決定がどのように組織レベルに結びつくかによって，組織全体の決定が違ってくると指摘し，その結びつきを媒介するものとして「心理構造の共有」と「意思決定者たちの間の影響力関係」を挙げた。要するに，価値前提に対しては組織の構成員における共有程度が問われたのである。

次に，環境と価値前提の関係である。決定前提は，環境に対する組織の指針である。そこで，事実前提と価値前提を社会学的新制度論によって論じられた環境に関連づけて考えると，事実前提と価値前提は，制度的環境に密接な関わりをもつ。特に，制度的環境の強い影響の下に置かれている自治体は，国の法律・制度（事実前提）と自治体の役割，政策方向（価値前提）に対して敏感な反応を示し，その認知・解釈過程によって，自治体の活動も異なる。

したがって，組織における意思決定もしくは組織行動に対してサイモンの決定前提が有効性をもつためには，決定前提をより具体化する必要がある。すなわち，各々の組織が置かれている環境とは何か，その環境に対する組織の認知・解釈のフレームとは何か，さらに，その認知・解釈のフレームに対する組織構成員の共有程度などを明らかにすることによって，組織における個人行動と組織行動のつながりに対する解明は一歩進むことができる。

次に，上記の議論をふまえて，制度的環境に対する自治体の認知・解釈のフレームとして本書で想定した「組織規範」について論じることにしたい。

3．個人行動と組織行動の媒介体としての組織規範

制度的環境に対する自治体の認知・解釈のフレームは，自治体の政策過程に関わる職員の行動に影響を与え，組織行動へ変換させながら政策の形成・

---

(117) 山本（1991），21-22頁。
(118) 山本（1991），7頁。

執行にも影響を与える。また，各自治体のもつ認知・解釈フレームは，置かれている地域社会という準マクロ・レベルの環境によって異なる。一方，各自治体において認知・解釈のフレームが存在するとしても，それが有効に機能するためには，自治体の職員における共有程度が問われる。

したがって，制度的環境に対する自治体の認知・解釈フレームは，いわゆる自治体が要求される政策形成・執行過程に関わる組織運営原理や期待であり，政策過程に関わる職員の態度と行動に対する規範として作用する統制手段にもなる[119]。

本書では，自治体の政策形成・執行過程に関わる組織運営原理や期待に対する職員の価値・信念体系として，「組織規範」を提起することにしたい。自治体の職員間において共有された「組織規範」は，自治体の個人レベルの官僚行動と組織レベルの組織行動への転換を媒介する役割を果たし，組織規範に対する職員間の共有程度は自治体間における組織の特性を示すことになる。

3-1 組織規範の定義

本書における「組織規範」とは，制度的環境に対する自治体の認知・解釈のフレームとして官僚の個人行動をコントロールしながら，組織行動に変換させる組織の価値・信念体系である。したがって，それは，自治体の政策過程において規範的機能を果たし，その共有程度によって各自治体の組織的特性が顕著となる。

まず，組織における信念体系が組織構成員を強制できるような規範として意味をもつためには，「・・・すべきである」という言明が含まれていなければならない。G.C.ホマンズ（G. C. Homans, 1961）によれば，「規範とは，集団の何人かの構成員達によってなされる次のような言明である。すなわち，ある特定の種類の行動やある特定の量の行動が，彼らの現実の行動として，そしてまた彼らが特定する他者がそれに同調することが，価値があるものだということの言明である[120]」。すなわち，規範とは私的なものでなく他者にとっても望ましいもので，また，そうするべきものである。しかし，こうした指摘に対して，盛山は[121]「～すべし」という言明による規範の定義は，規

---

(119) O'Reilly (1989), pp. 9-25.
(120) 盛山（2004），121頁から再引用。

範を表現するために用いられるものであり,それ自体は規範として同定できないと反論した。さらに,人々の期待,同調行動,サンクションによる規範の定義においても,規範の表現,現れとして共通するが,規範そのものではないと指摘したのである。ただ,規範の存在がこれらに先立って存在するとしても,我々が規範の存在を確認するには,規範に内在する期待,その期待に対する何らかの言明,その言明に対する同調などによらざるを得ないだろう。つまり,規範の内容,個人レベルでの内在化による同調などによって経験的な検証が可能となるのである。本書において組織規範を見出そうとする目的が,制度的環境に対する自治体の指針として,職員の認知・解釈過程に影響を与える価値・信念体系を明らかにし,自治体間における組織特性を見極めることであれば,このような経験的な検証可能性は重要である。たとえば,民主的な行政活動の正当性を確保するために,自治体の政策形成・執行過程における住民参加が要求・期待される。もし,行政活動における住民参加の規範が存在するとしても,それに対して,自治体の職員間では温度差が存在しており,自治体間においても偏差が存在する。したがって,自治体において当為として規範が存在することと,自治体における規範の実在は別の問題となる。特に,自治体の組織特性として組織規範を導き出すことは,ある特定の規範が職員の間にどの程度共有もしくは内在化されたかに関わっている。すなわち,組織規範はミクロ水準の個人行動に影響を与えるが,ミクロ水準の個人行動そのものを意味するものではない。

次に,規範に関するJ.コールマン (J. Coleman, 1990) の議論を検討しながら[122],本書における組織規範の類型を考えてみることにしたい。コールマンによると,「規範」とは社会システムの特性であって,そのなかの行為者の特性ではないとし,マクロ水準に位置しながら,ミクロ水準の個人行動を支配するものであると定義づけた。つまり,規範はミクロ水準の構成物であるが,ミクロ水準での目的的行為に基づいていたものが,ある条件のもとでミクロからマクロへと移行して存在する。また,規範は特定の行為に対して向けられるものもある。彼は,その行為を焦点行為と名づけ,規範の内容,規範に関わるターゲットと受益者の関係,焦点行為の選択によって,規範の区

---

(121) 盛山 (2004), 117–139頁。
(122) Coleman (1990), 邦訳書, 371–411頁。

分を行った。

　まず，規範は内容によって禁止的規範と命令的規範に区分することができる。禁止的規範とは，焦点行為を妨げたり，禁止したりするものであり，例として「道端に包み紙を捨てるな」などが取り上げられる。それに対しては，命令的規範とは，焦点行為を奨励したり，命令したりするものであり，「教会で毎日祈る」などが挙げられる。したがって，禁止的規範はシステム内で負のフィードバックを起こして焦点行為を減少させる一方，命令的規範は，正のフィードバックを起こして焦点行為を増加させる。

　また，規範に関わるターゲットと受益者[123]の関係から考えると，非接合的な規範と接合的な規範に類型することができる。ちなみに，非接合的な規範とは，規範の指図を受ける人々と，規範から恩恵を受ける人々が異なる場合であり，接合的な規範とは受益者とターゲットの集合が一致する場合を指す。後者の場合，規範の遵守を望む利害関心と，その遵守に反対する利害関心とが，同じ行為者の中に含まれている。それぞれの行為者が規範の受益者であると同時にターゲットにもなりうるのである。

　最後に，焦点行為の選択による規範の区分である。焦点行為の選択は，任意になされることもあれば，そうでないこともある。たとえば，車の左側運転か右側運転かは，任意の問題である。しかし，いったん慣習化されると，誰もこの慣習に従うのが好ましい。このように，規範の指図する内容が慣習によってもたらされている場合は，慣習的規範である。それに対して，規範の焦点行為について任意の選択がなされていないものもある。特定の行為を望む，あるいは望まないという受益者とターゲットの利害関心は，規範の有無に関係なく存在する。つまり，規範が指図する内容は，慣習以上のものに依存することになり，これを実定的規範という。

　そこで，コールマンの議論に照らしてみると，本書における組織規範とはどのようなものであるのか。まず，組織規範は命令的規範の意味をもつ。なぜならば，自治体における禁止的規範にかかわることは，職員の行動を制限する成文の法律・規則が存在している。それに対して，制度的環境に対する

---

　(123)　コールマンによれば，規範のターゲットとは，ある行為が焦点行為となるような行為者たちの集合であり，規範の受益者とは，ある規範から恩恵を受けており，ターゲットの行為を制御する権利を獲得する人々である。

職員の認知フレームとしての組織規範は、制度的環境に対する適切な行動を規定しながら、自治体の政策パフォーマンスを向上させるとみなす。つまり、自治体に対して「正のフィードバック」をもたらすという期待が含まれており、奨励的な焦点行為を増加させるので、組織規範は命令的規範として特徴づけることができる。

　次に、組織規範におけるターゲットと受益者はどうか。自治体における組織規範のターゲットは、当然自治体の職員である。しかし、受益者においては、多少複雑であろう。つまり、自治体の職員に対して組織規範が作用することによって、得られる自治体の政策パフォーマンスは、まず住民が享受するが、首長、議員もその範疇に入れることができる。なぜならば、自治体の政策パフォーマンスに対する好意的な評価は、首長、議員にとって次の選挙における格好の資源となるからである。また、コールマンが指摘したように、焦点行為に対する制御権利からみると、住民、首長、議員とともに、職員同士の制御権も考えられる。自治体の政策過程における組織規範は、職員間の共有程度によって、規範的機能の実効性が異なる。したがって、特定の組織規範に同調する職員は、他の職員に対してその組織規範に対する同調を期待しており、そのような組織レベルの同調は、「押しつけがましくないコントロール」(unobtrusive control) の機制となるといえる。すると、接合的な規範か非接合的な規範かという区分は、制御権利の所在範囲をどのように規定するかによって違ってくる。しかし、上述のように、自治体の組織中で特定の組織規範に対する同調の期待が存在するのであれば、職員は規範のターゲットでありながら恩恵者でもあるので、組織規範は接合的な規範に近いといえる。

　最後に、焦点行為の選択に関わる習慣的規範と実定的規範である。自治体における組織規範は、制度的環境に対する組織の価値前提の認知フレームである。つまり、組織規範は、過去からの自治体の政策活動によって慣習化されてきたものというよりも、変化する制度的環境に対する価値判断に関わるので、実定的規範となる。

　これまでの議論をまとめてみると、組織規範とは制度的環境に対する自治体の認知的フレームであり、それは官僚の個人行動をコントロールしながら、組織行動に変換させる組織の価値・信念体系である。また、自治体の組織に

内在する組織規範は，自治体のパフォーマンスに正のフィードバックをもたらす奨励的・命令的規範である。さらに，組織規範のターゲットとなる職員は組織規範の制御権利も有しているので，自治体における組織規範は接合的な規範でありながら，慣習的なものでなく制度的環境に対する対応として実定的規範の特徴をもつ。一方，組織規範は，自治体職員の共有程度によって観察可能となるので，その共有程度の差は自治体の組織的な特性を反映するといえる。

3-2　組織文化との関係

自治体の職員に内在されている価値・信念体系としての組織規範は，制度的環境に対する職員の価値・意味的フレームを提供することによって，職員の個人行動をコントロールすると期待される，いわゆるインフォーマルな制約を意味する。このように組織のメンバーに内面化されている共有された価値や意味は，物的な報酬ないし強制力に基づいたものよりも強力な制御システムであることを指摘しておかなければならない[124]。

組織における人間行動をインフォーマルに制約する要素については，従来の研究においても多くみられた。たとえば，J．Q．ウィルソン（J. Q. Wilson）[125]は，組織内の人間の行動は必ずしも個人の利害計算により行われないことを指摘した。つまり，組織構成員の期待，協働，使命といった非計算的なものによって組織行動がなされ，組織文化や組織目的のような条件が個人の利己主義を調節すると主張したのである。また，R．グリーンウッドとC．R．ヒニングスとS．ランソン（R. Greenwood, C. R. Hinings, and S. Ranson, 1975[126]）は，自治体における組織の分散（部局数，委員会数など）と統合（調整機関，中枢委員会など）が，規模（人口，面積など），相互依存性（地域計画における関連機関数），自治体の類型（カウンティ，メトロポリタンカウンテ

---

(124)　Scott (1995), p. 43.
(125)　Wilson, J. Q., *Bureaucracy: What Government Agencies Do and Why They Do It* (Basic Books, 1989) pp. 91-110.
(126)　Greenwood, R., Hinings, C.R., and Ranson, S. (1975). "Contingency Theory and the Organization of Local Authorities: Part I", pp. 1-23; "Contingency Theory and the Organization of Local Authorities: Part II, Contingencies and Structure." *Public Administration*, Vol. 53, pp. 169-190.

ィなど），政治的コントロール（労働党議席）とともに，組織内のイデオロギーなどが影響を与えることを明らかにした。彼らの研究における組織フィルターとしてのイデオロギー（総合計画，公共参加，行政効率）とは，行政組織において政治的要求に応えるための内部化された信念体系であり，職員に対するインフォーマルな制約要因である。

その中で，組織文化は本書における組織規範と密接な関わりをもち，共通性が高いといえる。したがって，従来の組織文化に関する議論を検討した上で，組織規範との関係を明らかにすることにしたい。

まず，組織文化に関する概念・定義については，多様な観点によって行われた。いくつかの先行研究による定義をまとめてみると，以下の通りである。

「シンボル，言語，イデオロギー，信念，儀式，神話」(A. M. Pettigrew (1979), p. 574)
「潜在されている組織の価値，信念を伝えるシンボル，儀式，神話」(W. Ouchi (1981), p. 41)
「組織の神話，パラダイム，共有の意味体系，固有の言語体系」(M. Jeilinek, L. Smircich and P. Hirsch (1983), p. 331)
「組織のアイデンティティを作り出すものであり，社会的統合体として統合させる組織の基本信念，言語，神話」(G. R. Gones (1983), p. 454)
「組織において共有されたシンボルと神話に隠された中心的価値の集合」(H. Borms and H. Gahmberg (1983), p. 482)
「外部環境に対する適応を図る組織がその内部を統合し，問題を解決する過程において考案・開発した基本前提のパターン（a pattern of basic assumptions）であり，組織構成員が妥当なこととして受けいれるもの」(E. H. Schein (1985), p. 9)

このように，組織文化の概念・定義は，儀式，伝統，信念，イメージ，シンボル，言語，価値，雰囲気といった，組織に関わるほとんどのキーワードが含まれる。次に，このような組織文化は組織ないし組織構成員にいかなる影響を与えるだろうか。従来の研究成果をまとめてみると[127]，第一に，組織

---

(127) Smircich (1983), p. 345; Chatman and Jehn (1994), p. 525.

文化は，組織にアイデンティティを付与しており，構成員間の円滑なコミュニケーションを図り，組織の協力を促進する。第二に，共有された信念と期待は組織構成員の態度と行動に対する規範として作用し組織の調整と統合を図る。最後に，組織文化には，組織が志向することと，それに関する構成員への期待行為などが含まれているので，構成員の行動において指針と正当性を与える。

　これらのことを踏まえてみると，本書が設定する組織規範は，組織文化と類似の概念および機能をもつようにみえる。しかし，組織文化に対する研究目的が，それによる構成員の行動と組織行動に対する影響を検討し，組織成果との関係を分析するのであれば，それぞれの因果関係に対する設定は重要である。つまり，組織文化と組織のパフォーマンスの区別は，厄介でありながらも，要求される課題となる。これに対して，従来の研究は，組織文化の構成要素によって組織文化の特定化を試み，たとえば，組織の目標・手段，成長戦略，内部階層構造，役割関係，非公式的関係，規則，賞罰制度などを，ある組織に内在する組織文化を示すものとして取り上げた[128]。しかし，こうしたな組織文化の構成要素をみる限り，組織における制度的運営も含まれるなど，組織文化＝組織パフォーマンスのようなトートロジーがあることは否定できないだろう。

　また，組織文化のもつ価値，信念などの基本前提の特性は，本書における組織規範と共通する。しかし，ある組織において特定の規範が存在するとしてもそれが組織文化であるとは限らない。なぜならば，組織文化においては，過去からの慣行的要素も含まれていることを拒めないからである。環境変化に対する組織の対応[129]では，新たな組織の価値体系（組織規範）が要求されるので，これらの価値・信念体系は，既存の組織文化との衝突可能性を有している。したがって，新しい価値・信念体系の内在化が進められても，組織文化における複合的・長期的・歴史的な特徴からすれば，組織規範が直ちに組織文化となるわけではない。

---

(128)　O'Toole (1979), pp. 17-18; Schein (1985), pp. 15-16.
(129)　組織文化において一つ欠点として指摘されるのが，組織に対するクローズ・システムの捉え方である（Scott (1995), p. 43）。つまり，組織文化に対する解明において組織の内部過程に集中されている。

そこで，本書における組織規範は，組織文化の構成要素になるが，組織文化そのものではない。また，このような作業は，自治体の政策パフォーマンスとの関係を見極めるために必要なものと認識される。つまり，本書における組織規範は，組織文化の下位レベルとして位置づけることにしたい。これに関して，組織文化に対するE．シャーイン（E. Schein, 1985）の議論は，組織規範と組織文化の関係を明らかにする際，有益となる。ここでは，シャーインの代表的な著書である *Organizational Culture and Leadership* を中心として検討することにしたい。

組織文化の要素（elements）を明らかにしたシャーインの研究では，組織における基本仮定を組織文化とし，価値と行動を文化の本質の表明として取り扱うことによって，文化の要素を細分化した[130]。彼によれば，組織文化とは，組織成員が妥当なこととして受け入れる基本前提である。

さらに，こうした組織文化は，三つのレベルによって階層化され，図2－3のようにその可視性によって「人工物および創造物」（レベル1），「価値」（レベル2），「基本前提」（レベル3）といった三つのレベルで分類される。

図2－3　シャーインの文化のレベルとその相互作用

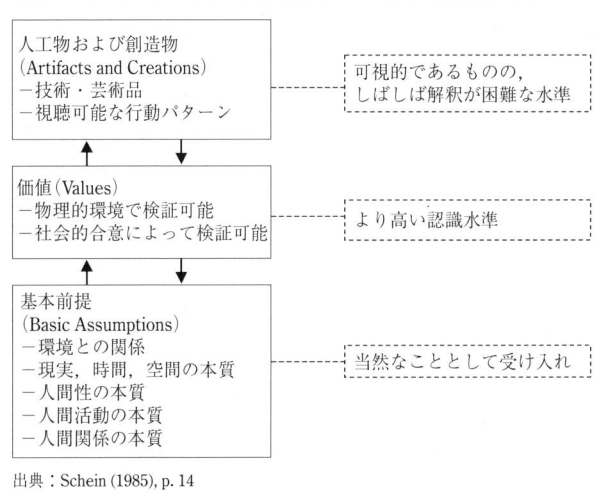

人工物および創造物 （Artifacts and Creations） －技術・芸術品 －視聴可能な行動パターン	┈┈	可視的であるものの， しばしば解釈が困難な水準
価値（Values） －物理的環境で検証可能 －社会的合意によって検証可能	┈┈	より高い認識水準
基本前提 （Basic Assumptions） －環境との関係 －現実，時間，空間の本質 －人間性の本質 －人間活動の本質 －人間関係の本質	┈┈	当然なこととして受け入れ

出典：Schein (1985), p. 14

---

(130)　Schein (1985), p. 14.

「人工物および創造物」とは最も可視的なレベルの文化として構造化された物理的・社会的な環境を意味する。たとえば，物理的な空間，技術的な産物，文字と言語，芸術品などが取り上げられる。このような人工物は観察できるものの，それが何を意味しているかについては，その文化環境に所属していない限り，把握できない。次に，「価値」とは「どうあるべきか」という信念であり，意識の領域に存在する。例えば，組織環境の変化に伴って新しい問題に直面したとき，それに対処するための解答は，決定に必要な共有された基盤がないため，ある価値の地位を保持するだけとなる。したがって，この代案は議論の余地が多いので，それによる成功の確信は存在しない。しかし，その解決策が，問題解決に機能し，成功であると共有されると，最終的に一つの基本前提となる認識の変形過程に進むことによって，一つの仮定となる。こうした変形過程を経た価値は，組織内において強く保持されて「基本前提」となるのである。つまり，レベル2のある「価値」が，問題解決策として繰り返し有効に作用すれば，構成員は無意識的に当然なこととして受け入れられたものが「基本前提」である。そこで，シャーインは，「基本前提」を厳密な意味としての組織文化と指摘する。

このような多層構造を有する組織文化の中で，本書における組織規範は，レベル2の「価値」と共通性を有する。つまり，当然として受け入れられる暗黙的な「基本前提」と違って，組織規範は，制度的環境に対する自治体もしくは，職員の価値・信念体系であり，意識の領域に存在する。職員の意識領域において共有されている価値・信念体系は，自治体の政策形成・執行段階において行動規範として作用する。これに対してシャーインも，以下のように述べている。

> 「多くの価値が意識され表現されるのは，組織の構成員に対してそれらが規範的・道徳的機能を果たし，ある状況に対応する際，役に立つからである[131]」

これまで，本書における組織規範と，従来の組織研究における組織文化の関係を検討してきた。組織文化における多様・多層的特徴は，研究の目的に

---

(131) Schein (1985), p. 16.

よって多義的利用を招いて，文化決定論的な結論が導き出される恐れも存在する。そこで，本書における組織規範は，組織文化の下位レベルとして位置づけることによって，組織パフォーマンスとの関係をより明確にする。さらに，このような検討は，シャーインの指摘を踏まえた上で，組織文化に対する実体化を進める地盤になる。要するに，自治体が要求される環境の期待を含む組織規範は，組織文化の十分条件であるが，必要条件ではないのである。

3－3　組織規範の機能

続いて，ここでは組織規範の定義と重なることになるが，上述した内容を踏まえて組織規範が，自治体の政策過程においていかなる機能を果たすかについて述べることにしたい。

① 自治体の認知・解釈フレーム提供　自治体を取り巻く行政環境は，マクロ・レベルの社会的コンテクストと準マクロ・レベルの地域社会という環境をもつ。とりわけ，時代の変化に伴って変化する社会的コンテクストは，自治体がその環境から支持や正当性を得る源のようなものである。それに対する自治体の認知・解釈過程は，自治体の政策パフォーマンスを規定し社会から与えられる自治体の評価に関わるものである。こうした制度的環境に対して，自治体が何をなすべきか，いわゆる，自治体の政策形成・執行について特定のフレームを提供するのが組織規範である。

② 職員行動に対する内部統制的機能　制度的環境に対する自治体の認知・解釈フレームとしての組織規範は，職員の同調もしくは共有されることによって，職員を含む自治体の価値・信念体系となり，職員の行動をコントロールする。職員行動をコントロールするということは，インフォーマルな制約として機能を果たし，行政統制論における内部統制的意味をもつ。たとえば，自治体において中央依存的公共事業はやめようとする方針もしくは要求がある。それに関わるある特定の組織規範を共有した自治体の職員は，自らの信念とともに組織の決定前提としてそれを受け入れることによって，自らの行動においてインフォーマルな制約を受けることになり，その結果，組織行動の結果として公共事業の削減に積極的となる。また，インフォーマルな制約として受容されることは，いわゆる従来の行政学において論じられてきた行政統制における内部統制に関わる。したがって，組織規範は職員にお

いて特定の価値・信念に対して内面化を図ることによって，職員の行動に対して内部統制の機能を果たすと期待できるのである。

③　政策パフォーマンスに対する奨励的な機能　規範に対するコールマンの議論に基づいて，本書では，組織規範には命令的規範，接合的規範，実定的規範と呼ばれる三つの特徴があると述べた。自治体の組織に内在する組織規範とは，自治体のパフォーマンスに正のフィードバックをもたらす奨励的・命令的規範である。さらに，組織規範のターゲットとなる職員は組織規範の制御権利も有しているので，自治体における組織規範は接合的な規範でありながら，慣習的なものでなく制度的環境に対する応答として実定的規範の特徴をもつのである。とりわけ，禁止的規範でなく命令的規範であることは重要である。両者の関係は表裏の関係かもしれないが，制度的環境に対する自治体の応答は，経済的合理性ないし合理的な計算に基づいていないので，確定的な禁止の言明によって進められるよりも奨励的言明によって職員の行動を図ることになる。また，そのような奨励的言明が職員の価値・信念体系となり，不確実な制度的環境に対する組織行動への変換過程を促す組織規範となる。さらに，こうした奨励的な組織規範は，自治体における職員の共有程度によって，その特性を示し，自治体間における政策パフォーマンスの差に影響を与える。

④　組織文化の下位レベル　経営学，行政学における組織研究は，企業ないし行政の組織文化が企業や行政組織のパフォーマンスに影響を及ぼすという仮定の下，組織文化の概念，類型などを幅広く検証してきた。それについて，本書では，シャーインの指摘を受けて組織文化の多層構造に着目した。つまり，レベル2の「価値」としての組織規範は，職員の意識領域における価値・信念体系であり，自治体の問題解決に繰り返して有効な機能を果たしていくと，組織文化としての「基本前提」となれるのである。組織文化に関する従来の研究では，組織文化をマネジメントするのに際して管理者の役割が強調された。こうした管理者の役割に対する強調は，自治体における首長の役割にも当てはまる。すなわち，組織文化の下位レベルとして組織規範を特定化することにより，自治体の首長は，長期的な組織文化の形成を誘導することができる一方，新しい価値注入による慣行的組織文化の改善を図ることができる。

⑤　リーダーシップの代替物　また，こうした組織規範は，自治体の政

策過程においてリーダーシップの代替物としての役割を果たせる。一般に，リーダーシップは個人のリーダーシップを意味する。しかし，個人のリーダーシップだけでは，行政組織の持続的な成果向上と変化を誘導するのは難しい。なぜならば，リーダーの交代によるリーダーシップの不安定が存在するからである。そこで，このような個人のリーダーシップの代替にするものを検討したのが，S. ケールとJ. M. ジャーマイア (S. Kerr and J. M. Jermier, 1978[132]) である。彼らは，政府組織のパフォーマンスを向上させるために，個人リーダーシップだけでなく組織構造と組織規範などの組織に内在されているリーダーシップが必要であると主張した。彼らは，自治体の職員に内在する組織規範が，首長のリーダーシップを補完し，首長の交代による政策的不安定を防ぎながら，地域社会のニーズに対処できるものであると考えた。

4．分析枠組み

最後に，本書の分析枠組み（図2－4）を示すことによって，上記の議論をまとめることにしたい。本書の目的は，自治体間における政策バリエーションと官僚の組織行動との関係を検討すること，つまり，官僚の組織行動が自治体の職員に内在する組織規範によって形成され，自治体の政策決定に影響を及ぼすとみなし，実証分析を行うことである。

まず，自治体の政策過程を取り巻く環境について，本書では三つの環境要因を設定する。第一に，「マクロ・レベルの制度的環境」であり，制度的環境に関しては，社会学新制度論において論じられた概念を用いることにする。すなわち，自治体を取り巻く制度的環境とは，公共セクターにおいて自治体が要求される一般的な価値である。そこには，国家の法律的な要求など具体的な規制的要因もあれば，政治・行政のあり方のような自治体がなすべき価値などが含まれる。したがって，政策の形成・執行において自治体は，これらのマクロ・レベルの制度的環境に対応しなければならない。近年日本の自治体には，厳しい財政的圧迫の下で，民主的価値とともに効率的価値が求められるようになった。このような傾向は世界各国の政府が抱えているディレ

---

(132) Kerr, S. and Jermier, J.M. (1978). "Substitutes for Leadership: Their Meaning and Measurement." *Organizational Behavior and Human Performance*. Vol. 22, pp. 375-403.

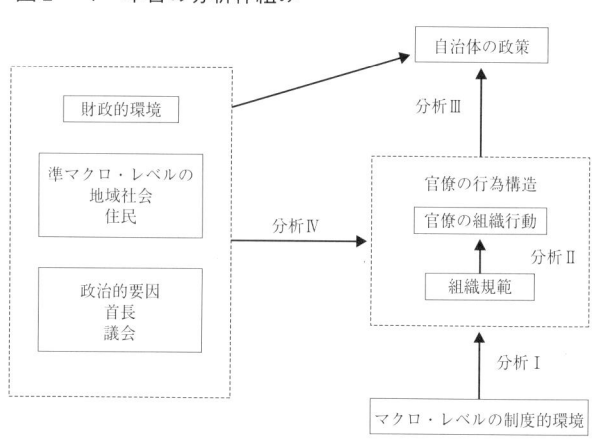

図2－4　本書の分析枠組み

ンマ的問題であり，これに対する行政改革のツールとして新公共管理論（New Public Management, NPM）が注目を集めてきた。日本の自治体においては，1990年代半ばから三重県をはじめ，NPM型の行政改革が行われるようになっており，自治体改革において，その実効性はともかくいわゆる流行的なシンボルとなった。したがって，自治体の職員にとってNPM型の行政改革の理念は，「検証不可能な価値的意味」[133]をもち，マイヤーらのいう社会的合理性としての「神話」に近いのである。

一方，国家の統治システムにおいても自治体の変化が求められるようになった。それは，2000年地方分権一括法と2004年の三位一体改革によって象徴されるように，地方分権時代における「自己決定・自己責任」の強化である。地方分権の進行は，自治体における自律性の拡大とともに，自治体の政策能力によって自治体間の格差が広がらざるを得ない競争時代を意味する。

(133) シャーインの組織文化によれば，レベル2の「価値」においてすべての価値が組織文化とならないと主張した。なぜならば，ある特定の価値に基づく解決策が，うまく機能しない，つまり，組織の問題解決に有効に機能する価値だけが変容過程を経て「基本前提」となるからである。一方，問題解決機能に対する検証不可能な価値については，社会的妥当性（不確実性を減少させるという信頼）の下で，それらの価値が組織に注入されると指摘した。Schein (1985), p. 16.

こうしたマクロ・レベルの制度的環境は，自治体の政策過程に関わる首長，議会，職員にとって考慮せざるをえない環境要因となる。とりわけ，自治体の職員においては，自治体の政策形成・執行に対する認知・解釈フレームとなる組織規範の内容を提供する。また，マクロ・レベルの制度的環境は，自治体の政策決定に少なくない影響を与えるものの，すべての自治体において共通するものであるので，それに対する自治体の認知態度によって政策のバリエーションが生じる。したがって，本書ではマクロ・レベルの制度的環境要因は，自治体の政策に直接的な影響を有するよりも，自治体の政策過程に関わる政策決定者を通して自治体の政策に影響を及ぼすと仮定される。

第二に，「準マクロ・レベルの地域社会」という環境要因である。社会学的新制度論における同型化理論は，マクロ・レベルの社会的・文化的な圧力が組織間の同型化を起こすとした。例えば，NPM型の行政改革が主流となり社会的な合理性を保つようになれば，政策決定者にとってはNPM型に基づいた政策を採らざるを得なくなる。しかし，NPM型の政策を採用したとしても，自治体間における政策内容は異なる。それは，NPM型の行政改革の理念に対する自治体の認知態度に関わっているが，その前に，自治体が置かれている地域社会の特性が自治体の政策もしくは政策決定者に影響を及ぼすからである。本書における地域社会の特性は，主として地域社会の主権者である住民の間に見出すことにする。たとえば，住民の構成や自治体に対する住民の関与などが取り上げられる。

第三に，「自治体の財政的環境」であり，自治体の財政的状況を表わす財政力指数，経常収支比率，公債負担比率，国庫補助金などが挙げられる。これらの変数は，従来政策決定研究における「社会経済的環境」と共通するが，本書では地域社会の特性である「社会的」要因を別の要因とし，自治体の政策決定者に対する財政的制約という意味に制限することにしたい。

第四に，上記の三つの環境に対する自治体の政策過程に関わるものとして，環境からのインプットを受けてどのようにアウトプットへ転換するかというブラック・ボックスに対するアプローチである。本書では，自治体の政策決定者である首長，議会とともに，自治体における官僚組織を包括することによって自治体間における政策バリエーションに対する説明力を高めることにしたい。

まず，官僚の行為構造では，組織規範と官僚の組織行動の関係を設定する。

すなわち，上記のマクロ・レベルの制度的環境に対する認知・解釈フレームとして組織規範は，自治体の職員の個人行動をコントロールしながら組織行動へ変換させる機能を果たすとみなす。また，組織規範の内容についてはNPM型の行政改革の理念に関わるものであり，具体的には「管理主義志向の政策執行規範」，「脱官僚制志向の組織運営規範」，「住民参加志向の公共参加規範」の三つである。なお，これらの組織規範の詳細に関しては，第3章で述べることにしたい。本書では自治体の職員に内在している組織規範は，組織行動の産物である自治体の政策に影響を与えるとみなす。また，自治体の職員における組織規範の共有程度は，自治体間において相違が存在しており，それによる政策バリエーションも生じると仮定されており，こうした自治体の組織規範は，自治体の組織文化だけでなく責任行動にも影響を及ぼすと期待される。

従来の自治体の政策決定に関する研究では，政策決定に対する首長の影響力は大きいと言われている。自治体の政策決定に対する首長の影響力は，上述したように，アジェンダ・セッティングを含む政策の採択において大きいと思われる。また，首長は選挙によってコントロールされるので，地域住民の選好に敏感な反応を示しており，自らの自治体が他の自治体に比べて劣らないように，政策の潮流を気にしている。したがって，制度的環境に対する首長の認知・解釈過程では，「適切さの論理」とともに，政策選択による結果である実績を考慮する「帰結の論理」が相互共存する可能性が高い。ただ，現実の選挙空間における彼らの業績・公約が制度ないし政策の採用に集中し，先導的な立場をとる首長以外には，制度的環境に対して順応的姿勢を示す「適切さの論理」が強く働く可能性がある。

一方，首長のリーダーシップは，政策採択に対する直接的な影響のみならず，職員に内在する組織規範の共有程度にも影響を与える。組織のリーダーシップに対してC．バーナード（C. Barnard, 1938）は，協働的意思決定のために，組織構成員に「共通理解の信念」（faith in common understanding）を与える機能を強調した[134]。このことは，自治体の職員に対する意識改革を唱える首長においてもよくみられる。たとえば，「顧客志向の行政」，「透明な行政」，「責任所在の明確化」などのスローガンは，自治体の職員に対する行政

---

(134) Barnard (2002 [1938]), p. 259.

価値の注入を目的とする首長のパフォーマンスである。したがって，自治体の首長は，制度的環境に対する職員の認知・解釈フレームとしての組織規範の形成に影響を与えたり，既に形成されている組織規範をより深化・促進したりするのである。そこで，本書では，首長の役割を特定化するために，NPM 型の行政改革に対する首長の認知態度，属性などを用いることにしたい。

他方，二元代表制の特徴をもつ日本の自治体では，政策決定過程において首長とともに議会の存在を見落としてはならない。しかし，首長に比べて自治体の政策決定に対する議会の影響力は，高く評価されないのが現状である。それについては，二元代表制を採用しながらも議会に対する権限が多く制約されている制度上の問題もしばしば指摘される。したがって，本書では，自治体の政策決定に対する議会の影響を認めた上で，主に首長との関係から議会の影響について，議会における各政党の議席率，党派性における首長との関係などを用いて検討していくことにしたい。

つまり，本書では，官僚の組織行動を生み出す組織規範に着目した上で，自治体の政策との関係を検討することにより，自治体間の政策バリエーションに対する説明を試みることにしたい。

まず，分析Ⅰ（第3章）では，都道府県における職員意識の現状を検討した上で，マクロ・レベルの制度的環境（NPM のアイディア）に対する職員意識を探ることにより，組織規範の特定化を図る。分析Ⅱ（第4章）では，組織規範の「職員行動に対する統制的機能」を行政統制論と行政責任論に基づいて実証分析を行う。次に，分析Ⅲ（第5・6章）では，組織規範とともに，「財政的環境」，「準マクロ・レベルの地域社会」，「政治的要因」を包括したモデルにより，自治体の政策パフォーマンスを説明することにしたい。最後の分析Ⅳ（第7章）では，実証分析を通じて組織規範の形成・促進要因を検討する。おわりにでは，本書の結論とインプリケーションを述べることにする。

第3章　自治体における組織規範

本章では，自治体の職員に内在する組織規範を特定化するために，近年のNPMを含む行政のあり方に関わる内容を用いることにしたい。

A.ダウンズ（A. Downs[1]）は，公務員（官僚）を①大組織で働き，②それが主な収入源であり，常勤している者とし，③身分が保証されており，④彼らの業績は，市場原理によって評価されないと定義した。中でも，成果が組織外の市場において評価されないことは，かつての公務員を特定する際，重要な指標であった。それというのは，従来の行政官僚は，競争ないし市場といったものとは，遠い存在だったからである。しかし，政府の財政赤字の拡大は，インプット中心の行政からアウトプットの行政への変化を余儀なくさせており，それに伴って職員の意識も変わらざるを得なくなった。このような現状は，前章において述べたNPM型の行政改革に対する自治体の姿勢からも看取できる。また，都道府県の職員調査データにおいても，成果志向，責任所在，市場原理などの従来の行政に馴染まなかった行政価値はかなり浸透していることが明らかにされた。

第1節　組織規範の内容：行政のあり方

地方の税源不足や住民ニーズの多様化などの行政環境によって，自治体の行政のあり方は大きな路線変更を行わざる得ない状況に置かれており，それは事務・事業の見直し，支出の削減，民営化といった行政の効率化政策として現れてきた。その中でも，自治体の行政において変化の根幹を支えている

（1）　Downs (1994), p. 25.

のは，管理主義，脱官僚制，市場原理である。

1980年代の「小さい政府」への回帰は，かつての行政のあり方に対する問い直しであった。これは，単に政府の規模の縮小にとどまらず，従来の公共組織の信念を揺るがして意思決定のあり方にも及んでおり，民間企業の管理技法の導入を強めた。その中で，管理主義（managerialism）では経済的生産性，多機能的執行機関，生産志向的なインプット，管理の独自的な機能，管理の自律性が強調された[2]。さらに，すでに指摘したように，こうした管理主義の考え方は，公共選択論，取引費用理論，本人－代理人理論などの「新制度論的経済学」と結合し，近年は NPM と総称されるようになった。他方，伝統的官僚制に対しては，顧客志向，成果志向の公共管理のために，裁量権を与えながらも明確な責任所在と業績評価を通して官僚の責任を統制することが強調された。

このような近年の行政のあり方に対して，都道府県の職員はどのように受け止めているのだろうか。まず，責任の所在については9割以上が「民間企業のように明らかにすべきである」と回答している（表3－1）。この結果は，説明責任が強調されている現状を反映しているようにみえるものの，「公務員の職務関連情報は，職務，氏名を公開すべきである」とする意見に対して

表3－1　行政のあり方に対する職員意識

	賛成	やや賛成	やや反対	反対	N
政策責任の所在は，民間企業のように明らかにすべきである	44.9	49.3	5.4	0.4	523
現在よりも，受益者負担を進めるべきである	26.8	63.3	9.2	0.8	523
現在よりも，行政サービスのアウトソーシングを積極的に進めるべきである	39.0	52.2	8.0	0.8	525
行政サービスにおいて，市場原理をより取り入れるべきである	17.0	58.2	23.1	1.7	524
業務遂行の裁量権を，下位レベルの職員まで与えるべきである	15.5	50.1	30.5	3.8	521
公務員の職務関連情報は，職務，氏名を公開すべきである	14.0	41.6	37.4	7.1	522
公務員の給与制度は，職員の業績評価とリンクされるべきである	16.8	62.4	18.7	2.1	524
行政活動においては，経済的効率性がより重要視されるべきである	8.8	44.6	42.9	3.6	522
政策を形成するには専門的な知識が必要であるため，直接的な住民の参加はあまり望ましくない	0.8	19.7	67.2	12.4	524
市民参加は，できる限り多くの政策領域や部署で採用されるべきである	31.8	50.9	13.8	3.4	528

（2）　Pollitt (1993a), pp. 2-7.

は55.6％が賛成である。すなわち，責任所在の明確化は，当然進められるべきであるが，それに伴う公開や方法に関しては職員の意見が分かれている。次に，市場志向の行政運営については，「現在よりも受益者負担を進めるべきである」とする意見に対して90.1％，「現在よりも，行政サービスのアウトソーシングを積極的に進めるべきである」とする意見に対して91.2％，「行政サービスにおいて，市場原理をより取り入れるべきである」とする意見に対して75.2％で，大体の職員が賛成を示している。

一方，裁量権については，65.6％の職員が「下位レベルの職員まで与えるべきである」と回答しているが，反対（34.3％）の意見も存在している。また，「公務員の給与制度は，職員の業績評価とリンクされるべきである」とする意見に関しては，職員の79.2％が賛成している。これらの結果，市場志向や成果志向などの今日の行政改革に対してそれぞれの温度差は存在するが，大筋では同意していることがみてとれる。しかし，「行政活動においては，経済的効率性がより重要視されるべきである」とする意見に対しては，賛成（53.4％）と反対（46.6％）が拮抗しており，行政の価値が経済的効率に傾くことには警戒している現状も窺える。最後に，住民参加に関する意見をみると，「直接的な住民の参加はあまり望ましくない」に対する反対は79.6％であり，「市民参加は，できる限り多くの政策領域や部署で採用されるべきである」とする意見においては82.7％の職員が賛成し，多くの職員は住民参加が自治体の行政において欠かせないと認識している。

第2節　組織規範の特定化：職員個人レベル

本書では，自治体の職員に内在する組織規範を，マクロ・レベルの制度的環境に対する自治体の認知フレームとして官僚の個人行動をコントロールしながら，組織行動に変換させる組織の価値・信念体系と定義した。また，組織規範を構成する内容は，マクロ・レベルの制度的環境に対するものであり，近年の自治体に求められるNPMなど行政価値の変化が取り上げられる。これらの行政価値の変化に対して職員の認知・共有態度は，個人によって受け止め方が異なり，自治体の組織行動に影響を与える。

そこで，都道府県の職員における組織規範を抽出するために，上記で述べた市場志向の原理，マネジァリアリズム，脱官僚主義，住民参加など調査項目を用いて，主成分分析を行った。

主成分分析の結果をみると（表3－2），第一成分に受益者負担の原理，アウトソーシングの拡大，市場原理の活用，経済的効率性の重視が，第二成分に責任所在の明確化，裁量権移譲，行政業務における実名性，給与業績主義が重要な要因になっていることが明らかになった。さらに，政策形成において住民参加やその拡大が第三成分に大きく関わっていることも明らかになった。このため，各都道府県が受け入れている組織の規範的価値として，各主成分の内容から第一成分を「管理主義志向の政策執行規範」，第二成分を「脱官僚制志向の組織運営規範」，第三成分を「住民参加志向の公共参加規範」と名付けることにしたい。

　「管理主義（マネジャリアリズム）志向の政策執行規範」とは，民間部門の管理システムと技法を公共部門に導入しようとする主張に共通する。マネジャリアリズムについて，ポリト[3]は，政府の役割に関する信念（beliefs），価値（values），思想（ideas）によって構成されると主張した。彼は，またマネジャリアリズムの核心を成す信念として経済的効率性，多機能的執行機関，生産志向的資質，管理の独自的機能，管理の自律性などが関わることを強調した。中でも，市場原理，経済的効率性などは，近年自治体の政策執行過程において強調されており，自治体における職員の価値・信念体系に影響を与えている。また，このような傾向は，本書の分析結果において受益者負担の原理，アウトソーシングの拡大，市場原理の活用，経済的効率性の重視に関

表3－2　組織規範の抽出（主成分分析）

	第一成分 政策執行規範	第二成分 組織運営規範	第三成分 公共参加規範
受益者負担の原理	.418	.406	－.311
アウトソーシングの拡大	.660	.168	.036
市場原理の活用	.758	.194	.088
経済的効率性の重視	.680	－.052	.115
責任所在の明確化	.288	.633	.033
裁量権委譲	.168	.592	.115
行政業務における実名性	－.120	.734	.073
給与業績主義	.305	.303	.168
直接的な住民参加	－.017	.275	.764
住民参加の拡大	.168	－.023	.804
累積寄与率	18.9%	35.8%	49.7%

（3）　Pollitt (1993a), pp. 2-7.

わることによって明らかになる。
　次に，こうしたマネジャリアリズムは，公共選択論や取引費用経済学，エイジェンシー理論と結合して，NPMが主張する自律的管理（権限委任）と市場志向管理を強調する「ネオ・マネジャリアリズム（Neo-managerialism）[4]」をもたらしている。とりわけ，管理の自由を強調しながら，伝統的官僚制の問題を指摘する傾向が強く現れる。したがって，本書では，こうした脱官僚制に対する要求にも基づいて「脱官僚制志向の組織運営規範」を設定した。
　ウェーバーは，国家を統治するにあたり官僚制が最も効率的なものであるという結論を導き出した。しかし，ウェーバーが想定したような効率的な伝統的官僚規範は，もはや現在のOECD国家においては存在せず[5]，むしろ官僚制における非効率性が指摘されている。特に，それら諸国においては，「官僚制の病理」として，コスト意識の不足や責任所在の曖昧さ，形式主義といったものが挙げられてきた。たとえば，近年の行政変化を分析したR.C.マスカレンハス（R. C. Mascarenhas, 1993[6]）は，経験や忠誠，専門知識が強調された行政から，刺激や動機付与を通した管理技術，結果志向が重視される行政への変化が顕著に見られると指摘している。また，G.E.カイデン（G. E. Caiden[7]）は，伝統的官僚規範におけるアカウンタビリティ・システムの欠点として匿名性（anonymity）をあげている。増島[8]も，「日本の行政官僚の場合，上司から与えられた仕事を果たさなければならないという意識は強い。しかし，仕事を終えた後，自分がそれをどのように行ったかということを説明する気持ちは持っていない。その仕事に関して世の中で賛否が論じられている時でさえ，自分が行ったということを対外的に表明することもしない。むしろ表明すべきことではないと考える」と鋭く指摘している。
　このような官僚制に対する指摘は，自治体における組織運営に関わっており，責任所在の明確化，裁量権委譲，行政業務における実名性，給与業績主義などによって行政組織の運営に対する変化を求める。
　最後に「公共参加規範」とは，どのような視点から自治体が住民の意向を

（4）　Terry (1998), p. 196.
（5）　Lane (2000), p. 8.
（6）　Mascarenhas (1993), p. 325.
（7）　Caiden (1988), p. 27.
（8）　増島（1999），21頁。

吸収するのかに関する規範であり，ここでは，政策形成・執行における住民参加に対する積極性と拡大意思を意味している。

第3節　自治体における組織規範の存在：組織レベル

　ミクロ・レベルの分析から得られた組織規範は，各都道府県の職員個人が行為準則として認知するものであり，自治体における職員個人レベルの共有程度によって自治体の組織特性を表わす。また，それを引き出すためには，職員が関わっている政策内容もしく部局による相違でなく，自治体間における違いが検証されなければならない。なぜならば，もし，政策内容によって上記の組織規範の違いが見出されると，それは「自治体の組織規範」というより「政策・部局の組織規範」となるからである。

　したがって，以下では，前述の職員意識の偏在に関する分析と同様に，組織規範の分布の形状を自治体別・部局別に検討することによって，各都道府県における組織規範の実態を推定することにしたい。

　まず，職員個人レベルから得られた「管理主義志向の政策執行規範」，「脱官僚制志向の組織運営規範」，「住民参加志向の公共参加規範」の主成分得点を各都道府県別に分布してみることにしたい。分析の結果，まず，各都道府県における主成分値の平均と分散に大きな相違がみられることが明らかになった（図3－1）。言い換えると，都道府県の間に組織規範が強い地域とそうではない地域があり，また組織規範が同質的な地域とそうではない地域がみられることになる。

　そこで，三つの組織規範の主成分得点について都道府県別の平均によって検討すると，まず，「管理主義志向の政策執行規範」では（図3－2），高知県，鳥取県，奈良県などが高く，富山県，香川県，千葉県，福島県などが平均よりも低い得点であった。

　また，「脱官僚制志向の組織規範」では（図3－3），宮城県，高知県，兵庫県，岩手県，千葉県などが高い平均得点を有しており，大阪府，和歌山県，京都府などの平均得点は低いことがわかる。「住民参加志向の公共参加規範」では（図3－4），三重県，高知県，福島県，富山県などが高く，大分県，栃木県，千葉県，新潟県などが低い。

　一方，自治体の組織レベルに存在する組織規範は，平均の値だけでなく，その集中度も考慮しなければならない。すなわち，組織規範の強弱は，職員

第３章　自治体における組織規範　　99

の共有程度におけるその集中度も関わっており，職員個人の組織規範を示す各主成分値の平均が高く，また分散が小さい都道府県ほど，その地域の組織規範が強いと考えることができよう。したがって，今度は，各平均を標準偏差で割ることによって，集中度を考慮した都道府県別の平均得点をみることにしたい。

その結果（図３−５，図３−６，図３−７），上記の都道府県別の平均得点と同様な結果が得られた。つまり，「管理主義志向の政策執行規範」においては高知県，鳥取県などが，「脱官僚制志向の組織運営規範」では宮城県，高知県などが，「住民参加志向の公共参加規範」において三重県，高知県などが高い得点圏を形成している。これらのことから，各組織規範において高い平均得点を有している都道府県においては，標準偏差が小さい，すなわち，職員間において共有度も高いわけである[9]。

また，都道府県の得点は，

図３−１　都道府県の主成分得点

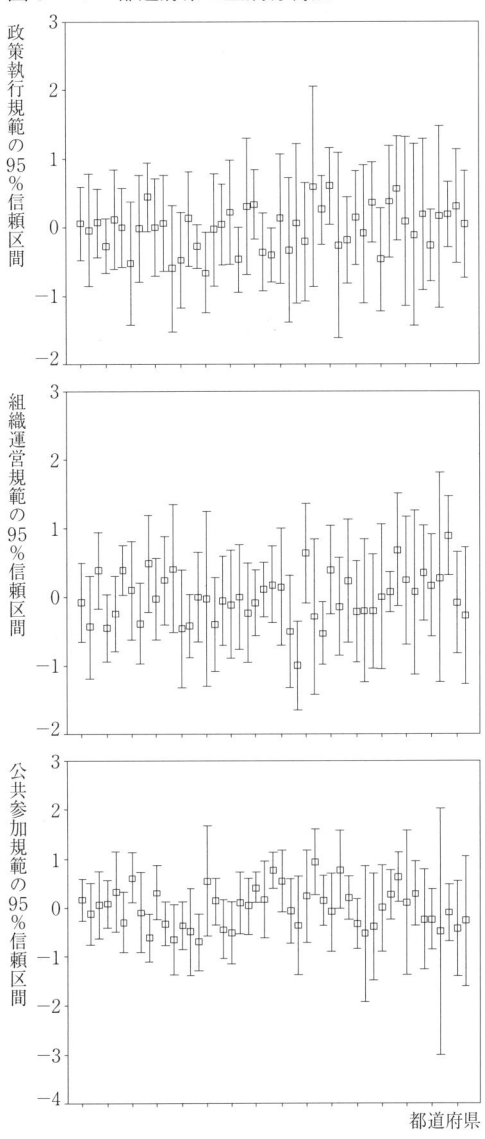

政策執行規範の95％信頼区間

組織運営規範の95％信頼区間

公共参加規範の95％信頼区間

都道府県

図3－2　都道府県における管理主義志向の政策執行規範（主成分得点の平均）

図3－3　都道府県における脱官僚制志向の組織運営規範（主成分得点の平均）

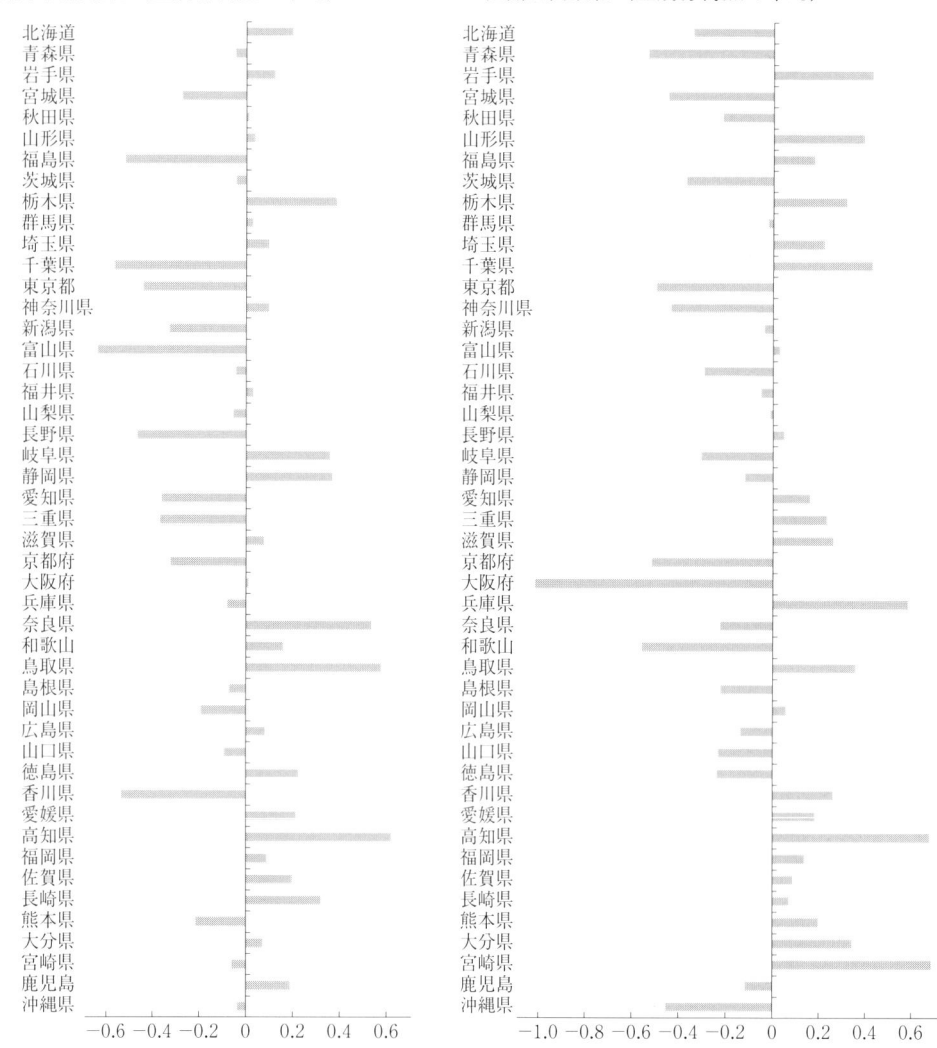

第 3 章 自治体における組織規範

図 3 — 4 都道府県における住民参加志向の公共参加規範（主成分得点の平均）

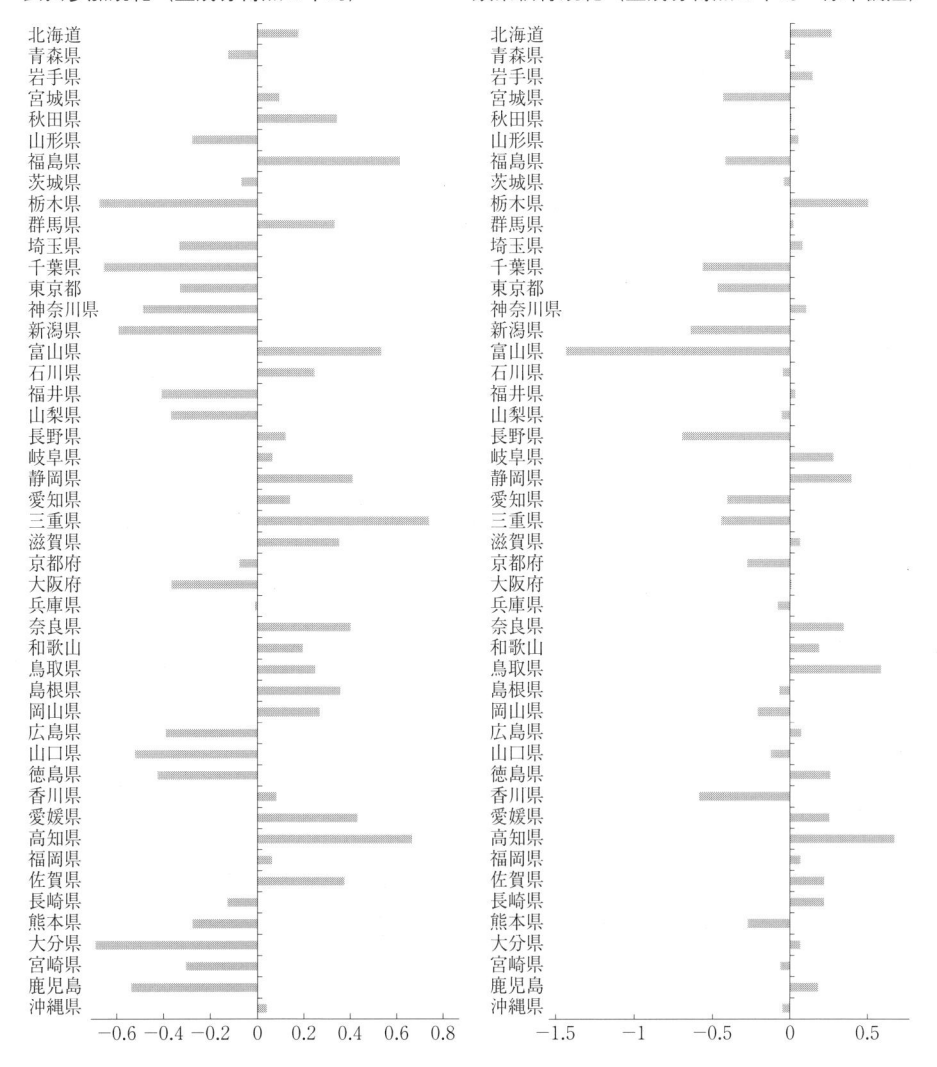

図 3 — 5 都道府県における管理主義志向の政策執行規範（主成分得点の平均÷標準偏差）

図3－6 都道府県における脱官僚制志向の組織運営規範（主成分得点の平均÷標準偏差）

図3－7 都道府県における住民参加志向の公共参加規範（主成分得点の平均÷標準偏差）

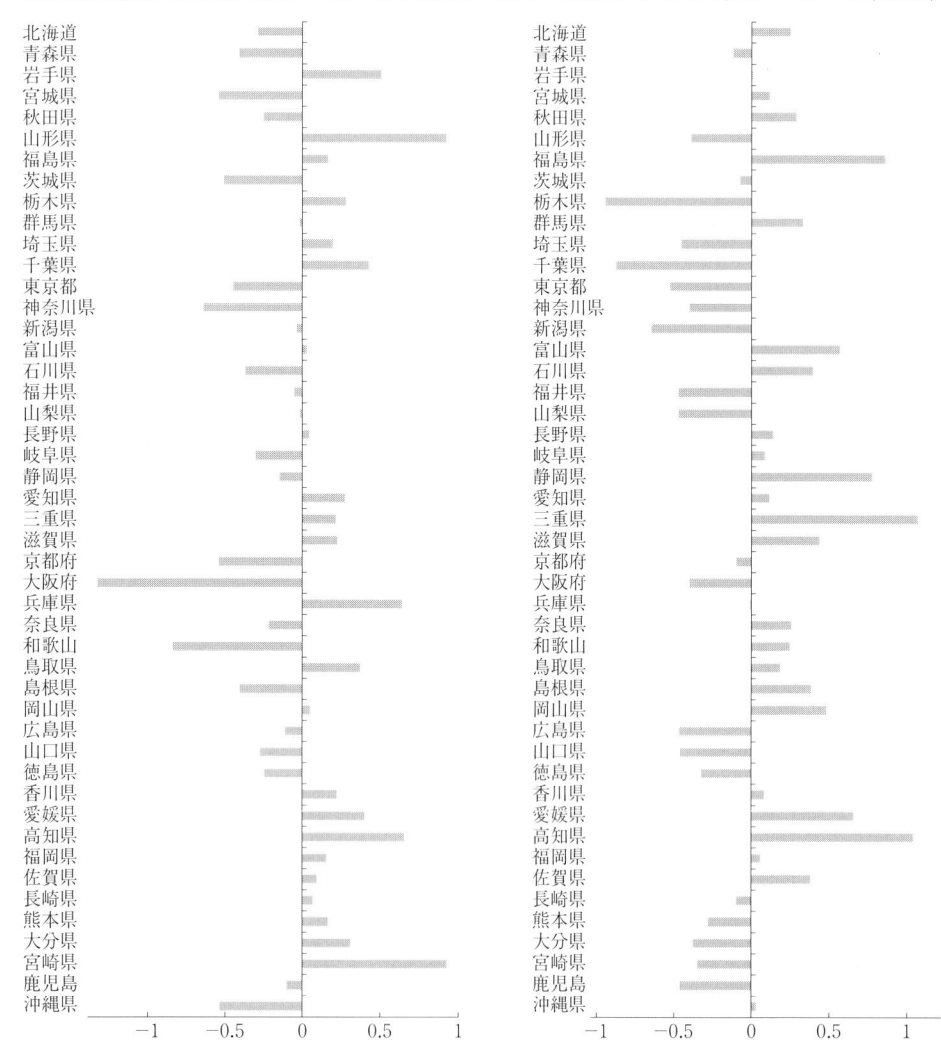

組織規範によって異なることがみてとれる。つまり，各組織規範間の相関関係がなく[10]，都道府県ごとに強調されている組織規範が異なっている。しかし，高知県，鳥取県などは，三つの組織規範に対して高い平均得点を示しており，これはいわゆる改革派知事の影響かもしれない。各組織規範の規定要因については，組織規範の形成要因に関する分析によって検証することにしたい。

次に，組織規範に対する職員の意識偏在を検討するために，都道府県別の分析と政策・部局別に一元配置分散分析を行った。政策・部局別の分析では，都道府県の部局の編成が多少異なるので，政策分野ごとにまとめる必要性がある。したがって，ここでは，表3－3のように7つの政策分野に都道府県の部局を割り当てて，分析に用いた。

「行政一般」分野には，総務部と企画振興部などが分類され，人事，文書，行政改革，政策総括といった機能を担当する部局が入る。また，「財務」分野では，都道府県の財政や税に関わる財政・財務部局が分類されており，「環境生活・文化」分野では，環境，衛生，教育，文化などの部局がその分野に属する。一方，「商工労働」分野では都道府県の産業経済政策を担当する商工労働部や産業経済部が，「土木建設」分野では建設部，県土整備部，土木部などがそれぞれ分類される。その他に，「保健福祉」分野と「農林水産」分野がある。

まず，都道府県別の分散分析の結果をみると（表3－4），「脱官僚制志向の組織運営規範」と「住民参加志向の公共参加規範」が有意な結果を示し，都道府県別の職

表3－3　政策分野別の部局の分類

分野	部局
行政一般	総務部，企画振興部
財務	財政・税務課
環境生活・文化	環境生活部
保健福祉	保健福祉部
商工労働	商工労働部，産業経済部
農林水産	農林水産部
土木建設	建設部，県土整備部，土木部

(9)　しかし，これに関しては統計的な検証ができなかった。都道府県の平均得点と標準偏差の相関関係分析を行った結果，統計的に有意ではなかった。
(10)　相関関係分析の結果は以下のとおりである。各相関係数は有意でない。

	政策執行規範	組織運営規範	公共参加規範
政策執行規範	1	0.042	0.042
組織運営規範		1	0.085
公共参加規範			1

表3-4　組織規範に対する職員意識の偏在（都道府県別の分散分析）

		平方和	自由度	平均平方	F値	有意確率
政策執行規範	グループ間	42.904	46	0.933	0.927	0.612
	グループ内	470.096	467	1.007		
	合計	513	513			
組織運営規範	グループ間	61.625	46	1.340	1.386	0.053
	グループ内	451.375	467	0.967		
	合計	513	513			
公共参加規範	グループ間	73.696	46	1.602	1.703	0.004
	グループ内	439.304	467	0.941		
	合計	513	513			

員の意識が違うことがわかる。しかし，「管理主義志向の政策執行規範」においては相違がみられない。

それに対して，政策分野別の分析では（表3-5），「管理主義志向の政策執行規範」が有意水準（0.05）に多少満たないが，政策分野ごとの相違をみせる。一方，その他の「脱官僚制志向の組織運営規範」と「住民参加志向の公共参加規範」においては相違がみられない。

これらの組織規範に対する職員意識の偏在をまとめてみると，市場原理とともに管理主義的志向をもつ「政策執行規範」は，政策分野によって職員意識が異なる。これは，事務あるいは政策の特性を反映している結果であろう。つまり，「管理主義志向の政策執行規範」で高い値を示している政策分野として「行政一般」，「商工労働」，「財務」などがあり，それらの政策分野は，行政改革，経済的効率性などに関わっている。一方，都道府県間の職員意識の相違がみられる脱官僚制的志向の「組織運営規範」と住民参加志向の「公共参加規範」は，首長や地域社会との関わりが影響していると推察できる。特

表3-5　組織規範に対する職員意識の偏在（政策分野別の分散分析）

		平方和	自由度	平均平方	F値	有意確率
政策執行規範	グループ間	11.131	6	1.855	1.874	0.083
	グループ内	501.869	507	0.990		
	合計	513.000	513			
組織運営規範	グループ間	2.927	6	0.488	0.485	0.820
	グループ内	510.073	513	1.006		
	合計	513.000	513			
公共参加規範	グループ間	8.986	6	1.498	1.507	0.174
	グループ内	504.014	507	0.994		
	合計	513.000	513			

に，自治体内の意思決定や組織の柔軟性に関わる「脱官僚制志向の組織運営規範」は，組織のトップである首長のリーダーシップによって左右されており，「住民参加志向の公共参加規範」においても首長とともに地域社会との関わり方によって自治体間の差が生じるかもしれない。

　以上のように本章では，前章において論じたマクロ・レベルの制度的環境，NPMを含む新しい行政価値に対する都道府県の職員意識を検討した上で，個人レベルと組織レベルにおいて組織規範の抽出を試みた。行政のあり方に対する信念，つまりNPMなどの管理主義，脱官僚主義，住民参加の志向は，それによって自治体の効率性を向上させるという目的合理性もあるが，主に，こうした改革が自治体にとって「なされるべきである」という同意（儀式）が根強い。したがって，これらに対する職員の認知・共有程度は，自治体における組織規範を構成する内容となり，マクロ・レベルの制度的環境に対する自治体の認知・解釈フレームとして，政策パフォーマンスに対する奨励的機能を果たしている。

　分析の結果，市場原理，経済的効率性などを強調する「管理主義志向の政策執行規範」と，責任所在の明確化，裁量権委譲，行政業務における実名性，給与業績主義などの「脱官僚制志向の組織運営規範」，行政における住民参加の拡大などの「住民参加志向の公共参加規範」が抽出された。また，都道府県別の分析と政策・部局別に対する比較分析では，「管理主義志向の政策執行規範」を除いて「脱官僚制志向の組織運営規範」と「住民参加志向の公共参加規範」において自治体間の違いを見出すことができた。つまり，これらの組織規範の存在は，政策・部局レベルよりも地域（自治体）レベルにおいて浮き彫りにされており，「自治体の組織規範」の意味をもっている。それに対して「管理主義志向の政策執行規範」は，政策・部局的な特性を有しており，「政策・部局の組織規範」としての意味をもつ。

　本書において組織規範を見出そうとする目的は，マクロ・レベルの制度的環境に対する自治体の指針として，職員の認知・解釈過程に影響を与える価値・信念体系を明らかにし，自治体間における組織特性を見極めることである。また，職員の意識レベルから自治体間における組織特性を特定化するという作業では，自治体間の職員意識の差がみられるという条件が必要である。上記の分析結果によれば，「管理主義志向の政策執行規範」を除いて「脱官僚制志向の組織運営規範」と「住民参加志向の公共参加規範」に対しては，自

治体間における組織特性という意味を持たせることができる。こうした自治体間における職員意識の差について，以前筆者は2005年に行った都道府県の調査データから，近年の分権改革以降，自治体の職員意識の現状を検討した[11]。具体的には，「説明責任の対象」，「責任行動」，「政策過程における影響力評価」，「職務満足」などを取り上げて，都道府県の職員において「政策（部局）横断」的か「地域（自治体）横断」的かという視点から比較分析を試みた。その結果，「地域（自治体）横断」の特性が強いことを指摘した。このことは，分権時代における自治体の自律性を間接に物語っており，これらの意識に基づいた職員行動は，政策（部局）レベルよりも自治体の組織の特性から影響を受けることになるだろう。また，これは，自治体における組織規範の特定化作業に対しても少なからぬ意味をもつ。つまり，自治体において職員の組織行動が現れる組織単位は，自治体単位か部局単位かによって組織規範の意義がかなり異なってくる。

　このように，自治体における組織規範は，職員個人レベルとともに自治体レベルにおいて特定化することができる。それでは，これらの組織規範は，果たして職員の個人行動と自治体の政策形成・執行に影響を与えるのだろうか。第4章以降では，本書で特定化された組織規範と，職員の行動，自治体の政策バリエーションの関係について実証分析を試みる上で，自治体における組織規範の形成要因を検討することにしたい。

（11）　小林良彰・中谷美穂・金宗郁（2008）『地方分権時代の市民社会』慶應義塾大学出版会，149－175頁。

第4章　自治体官僚と組織規範

　第2章では，近年自治体に要求される制度的環境とは何かについて述べ，その中で，NPMをはじめ，マネジャリアリズム，脱官僚制志向，市場原理志向などが，自治体において新たな行政価値として求められていると指摘した。また，こうした制度的環境は，自治体の政策過程における認知・解釈のフレームとして組織規範の内容を提供する。そこで，本章では，組織規範の機能として取り上げられた「職員行動に対する統制的機能」について論じることにしたい。すなわち，組織規範は職員行動に対してインフォーマルな制約を与え，職員の組織行動による結果である自治体のアウトプットにも影響を及ぼすと期待される。

第1節　はじめに

　公共セクターにおける官僚は，諸刃の剣である。代議制国家において，国民は自分達の代表である国会への委任を通して自らの選好を政策に反映させる。そして，国民の代表である国会が本来，政策を形成すべきところ，近年の政策形成には高度な専門知識や情報が求められるために，実態としてはその多くを官僚に委ねる結果となる。このように近代国家においては，国民から国会へ，そして国会から官僚へという委任連鎖のシステムが成り立っている。つまり，国会がすべての政策形成を処理できず，やむを得ず行政にその役割を委任するために，近年，政府活動の膨張・専門化が増大している。ここで問題となるのが，政治家が選挙という市民による定期的な統制の下に置かれているのとは異なり，官僚は国民から直接的かつ公式的な統制を実質的には受けていない。このため，国民は，必ずしも官僚を十分に統制すること

ができず,そのことによる社会的損失は国民自身に帰することになる。

　従来,官僚統制は,政治学や行政学における古典的テーマであった。とりわけ,官僚行動に対する多様なアプローチを行政統制・責任論による「規範的研究」と合理的アプローチや組織研究による「実証的研究」が提供してきた。中でも,行政統制論と合理的アプローチにおいては,官僚の権力乱用や腐敗をいかに防止するかという行政責任に焦点がおかれていた。その一方で,組織研究においては,組織成果の達成のためにいかに統制するかという組織管理の視点から研究が行われてきた。最近では,行政活動における効率と公正の両立性の困難さを指摘するアカウンタビリティ・ディレンマ[1]のように,官僚の裁量権を認めた上で,行政活動の成果を重視しながら如何に民主的統制を行うかに焦点を合わせる「官僚統制に対する研究」が行われている。さらに,統制手段に関する最近の研究では,従来の外部統制論と内部統制論の融合がみられる。つまり,外部統制におけるエージェント・コストを最小化するとともに,内部統制における官僚の利己性をいかに克服するかに,最近の行政統制論は焦点がある。

　最後に,官僚統制的アプローチとはいささか異なるものの,前述したように,組織社会学の新制度論における組織研究では,組織の運営やパフォーマンスの相違を「組織の信念体系」から説明しようとしている。このような研究は,組織文化論と関連づけて組織の「共有された信念体系」が組織決定の重要な要因であることを指摘している。このことは,行政統制論における内部統制と密接に関わっており,官僚統制と行政責任・成果を連携する契機を提供する。

　本章では,官僚統制における組織規範の存在を確認し,その意味を探ることにしたい。まず,公共選択論と本人－代理人理論において論じられた官僚行動モデルと,それに対する有効な統制手段とは何かについて検討した上で,官僚の予算行動の結果である自治体の支出に対して外部統制としての情報公開制度がどのような影響を与えるかを分析したい。

　次に,官僚統制において,情報公開制度のような外部統制とともに,内部統制の重要性を論じながら,内部統制としての組織規範を位置づけることにしたい。さらに,官僚行動に対する組織規範の内部統制的機能を検証するた

---

　(1)　Behn (2001), p. 29.

めに，職員の責任行動に対する組織規範の影響を実証分析する。また，内部統制としての機能を持つともいえる組織文化に対して，組織規範はいかにかかわるかについて分析を試みる。とりわけ，組織文化研究における競争価値モデルを取り上げて，組織規範がどのようにそれぞれの組織文化に影響を与えるかについて検証する。最後に，本書で想定した組織規範が官僚の責任行動と組織成果といかなる関係にあるかを分析したい。

本章における分析対象は，47都道府県の職員であり，分析に用いられるデータは，慶應義塾大学21世紀COE「多文化多世代交差世界の政治社会秩序形成－多文化世界に置ける市民意識の動態」プログラムが2005年に行った調査データである。また，官僚の予算行動に対する情報公開制度の検証については，672市（2001年4月現在）を対象として分析を行うことにしたい。

第2節　公共選択論における官僚行動

官僚統制に対する組織規範の議論に入る前に，官僚行動に対して実証的なアプローチを行った公共選択論における官僚という存在を確認しておきたい。それに加えて，公共選択論において論じられた官僚の独占的地位に対して自治体の情報公開制度は，外部統制としていかに有効であるか検討する。その例証として市の単独事業費と情報公開制度の関係について分析したい。

1．政府支出における拡大要因

政府支出の拡大における古典的分析の一つが，ワグナー（Wagner）法則である。ワグナーは，経済的に豊かになると，GDPが増加する一方で公共支出に対する要求も増加すると述べている。つまり，経済的に豊かになると，社会的ニーズ（社会インフラ，社会的安全，文化的欲求など）も多くなり，それに伴って公共支出も増加するとワグナーは説明した[2]。しかし，1980年代以後，各国の政府支出は増加傾向というより停滞したケースが多くみられ，同様な豊かさを持っている国の間でも政府支出においては差を見せてきた[3]。ワグナー法則は，1950，60年代における巨大な公共セクターの拡大をうまく説明したが，近年，その妥当性は徐々に失われている。

（2）　Brown and Jackson (1990), pp. 121-123.
（3）　Lane (2000), p. 41.

さて，ワグナー法則は，需要サイドから政府支出を分析したもので，公共財の供給主体である政府や官僚組織は，政治家の政策決定の下で公共財を効率的に供給する忠実な主体であると仮定された。

　これに対して，W. A. ニスカネン（W. A. Niskanen, 1971[4]）は公共財の供給に際して，独占的供給者として官僚も自らの利己的動機を追求する合理的行動主体であると想定した上で，供給サイドから政府支出を分析した[5]。

　ニスカネンは，政府膨張の原因を「官僚の合理的私益追求行動」に求めている。彼は，官僚の自律性が高いアメリカの状況を念頭に置いた上で，官僚制度や規範の産物でなく官僚個人の合理的選択の産物として，「政府支出における予算最大化」という官僚の行動原理が政府規模の拡大をもたらしたと指摘した。また，官僚の予算最大化行動が可能であったのは，T. M. モー（T. M. Moe, 1997[6]）が指摘したように，官僚が議会や住民に対し，情報とアジェンダ・セッティング（agenda-setting）における独占的地位を有しているからである。

　言い換えると，ニスカネンの官僚行動モデルには，二つの仮定が存在する[7]。第一に，官僚はできる限り大きい予算を求めるということである。つまり，所属部局の維持のために，官僚は，権限の源泉となる予算を最大化しようとする。ただし，要求した予算は総便益を上回ることができない。さらに，公共財の追加的単位から得られる限界便益がマイナスになるまで，公共財のアウトプットを拡大することもできない。第二に，官僚は独占者（monopolist）だということである。官僚と議会は，双務的な関係であるものの，実際，官僚は議会の選好（需要曲線）を知っているので，議会を利用できる。なぜならば，議会は，公共財の生産コストに関する情報を持たないか，情報獲得に関わる技術を持っていないからである。

　また，ニスカネンによれば，官僚は獲得予算を最大化するために，余剰を最大化するレベルよりも多い予算を使って公共サービスを供給するという[8]。

（4）　Niskanen, W. A. (1971). *Bureaucracy and Representative*. Chicago: Aldine Publishing Co.
（5）　長嶺（1998），184頁。
（6）　Moe (1997), pp. 458-459.
（7）　Wintrobe (1997), pp. 433-434.
（8）　Niskanen (1971), p. 47.

つまり，官僚の予算最大化行動は，公共サービスの拡大をもたらし，政府規模も大きくなる。

ニスカネンなどの公共選択論における官僚は，公共財の供給コストに関する情報を独占し，過剰生産したり生産コストを高くすることにより自己効用を最大化する存在である。その背景には，議会や国民が官僚の効率を測定できないという事情がある。すなわち，公共財の供給過剰（分配の非効率性）や生産供給の高コスト（Ｘ－非効率性）に関する情報が得られないのである。

さらに，ニスカネンの官僚行動モデルにおける官僚の独占力には，供給価格に関する情報独占力(information power)以外にもアジェンダ統制力(agenda control power)がある[9]。すなわち，議会に対して官僚は，予算案をそのまま無条件に受け取るか受け取らないか(take-it-or-leave-it)という提案を行うことができるので[10]，アジェンダ統制における独占力を持つ。ニスカネンの官僚行動モデルは，政府支出の拡大傾向を，きわめてシンプルなモデルによって説明したことから注目を集めたが，一方でモデルの単純さから批判や修正も出されてきた[11]。しかし，ニスカネンの官僚行動モデルは「本人－代

(9) Moe (1997), pp. 459-460.
(10) Ｔ．ローマーとＨ．ローゼンタール（T. Romer and H. Rosenthal）の研究によると，アジェンダ・セッター（官僚や委員会）が公共財の水準について選択肢を提示することにより，投票者（議会）は，その提案を受け入れるかどうかを選択しなければならないと主張した。提案が否決された場合，公共財の水準はあらかじめ決められた回帰水準（reversion level）となる。そこで，一般の回帰水準は，まったく供給されない状態か，現状の水準に設定される。したがって，投票者は提案された公共財の水準と回帰水準とを比較し，判断することになるのである（Romer, T. and H. Rosenthal. (1978). "Political Resource Allocation, Controlled Agendas and the Status Quo." *Public Choice*. Vol. 33, pp. 27-43）。これに対して，モーは，官僚のアジェンダ統制力は回帰水準に依存することになると論じた。つまり，回帰水準が選択者（議会）の選好から離れるほど，アジェンダ・セッターの統制力は大きくなる。なお，最も合理的な水準は現状維持であるが，ニスカネン・モデルにおいては回帰水準がゼロに想定されるので，議会は官僚が提案した予算案を受け入れるか，それともゼロ予算かという選択を迫られることになるのである（Moe (1997), pp. 459）。
(11) ニスカネンのモデルに対する批判的研究は，大きく二つに分けることができる。第一に，官僚は個人効用の最大化以外にも公務への動機や集団的な

理人」理論以前のモデルとして，情報の非対称性と政治的統制に関して少なくない含意を持つと評価できる[12]。

2．本人－代理人理論

ニスカネンの官僚行動モデルは，政府の予算支出と官僚の独占的地位との関係を分析しながら，政府支出が膨張しがちである原因を明らかにした。さらに，彼は，官僚の独占的地位が情報独占とアジェンダ・パワーから生み出されると考えた[13]。では，官僚の独占的地位を弱め，政府の非効率的な膨張を防ぐためには，一体，どうすればよいのであろうか。これに対しては，「本人－代理人」理論の議論が有益となるだろう。

「本人－代理人」理論は，ある人（本人）が「自分の望む利益に適う行動を他人が行う」という期待から他人（代理人）と契約することで生じる本人－代理人関係（agency relationship）に焦点を当てたものである[14]。「本人－代理人」理論では，「本人－代理人」間における情報の非対称性によって代理人

便益の追求などの他の動機を持ちうるという指摘である（Margolis, J. (1975). "Comment on Niskanen "Bureaucrats and Politicians". *Journal of Law and Economics*." Vol. 18. pp. 645-659; Rainey, H. G. (1983). "Public Agencies and Private Firms: Incentive Structures, Goals, and Individual Roles." *Administaration and Society*, Vol. 15, pp. 207-242）。第二に，ニスカネンが想定した合理的な存在としての官僚は，個人の物理的な便益と異なる目的関数（管理の裁量権，自律性，職務上の安定性，責任とリスクの回避など）を持つことによって，予算最大化を求めることでなく，予算最小化行動をとる可能性があることを指摘した研究である（Migué, Jean-Luc and Gérard Bélanger. (1974). "Toward a General Theory of Managerial Discretion." *Public Choice*. Vol. 17. pp. 27-47; Moe, T. M. (1990). "The Politics of Structural Choice: Toward a Theory of Public Bureaucracy." in Williamson(eds). *Organization Theory*. New York: Oxford University Press）。

(12) Moe (1984), p. 770.
(13) ニスカネンの場合，アジェンダ・パワーも情報の非対称性によるものであり，区別をしなかった。しかし，モーは，アジェンダに対する官僚の地位は，情報によるものでなく権威（authority）によるものであるので，それぞれ地位の基盤が異なるという理由から，両者を区別する必要があると指摘した（Moe (1997), p. 459）。
(14) Moe (1984), p. 756.

問題が生じると考える。ここでいう代理人問題とは，逆選択（adverse selection）とモラル・ハザード（moral hazard）であり，それらをいかに統制するのかが，「本人―代理人」理論の研究者達の基本関心となる[15]。本人と代理人における契約過程を例に挙げると，本人は自分の選好に適合する代理人を探して契約するが，契約後，本人は契約に関わる代理人の業務遂行に持続的な関心を持ち，代理人の成果を判断して契約上の報奨を与えようとする。しかし，本人は契約の前段階で，代理人を選択する際に，その代理人が契約上の業務に関して十分な能力と知識を持っているかどうかを判断する情報を完全には持っていないために，代理人の能力以上に高い報奨を払うか，不適合な代理人を選択する恐れがある（逆選択の問題）。さらに，契約後，本人が代理人の業務活動を効果的に監視・統制することは不可能であり，あるいは監視・統制において過度な費用がかかるために，代理人は業務遂行において十分な注意や努力を払わないインセンティヴをもつことになる（モラル・ハザードの問題）。したがって，こうした問題を解決するために，「本人―代理人」理論においては，インセンティヴ構造の設計と組織内の情報体系における情報の非対称性の解消が論じられた。

このような「本人－代理人」の問題は，公共セクターにおいても適用することができる。つまり，「国民－議会－政府」の関係が「本人－代理人」関係の連鎖[16]となり，それぞれの関係において前述の逆選択とモラル・ハザードという問題が生じる。

次に，分析対象となる政府（行政）を中心に説明することにしたい。一般に，逆選択の問題を解決するためには，本人が客観的で特定の基準をあらか

---

(15) Homstrom (1979), pp. 74-91.
(16) 政府（行政官僚）における本人は議会であるが，最近，政府活動に対する国民の直接参加が拡大しつつあるので，国民も含まれる傾向が見られる（Behn (2001), p. 78）。すなわち，伝統的民主行政においては，民意に対しては議会が直接責任を負っているので，身分が保障されている行政官僚は，間接的にその責任を果たしているという原理がある。さらに，政策過程における政策対象集団の要求への応答性を確保すべき原理も含まれている。しかし，主として利益集団の要求が多くなされた以前とは異なり，今日では市民の直接的な要求が急増している。したがって，今日の行政は，このような市民の直接的な要求にも応えなければならなくなりつつあることは言うまでもない。

じめ定め，その基準に達しない代理人を契約初期段階から排除する「スクリーニング（screening）戦略」が代表的である。つまり，「一定の経験を持っているか否か」とか「特定の学歴や資格証などを有しているか否か」などが，その例である。これに対して公共セクターでは，職業公務員制度の導入によって，行政業務に関する能力と資格を「公務員試験」というスクリーニング（screening）を通して，逆選択の問題に対応したといえよう。

　しかし，その一方で，行政活動の増加と専門化により，モラル・ハザードの危険性はますます増加しつつある。すなわち，近年の行政活動における複雑な機能に対して議会と国民が十分に把握することができないこと，また，行政業務に関する議員や国民の専門性の欠如，監視・統制における過度な費用，監視・統制から受け取る過小な便益といった原因により，行政官僚を有効に統制することが困難になっている。これは，ニスカネンが指摘したように，官僚の独占的地位による公共サービスの過剰生産に共通している。言い換えれば，「国民－議会－政府」関係においては，情報の非対称性，ならびに監視・統制に関する本人の能力，インセンティヴの不足[17]が，官僚の情報独占力とアジェンダ・パワーをもたらし，その結果として政府予算が官僚の選好どおりに使われることになる。

　したがって，官僚の思うとおりに政府予算を支出させないためには，官僚の独占的地位を弱める必要があり，そのためには，どのような手段が求められるのであろうか。この問題について，「本人－代理人」理論では，「代理人に対するインセンティヴの提供」と，「情報の非対称性を解消できる制度設計」を指摘する。

　一方，NPMでは，行政評価（performance measurements）に代表されるよ

---

(17) たとえば，「本人」たる議会は，行政的効率性に基づいたアジェンダ・セッティングよりも，自分の支持者の選好，いわゆる「政治的効率性」に従って議員活動を行う恐れがあるだろう（Moe (1984), p. 762）。つまり，議員は，次の選挙における当選のために，支持基盤を拡大することが必要であり，その資源となる政府支出に依存するのである。このため，議会は，行政官僚のアジェンダ・パワーが自分の利益に反しない限り，官僚に対する積極的な統制のインセンティヴを持たないことになる。その結果，議会は官僚の過剰支出を止めるどころか，むしろ官僚と利益を共有するケースも少なくないことになるのである。

うに，行政官僚に対するインセンティヴの提供が論じられる。実際，従来の法律に基づいた官僚統制から脱却し，競争原理を応用して官僚の業績を評価する方法も，すでに幾つかの自治体において導入されている。その中には，業績評価に基づいて予算配分や報奨を工夫する自治体も存在する。無論，そうした行政評価に基づくインセンティヴの提供は，容易なことではない。何よりも，行政活動における業務や業績を評価できる客観的指標を設定することが困難であるために，昇進や人事異動というインセンティヴを与えることが簡単でない。さらに，現行の固定給に基づく公務員制度を考えれば，形式的誘引としての金銭的インセンティヴという報奨を支払うことは，決して容易ではない。

それに対して，情報公開制度は住民の情報アクセス・コストを低くするとともに，行政の透明度を高める効果をもたらすと指摘され，注目を集めた。とりわけ，情報通信技術の発達に伴い，情報公開に対する関心がますます高くなり，行政官僚は不特定多数の国民から常にモニタリングされる。その意味で，行政における情報公開制度は，国民の知る権利を充足させるだけでなく，行政官僚の責任性を向上させる直接・間接的な行政統制の効果を持つといえよう。ここでいう直接的な行政統制とは，行政情報の外部公開によって行政官僚が外部の非難を回避しようとする動機誘引を指す。また，間接的な行政統制とは，行政情報に対するアクセス・コストを低くすることにより住民参加を誘導し，官僚行動を統制する効果をもたらすことである。

次に，情報公開制度の効果を検討するために，地方財政の悪化要因である単独事業費と情報公開制度の関係を分析することにしたい。

3．官僚の予算行動と情報公開制度

3−1 自治体における単独事業費

分析に先立ち，自治体における「単独事業費」がどのような状態にあるのかをみることにしよう。一般に，自治体における単独事業は，中央各省庁から補助金を得て自治体が行う補助事業とは異なり，地方自治体の自主性や独自性が発揮される[18]。ここで，自治体の普通建設事業における単独事業費と

---

(18) 北山（2002），5頁。

補助事業費の推移（図4－1）をみると，単独事業は80年以前から増加傾向をみせて1993年にピークに達し，1994年から96年まで横ばいに転じた後，減少傾向を示し，99年以降，一段と減少しているようにみえる。

こうした単独事業費の変化のうち，90年代半ばまでの増加傾向について，北山（2002）は地方財政計画の策定権限を守るための自治省（総務省）の意図が背景にあったと指摘する。つまり，「地方単独事業における地方財政計画と決算との乖離」が，地方財政計画の策定権限における自治省の独占的地位を危うくするという事態が存在している。これに対し，自治省は「まちづくり特別対策事業」や「ふるさとづくり特別対策事業」などを創設することで，その独占的地位を守ろうとしてきた。具体的には，自治省は，これら事業については当該事業の70%（後には75%）まで地方債を充当し，そのうちの元利償還金の25%から50%（後には30－55%）を地方交付税の基準財政需要額に算入した。しかし，それにもかかわらず，財政計画と決算の乖離は解消されず，政府の財政悪化のために，結局，自治省は「起債条件の緩和と交付税措置で単独事業を伸ばしていく」という戦略を採ることにした。こうした自治省の戦略は，税収不足の下にある自治体にとっては「有り難い」ものとして考えられ，単独事業は拡大の一途を辿っていった。言い換えれば，中

図4－1　単独事業費及び補助事業費の推移

出典：『平成14年版　地方財政白書』から作成

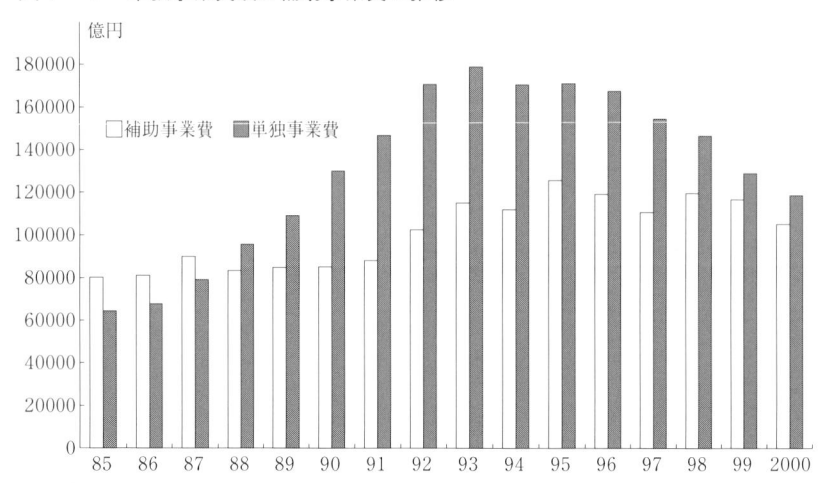

央の自治省と地方自治体との利益が一致することで，単独事業費の増加はもたらされた。

しかし，その後，地方自治体は，結局は自分達の借金を増やし，自らの一般財源を減少していることに，徐々に気付くことになった。さらに，1998年の「緊急経済対策」の中に地方単独事業の追加を数値として具体的に盛り込むことを政府が断念したために，それ以降，自治体が単独事業を増やしていくことが難しくなった。

このような自治体の単独事業に関する経緯を辿ると，1990年代後半から自治体の単独事業は，自治体の財政環境によって左右されると考えることができる。つまり，地方自治体の中でも，財政力が弱く財政弾力性が低い自治体ほど単独事業費が少なくなっているはずである。しかし，現状では，672市における一人あたり単独事業費と財政力指数，経常収支比率との関係をみるかぎり（図4－2と図4－3），必ずしもそうではないようにみえる。

まず，一人あたりの単独事業費と財政力指数との関係をみると，財政力指数が高い市ほど一人あたりの単独事業費が小さくなる傾向があるが，明らかな関係が見出せない。また，これは，財政力指数における都市－農村の特性も反映されているともいえる。すなわち，基幹整備が進んでいる都市の場合，農村に比べて小さい公共事業から進めることが可能である。

次に，一人あたりの単独事業費と経常収支比率との関係をみると，自治体の財政的余裕と単独事業費の関係が不明であることがより明らかになる。交

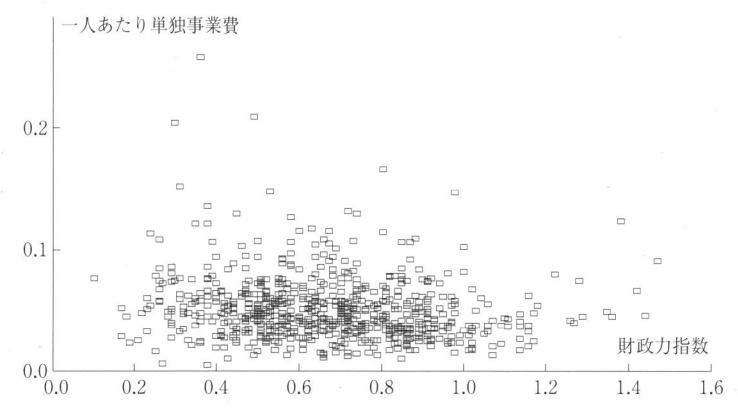

図4－2　672市における財政力指数と一人あたり単独事業費との分布（2000年）

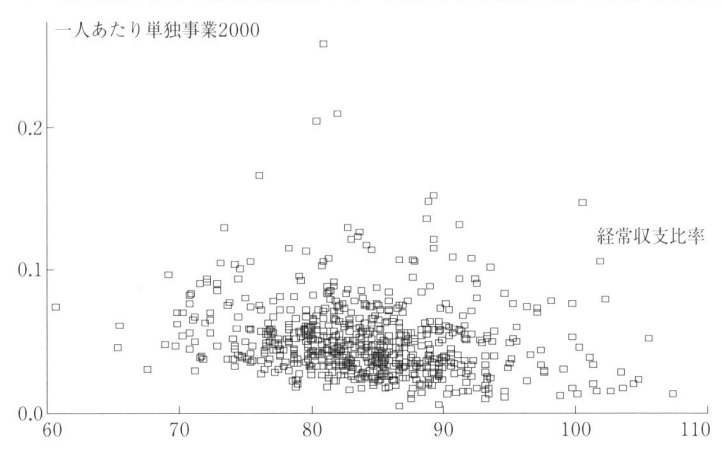

図4−3　672市における経常収支比率と一人あたり単独事業費との分布（2000年）

付税措置による単独事業費の増加に対して自治体が自覚し始めたとしたら，自治体の経常収支比率と単独事業費における反比例の関係がある程度示されるはずである。

　しかし，集計データを分析した結果，そのような関係は明らかにされず，分布の散らばりがみられる。つまり，各市の単独事業費が財政環境のみによって一律に決定されているわけではなく，他にも要因が存在する。

3−2　自治体における情報公開制度

　上記において述べたように，情報公開制度は，「情報の非対称性を解消する制度設計」として官僚の独占的地位に影響を与えると考えることができる。

　そこで，自治体における情報公開制度の現状を検討した上で，実証分析に入ることにしたい。まず，1999年に地方分権一括法が成立する以前に，地方分権推進委員会は，「地方公共団体の自己決定権の拡充に伴い，地方公共団体の行政の公正を確保しその透明性を向上させることが重要になるので，地方公共団体の行政をこれまで以上に広く住民の監視の下に置く必要があるという一次勧告を出している。そして，情報公開条例と行政手続条例の制定を促進するとともに，外部監査機能の導入を含む監視機能の充実方策を検討しなければならない」と指摘していた。さらに，1998年に閣議決定された地方分権推進計画においても，「地方公共団体における情報公開制度の整備促進や

現行制度の内容の充実について，情報公開法の制定の動向なども踏まえつつ，必要な情報提供・助言を積極的に行う」とともに，「地方公共団体に対して，情報公開制度の整備及びその内容の充実に努め，資料のデータベース化などにより適正な情報管理に努め，行政情報公開のための条件整備を進めることを要請する」と主張している[19]。すなわち，地方分権化が進むほど，自治体の自己決定に対するアカウンタビリティがますます強調されたのである。そして，自治体のアカウンタビリティの確保において基本的な前提になるのが，行政の積極的な情報公開である。

1982年4月に山形県金山町で公文書公開条例が施行されたのを皮切りに，翌83年4月神奈川県が公文書公開条例を，6月に埼玉県が行政情報公開条例を相次いで施行して以来，全国に広がって，今では，ほとんどの自治体がその種の条例を施行している[20]。2000年4月1日現在，都道府県及び市区町村を合計した3,299地方自治体で1,426団体が情報公開条例等（要綱を含む）を制定している。市区町村の場合，前年度に比べ，約60％の増加を見せている。制定率についてはそれぞれ市が85.4％，区が100％，町が31.3％，村が28.2％である。

さらに，市における情報公開制度の施行年度をみると，1998年から急増したことがみてとれる（図4－4）。これは，1998年に閣議決定された地方分権推進計画の影響であると思われる。このように市における情報公開制度の進展が，市の単独事業費に何らかの影響をあたえているかどうか

図4－4　市における情報公開制度施行年度

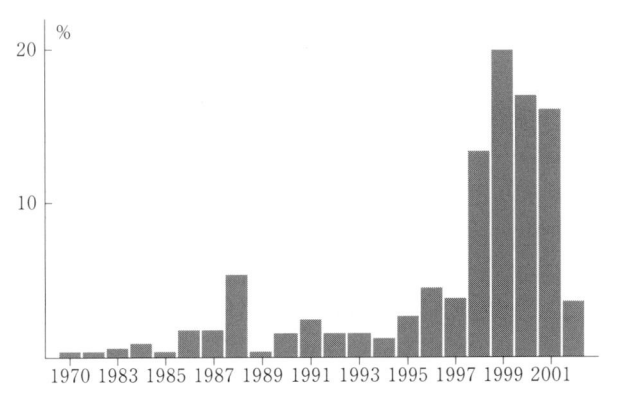

---

(19) 宇賀（2001），27－28頁。
(20) 右崎（1999），30頁。

は，今後の情報公開制度を考える上でも興味深いと思われる。

3－3 実証分析

ここでは，市における一人あたり単独事業費の変化に対する情報公開制度の影響を検証する。その方法として，まず，各市における情報公開制度の導入年度を調査し[21]，その上で一人あたり単独事業費との関係を時系列で分析することにしたい。

その際，1996年から2000年までの668市[22]における一人あたりの単独事業費を被説明変数とし，情報公開制度施行年度とその翌年度をダミー変数[23]として用いて時系列分析を行うことにした。なお，分析時点として1996年から2000年を選択した理由は，単独事業の拡大が難しくなった「緊急経済対策」と，情報公開制度を促進させた地方分権推進計画の閣議決定時期である1998年を基準にして前後2年，合わせて5年間の推移を分析するためである。

一方，用いられる市のデータが，クロスセクションデータと時系列データとなるパネルデータであるので，分析では，TSP（Time Series Processor）分析を通して，市における一人あたりの単独事業費の時系列変化に対する情報公開制度の効果を検証することにしたい。

分析の結果（表4－1），まず，ハウスマン・テストの結果について言及すると，「random

表4－1 一人あたり単独事業費に対する分析結果

変数	係数	t	p
公債費負担比率	0.000	－0.065	0.948
一人あたり交付税	0.000	2.782	0.005
経常収支比率	－0.002	－11.827	0.000
施行年	0.001	0.505	0.614
施行翌年	－0.004	－2.069	0.039

R^2=.503
調整済 R^2=.328
N=3340
Hausman test of H_0: RE vs. FE: χ^2 = 25.712, P-value =.0001

---

(21) 各市における情報公開条例の施行年度
(22) 調査時点である2001年現在，市は672であるが，市制が2001年に施行された西東京市，白井市，潮来市と，1999年の市制施行の篠山市を除くと，668市になる。
(23) 情報公開条例の施行年度に「1」を与えて分析を行う。例えば，ある市が1997年に情報公開条例を施行したとすれば，1996年は，「0」となり，1997年からは「1」となる。また，情報公開条例の施行年度とは別に，「情報公開条例施行翌年度」というダミー変数を儲けて，施行翌年度から「1」を与える。

effects モデル（変量効果モデル）＝ fixed effects モデル（固定効果モデル）」という帰無仮説を棄却することになるので，固定効果モデルが採択される。ここでいう固定効果モデルとは，各自治体においてそれぞれ定数項があり，クロスセクションごとに異なると仮定することである。

　固定効果モデルの結果をみると，市の一人あたりの単独事業費に対して「一人あたり地方交付税」，「経常収支比率」，「情報公開制度施行翌年ダミー」が，有意な結果をみせている。具体的には，一人あたりの単独事業費に対して「情報公開制度施行翌年ダミー」が－0.004の係数で最も影響を与えており，「経常収支比率」（－0.002）が続く。すなわち，情報公開制度施行の翌年度から一人あたりの単独事業費が減少する結果が得られた。また，経常収支比率が高い，つまり財政的な余裕がない市ほど，一人あたりの単独事業費が少ない。ちなみに，「情報公開施行翌年のダミー」変数が有意であることは，制度が施行されてすぐに影響が現れるのではなく，一定のタイム・ラグがあり翌年から影響が現れると推測することが可能である。その他，一人あたりの単独事業費に対して「一人あたり交付税」が正の影響を与えている。この結果は，基準財政需要額における元利償還金の算入による単独事業費の増加が現在でも続いていることを示す。

　これらの結果，市における単独事業費の増減に対して情報公開制度は，何らかの影響をもつといえる。ただ，この分析の結果によって，官僚の予算行動に対して情報公開制度が影響を与え，それが単独事業費の削減につながったとはいえない。ここでは，単独事業費に対する情報公開制度の施行の影響というシンプルな分析を通じて，官僚の独占的地位，とりわけ情報の独占を緩和する制度としての情報公開制度を改めて強調した。

第3節　行政統制における内部統制としての組織規範

　前節では，官僚の予算行動に対して，いわゆる外部統制としての情報公開制度を論じたが，行政統制論の中では，外部統制とともに内部統制に関する議論が多く論じられた。本節では，行政統制における内部統制としての組織規範を検討することにしたい。

　本書における組織規範とは，制度的環境に対する自治体の認知的フレームとして官僚の個人行動をコントロールしながら，組織行動に変換させる組織の価値・信念体系である。そして，職員行動をコントロールするということ

は，インフォーマルな制約として機能を果たし，行政統制論における内部統制的意味をもつのである。繰り返しとなるが，本書における組織規範は，「管理主義志向の政策執行規範」，「脱官僚制志向の組織運営規範」，「住民参加志向の公共参加規範」の三つであり，簡略にまとめてみると，以下の通りである。

まず「管理主義志向の政策執行規範」とは，自治体が新管理主義に基づく価値を重視しながら政策形成ならびに政策執行を行うことである。ここでいう新管理主義とは，経済的効率や権限委任，市場原理の導入などに代表されるような NPM が主張する自律的管理と市場志向管理に重きを置くものである。

次に，「脱官僚制志向の組織運営規範」はできるかぎり組織において人間性を取り除くことが望ましいと考えられていた従来の公共組織に対する反省から出てきた。つまり，そうした組織の形式主義が，責任所在を不明確にし，組織の匿名性をもたらしたと推察できる。したがって，「組織運営規範」では，脱官僚制的志向の価値を重視しながら，通常の業務手続き，ならびに構成員間関係などに対して責任所在の明確化を求めることになる。

最後に「住民参加志向の公共参加規範」とは，どのような視点から自治体が住民の意向を吸収するのかに関する規範であり，ここでは政策形成と行政活動における住民参加に対する積極性と拡大意志を意味している。

1．従来の行政統制からの検討

いうまでもなく，統制（control）という言葉には，肯定的だけなく否定的な意味も含まれている。つまり，行政組織における「統制」は，組織の効率・効果を促進し，かつ権力乱用を防止するという両面性を備えている。そして，従来の行政統制に関する研究では，後者に重点をおいて議論を行ってきた。その代表的な例が，「フリードリッヒvs.ファイナー論争」である。

この論争の中で，C．J．フリードリッヒ（C. J. Friedrich, 1940[24]）は，「行政官僚の正しくない行動を規制する外部統制だけでは，官僚責任が確保できない」と指摘した。ここで彼のいう「官僚責任」とは，職務の遂行における個人的な義務に対する内的信念のことである。そして，行政官僚の責任を判

---

(24) Friedrich (1940), pp. 4-13.

断する基準としては，技術的な知識（technical knowledge）と世論（popular sentiment）があると考えたのである[25]。

これに対してH．ファイナー（H. Finer, 1941[26]）は，「官僚の責任を保証するためには，外部統制が活かされるべきである」と論じた。彼によると，行政官僚は国民によって選ばれた議員に対して責任を持つべきであり，議会はできる限り技術的に，より細密に官僚の行動方向を決めておくべきであると主張した。つまり，ファイナーは，官僚組織の外部に存在する基準と統制，すなわち，法律，規則などを強調したのである。

この「フリードリッヒvs.ファイナー論争」は，主に官僚制に対する統制において「責任の対象」と「統制手段の所在」に関わるものであった。「官僚は誰に対して責任を果たすべきか」という点において，フリードリッヒは「国民」であり，ファイナーは「議会」であると主張した。また「いかなる統制が必要なのか」という点においては，フリードリッヒは「内部統制」であり，ファイナーは「外部統制」であると答えたのである。

また，フリードリッヒのいう内部統制は，行政組織の内部的規則などの統制手段であると考えられるが，彼のいう行政官僚の内的信念を強調すると，行政組織に対する官僚の専門家的コミットメントと民主的な文化が官僚の権力乱用を牽制できる有効な装置となる[27]。これに対して，ファイナーは，官僚の権力乱用を抑制するため，官僚組織の外部の政治的機構による法律，規則などの外部的統制を強調し，これらの外部的統制装置は民主主義の必要条件であると認識したのである。

また，最近では，J．P．バーク（J. P. Burke, 1986）とT．L．クーパー（T. L. Cooper, 1990）の議論が取り上げられる。彼らは，フリードリッヒとファイナーが行った議論をより細分化して，各々，外部統制(バーク)と内部統制(クーパー)を唱えた[28]。

---

(25) しかし，官僚の技術的判断と国民の意思が異なる場合，どうするかという問題が残る。
(26) Finer (1941), p. 336.
(27) Riley (1987), p. 6.
(28) Burke, John. (1986). *Bureaucratic Responsibility.* Johns Hopkins Press; Cooper, T. L. (1990). *The Responsible Administrator: An Approach to Ethics for the Administrative role.* San Francisco: Jossey-Bass.

しかし，1960年代以降の行政活動の膨張に伴う官僚の裁量拡大は，どちらか一つだけでは官僚に対する有効な統制をすることができない状況をもたらした。こうして，従来の対立的にとらえられていた外部統制と内部統制が，互いにメリットとデメリットをもっており，相互補完的な関係にあるとみられるようになった。

　一般的に，組織において外部統制や直接統制を行おうとするとエージェント・コストが高くなり，また構成員による「統制対抗の法則」(Law of Counter Control[29]) が働いて統制の有効性が損なわれる。一方，組織において内部統制を行う場合には，官僚のモラル・ハザードをいかにコントロールするのかが問題となる。したがって，官僚統制においては，制度的統制とともに官僚の内面的責任の強化が要求される。しかも，制度的・形式的統制が強化されても，最終的には官僚の内面的責任が重要な鍵になる。

　この問題と関連して，M.ハーモン (M. Harmon, 1971[30]) は，官僚統制における究極的な統制は内面的 (internal) という概念に基づく自律責任であると主張した。さらに，彼は，「市民に対する責任」，「市民の要求に対する応答性」，「議会に対する責任」などが官僚に内面化されていなければ，どのような外部統制を行っても効果が担保されないと喝破した。この「行政官僚における責任の内面化」は，まさにフリードリッヒやクーパーの内部統制によるものであり，行政組織における個人の利己的行動を制約する共有された信念体系に影響されるものである。しかも，こうした信念体系は，私的なものでなく，行政組織の中で自分と他者が従うべき価値があるものと考えられる。

　このことは，「組織の共有された信念体系としての組織規範は，官僚行動に対する内部統制的機能を果たす」という本書の仮定に共通している。

2．官僚の責任行動：行政責任論からの検討

　行政責任は，行政統制と表裏一体の関係にある。こうした関係は，アカウンタビリティ (accountability) とレスポンシビリティ (responsibility) から捉えることができる。そもそも，アカウンタビリティとレスポンシビリティの目的は，本人に対する応答性 (responsiveness) を確保することである。ここ

---

(29) Downs (1994), p. 144.
(30) Harmon (1971), p. 179.

でいう「アカウンタビリティ」とは，自分の行動に対する説明を意味し，行政官僚や政治家に行政裁量と政策責任を与えることができる根拠を提供する。すなわち，公共に対する官僚の義務である。また「レスポンシビリティ」とは，公共における一連の理想から引き出される行動経路のことであり[31]，行政官僚には，自らの義務に対する適切な定義が求められる。つまり，レスポンシビリティとは，アカウンタビリティ・システムを通じて官僚の行動が評価される義務を定義し，彼らの行動をガイドすることである。したがって，アカウンタビリティ・メカニズムは，官僚が裁量を行使する際の官僚行動の結果に対する統制を行う。一方，レスポンシビリティは，エンパワーメント（empowerment）であるものの，アカウンタビリティにより制限される。さらに，アカウンタビリティとレスポンシビリティは，トレード・オフの関係ではなく，同時性を持っている。

従来の研究では，官僚統制と官僚責任を同様な意味で用いて分類しながら，官僚の責任類型を特定化した。例えば，B. S. ロムザック（B. S. Romzek）の分類が取り上げられる。彼は，官僚に対する期待（責任）と統制所在によって，「ヒエラルキー的責任」，「法律的責任」，「専門職業的責任」，「政治的責任」などの四つの行政責任を見出した（図4－5[32]）。

彼によれば，まず「ヒエラルキー的責任」とは，上司－部下の関係，ルールや組織方針を強調するもので，職員の裁量権が低いと想定した。また「法律的責任」は，法律に対する職員の責任を意味しており，法律による統制を重視するものであると考えた。そして「専門職業的責任」とは，高い水準の裁量

図4－5　行政責任（統制）の分類

	期待の所在	
	内部	外部
裁量度　低	ヒエラルキー的（Hierarchical）	法律的（Legal）
裁量度　高	専門職業的（Professional）	政治的（Political）

出典：Romzek (2000), p. 24.

---

(31)　Burke (1986), p. 9.
(32)　Romzek (2000), p. 24.

を持ち,政治的責任より内面化された職業的価値を強調するものであるとロムザックは捉えた[33]。これは官僚個人が同僚の目にどう見えるかであり,個人の行動を制約するのである。政治的責任とは,行政官僚が市民,市長,議会といったステーク・ホルダーの期待に応えるものであり,ある程度の裁量権を持っている。行政改革における顧客志向のような官僚行動原理がこれにあたる。

前者の二つは,ファイナーが強調した外部統制を重視しながら,官僚の裁量を最小化しようとするものであり,後者の二つは,フレードリッヒが強調した内部統制を重視しながら,官僚の裁量を認めるものである。近年,NPMのように行政改革における官僚責任は,過程の責任から結果の責任へ,ヒエラルキー・法律的責任から専門職業・政治的責任へ中心が移動しているようにみえる。

本章では,こうした分類に沿って,都道府県の職員における責任性の程度を測り,組織規範との関係を分析することにしたい。

ここで,都道府県における官僚の責任性を測定するために,ロムザックの分類に沿った調査項目[34]を用いた主成分分析を行うことにした。その結果,ロムザックの想定とは異なり,法律的責任と専門職業的責任が同じ主成分(第二主成分)に含まれることになった(表4-2)。

こうしたことを踏まえて,本章では,都道府県の職員における責任領域の類型でなく各責任に対する職員の行動に問題関心があることから,表4-2の結果を用いて分析することにする。さらに,各主成分については,第一成分を「ヒエラルキー的責任」,第二成分を「法律・専門職業的責任」,第三成

---

(33) Seldon et al. (1999), p. 194.
(34) 具体的な調査内容は以下の通りである。

上司の命令・指示を遵守	上司の命令及び指示を常に遵守している
内部標準運営規則の遵守	いつも内部標準運営規則を遵守している
マニュアルの重視・遵守	業務において何よりもマニュアルを重視し,遵守している
専門知識の保有・努力	自分の仕事について専門的知識を持っているし,向上させようと努力している
職業倫理の遵守	公務員としての職業倫理を常に守っている
法律の承知・遵守	業務に拘わる法律を承知して常に遵守している
住民ニーズの把握・反映	いつも住民のニーズを把握し,業務に反映している
市民参加の取り入れ	業務上,常に市民参加を取り入れている

表4−2　主成分分析（職員の責任性）

	第一成分 ヒエラルキー的責任	第二成分 法律・専門職業的責任	第三成分 政治的責任
上司の命令・指示を遵守	.696	.261	−.013
内部標準運営規則の遵守	.841	.162	.003
マニュアルの重視・遵守	.816	−.045	.080
専門知識の保有・努力	.011	.700	.155
職業倫理の遵守	.108	.788	.104
法律の承知・遵守	.288	.754	.086
住民ニーズの把握・反映	.130	.301	.804
市民参加の取り入れ	−.051	.043	.907
累積寄与率	24.7%	48.0%	67.9%

分を「政治的責任」と名付け，各主成分と組織規範との関係を明らかにすることにしたい。

3．官僚の責任行動と組織規範

それでは，都道府県における職員の責任行動に対して，本書における「管理主義志向の政策執行規範」，「脱官僚制志向の組織運営規範」，「住民参加志向の公共参加規範」の三つの組織規範はいかなる関係を持つのだろうか。都道府県ごとに職員の責任行動に対する組織規範の影響を検討するため，共分散構造分析を行ったところ，「管理主義志向の政策執行規範」と「脱官僚制志向の組織運営規範」が「法律・専門職業的責任」に，「住民参加志向の公共参加規範」が「政治的責任」に影響を与えていることがわかった（図4−6）。つまり，新管理主義的価値規範あるいは脱官僚制的価値規範を持つ職員ほど，法律・専門職業的責任行動を果たしている。このことは，専門知識や公務員の職業倫理と，新たな行政姿勢に対する積極的な態度との相関が高いことを意味している。また，住民参加を強調する組織規範は，職員が実際に政治的責任を果たす際に影響を与えていることが明らかになった。なお，共分散構造分析モデルの説明力を示すGFIとAGFIはそれぞれ0.899と0.863である。

次に，こうした職員個人の規範と組織全体の規範の間における距離が，職員の責任性にどのような影響を与えているのか，職員が認識している都道府県庁全体の考えと自分自身の考えとの間の距離[35]を測り，責任性との間の相

---

(35) 職員個人の考えとして回答した項目と同様に，組織全体に対する考えを

図4-6 共分散構造分析（組織規範と職員の責任性）

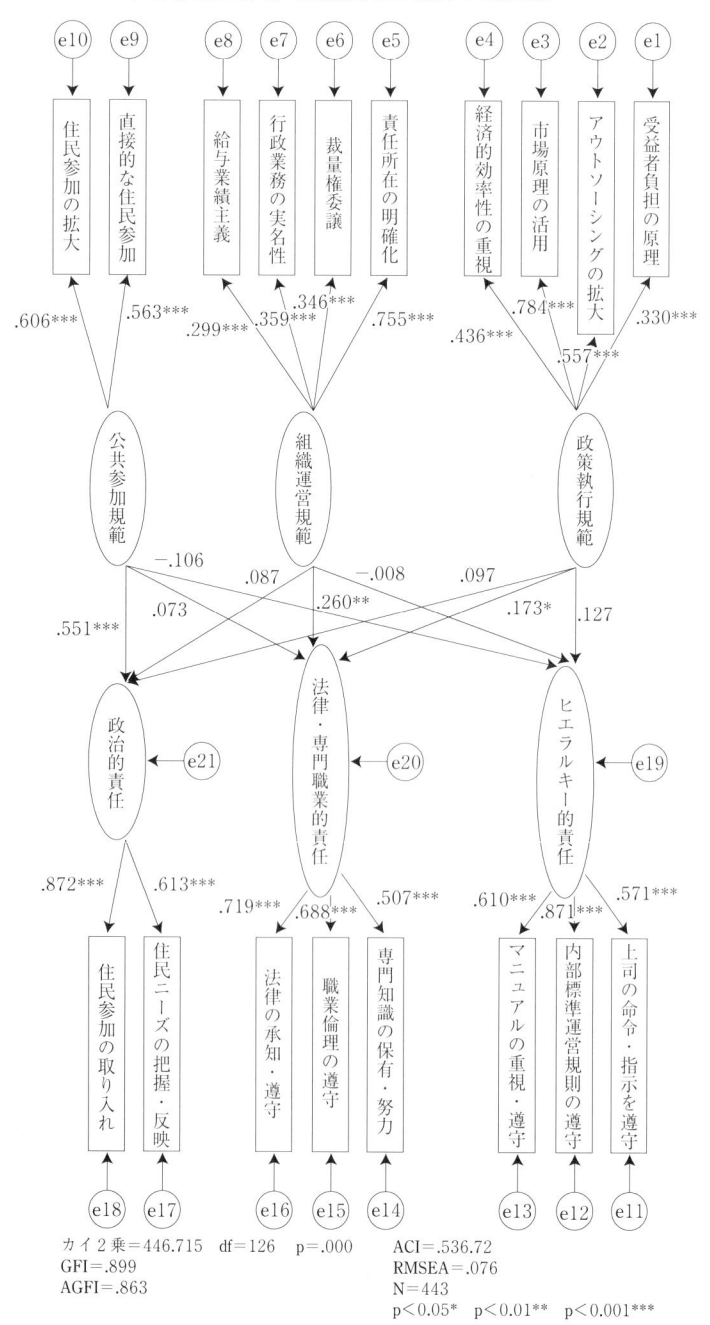

カイ2乗=446.715　df=126　p=.000　　　ACI=.536.72
GFI=.899　　　　　　　　　　　　　　　RMSEA=.076
AGFI=.863　　　　　　　　　　　　　　　N=443
　　　　　　　　　　　　　　　　　　　p<0.05*　p<0.01**　p<0.001***

表4-3 個人と組織の距離感と責任性（相関係数）

	政策執行規範距離	組織運営規範距離	公共参加規範距離	ヒエラルキー的責任	法律・専門職業的責任	政治的責任
政策執行規範距離	1.000	.864***	.754***	−.120*	−.021	−.099*
組織運営規範距離		1.000	.756***	−.106*	−.027	−.114*
公共参加規範距離			1.000	−.028	−.097*	−.078
ヒエラルキー的責任				1.000	−.004	−.013
法律・専門職業的責任					1.000	.008
政治的責任						1.000

* $p < 0.05$, ** $p < 0.01$, *** $p < 0.001$

関関係を求めることにしたい。

その結果，各規範に対する個人と組織との距離が小さいほど職員の責任性が高く（表4-3），「管理主義志向の政策執行規範」と「脱官僚制志向の組織運営規範」，「住民参加志向の公共参加規範」に対して個人の規範と組織全体の規範の間における距離は互いに高い相関関係をもっていることが明らかになった。すなわち，ある組織規範に対して組織との距離感がない職員は，いずれの組織規範に対しても組織との一体感を感じている。また，組織規範における組織との距離感は，職員の責任行動でも相関関係をみせている。「管理主義志向の政策執行規範」と「脱官僚制志向の組織運営規範」においては，「ヒエラルキー的責任行動」と「政治的責任」に負の相関関係（−0.120と−0.099，−0.106と−0.114）をもつ。それに対して「住民参加志向の公共参加規範」においては，「法律・専門職業的責任」と負の相関関係（−0.097）を示している。

つまり，「職員が認識している組織全体の規範と自分が設定している規範との差が小さい」ということは，職員個人に組織との一体感を持たせ，職員としての責任を果たすにあたって有効に作用する要因となっている。

第4節　組織文化と組織規範

1．組織文化の下位レベルとしての組織規範

組織文化研究における主なテーマは「いかなる組織文化が，組織の成果を向上させるのか」であり，その媒介変数として組織コミットメントならびに

回答してもらった。各回答項目ごとに差し引いて個人－組織の距離を測り，規範ごとに合計したものである。

職務満足を設定してミクロ・レベルで分析を行ってきた。さらに，組織成果を向上させるために組織文化の役割を強調し，各々の組織には異なる組織文化が存在すると考えてきた。

第2章においても指摘したように，組織文化に関する定義は多様であるが，次のようにまとめることができる。第一に，組織文化は，組織にアイデンティティを付与しており，構成員間の円滑なコミュニケーションを図り，組織の協力を促進する。第二に，共有された信念と期待は組織構成員の態度と行動に対する規範として作用し組織の調整と統合を図る。最後に，組織文化には，組織が志向することと，それに関する構成員への期待行為などが含まれているので，構成員の行動において指針と正当性を与える。これらのことから，「典型的行動パターンを生み出す共有された前提と価値体系」[36]としての組織文化は，本書の組織規範と共通しており，サイモンの「決定前提」に近い概念である。

また，組織文化の概念が包括的であるがために，概念の操作化に対しても，従来の分析モデルでは幅広くとらえられてきた。たとえば，組織の目標・手段，成長戦略，内部階層構造，役割関係，非公式的関係，規則，賞罰制度などが，ある組織に内在する組織文化を示すものとして取り上げられるなど[37]，組織の制度的運営や組織自体が組織文化のようにもみえる[38]。しかし，組織文化に対する研究目的が，それによる構成員の行動と組織行動に対する影響を検討し，組織成果との関係を分析するのであれば，それぞれの因果関係に対する設定は重要である。

本書では，組織文化の多層的構造に着目するため，E.シャーインの組織文化の要素を取り上げ，組織文化の下位レベルとして組織規範を位置づけた。なぜならば，組織文化のもつ価値，信念などの基本前提の特性は，本書における組織規範と共通するが，ある組織において特定の規範が存在するとしてもそれが組織文化を意味しているとは限らないからである。すなわち，組織文化においては，過去の慣行的要素とともに組織構成員の行動が含まれてい

---

(36) Gordon (1991), p. 397.
(37) O'Toole (1979), pp. 17-18; Schein (1985), pp. 15-16.
(38) また，組織文化の測定に対して，本書のように職員に対するサーベイによる研究もあるものの，その内容においては職員が感じる雰囲気や自らの行動が含まれて，組織文化と職員行動の区分が明確でない。

るので，いわゆる複合的・長期的・歴史的な特徴をもっている。一方，本書の定義による組織規範に基づいて考えると，環境変化に対する組織の対応では，新たな組織の価値体系（組織規範）が要求される。つまり，組織において価値・信念体系と組織文化の衝突可能性が生じており，新しい価値・信念体系の内在化が進められても，上記の組織文化の特徴によって，それを直ちに組織文化であるとはいえない。

したがって，本書における組織規範は，組織文化の構成要素になるが，組織文化そのものではない。また，シャーインによる組織文化に従えば，本書の組織規範は，組織文化を構成する下位の第二水準レベルである。つまり，本書では，組織の象徴となるような人工物である第一水準と組織の構成員にとって暗黙的・慣行的な第三水準を排除することで，制度的環境に対する信念体系として職員の意識領域に存在する目的志向の「価値」を強調する。

次に，上記の議論を踏まえて，本書で設定した組織規範と従来の研究における組織文化との関係を検討したい。なお，組織文化の指標は，組織成果との関係分析において最も幅広く利用される「競争価値モデル（competing values model: CVM）」から作成することにしたい。

Ｒ．Ｅ．クインとＪ．Ｒ．キンバリ（R. E. Quinn and J. R. Kimberly, 1984[39]），Ｒ．Ｅ．クインとＭ．Ｒ．マックグレース（R. E. Quinn and M. R. McGrath, 1985[40]），安定性・統制と柔軟性・自律，内部志向と外部志向という二つの軸によって，発展的文化（development culture）」，「集団的文化（group culture）」，「ヒエラルキー文化（hierarchical culture）」，「合理的文化（rational culture）」とする競争価値モデルを提示した[41]。また，競争価値モデルについてＫ．Ｓ．キャメロンとＲ．Ｅ．クイン（K. S. Cameron and R. E. Quinn, 1999）は，同様の軸によって「市場文化（market culture）」，「クラン文化（clan culture）」，「ヒエラ

---

(39) Quinn and Kimberly (1984), pp. 295-313.

(40) Quinn and MaGrath (1985), pp. 315-334.

(41) その他にも類似な内容から「市場文化（market culture）」，「クラン文化（clan culture）」，「ヒエラルキー文化（hierarchy culuture）」，「アドホクラシー文化（adhocracy culture）」による分類がある（Cameron and Quinn (1999), p. 30）。これらのモデルにおいても二つの軸により四つのグループから構成される。縦軸は裁量・弾力性－安定・統制で，横軸は内部志向・統合－外部志向・競争である。詳しくは上記の論文を参照されたい。

ルキー文化 (hierarchy culture)」,「アドホクラシー文化 (adhocracy culute)」に分類した。クインらの研究において各組織文化の名称に多少違いがあるものの,組織文化が示す内容は違いがない。これらの競争価値モデルをまとめてみると,以下の通りである (図 4 - 7)。

まず,「集団的文化」とは,柔軟な組織構造と内部環境を志向する文化であり,組織構成員間の共同,チームワーク,共有価値などを重視する。また,この組織文化が強い組織では,組織構成における家族的な雰囲気を作り出し,組織構成員の参加・忠誠を促進する特徴がある。「集団的文化」はキャメロンとクインにおける「クラン文化」にあたる。

一方,「ヒエラルキー文化」とは,組織の統合・安定と内部環境を志向する文化であり,業務遂行において組織の規則,マニュアル,慣行,文書と形式などを強調する。「ヒエラルキー文化」はいわゆる典型的な官僚制文化といえる。

次に,「合理的文化」とは,組織の安定と外部環境を志向する文化であり,組織における生産性もしくはアウトプット・アウトカムの達成を重視する。「合理的文化」はキャメロンとクインにおける「市場文化」にあたる。

最後に,「発展的文化」とは,組織の柔軟性と外部環境を志向する文化であり,外部環境の変化に反応し革新的・創意的なアイディアを強調する。キャメロンとクインにおける「アドホクラシー文化」にあたり,「ヒエラルキー文化」とは反対の属性をもっている。

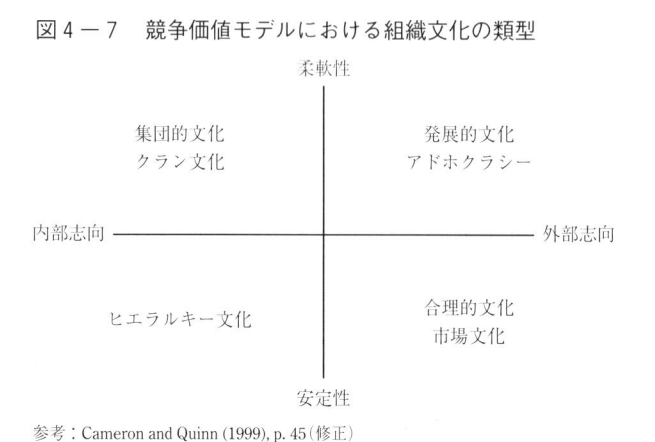

図 4 - 7 競争価値モデルにおける組織文化の類型

	柔軟性	
集団的文化 クラン文化		発展的文化 アドホクラシー
内部志向		外部志向
ヒエラルキー文化		合理的文化 市場文化
	安定性	

参考:Cameron and Quinn (1999), p.45 (修正)

そこで,上記の四つの競争価値モデルに基づいて,都道府県の職員に対して調査を行った[42]。また,都道府県の職員から得られたデータから主成分分析を行ったところ,競争価値モデルの

類型である「発展的文化」,「合理的文化」,「集団的文化」,「ヒエラルキー文化」を確認することができた(表4-4)。

まず, 第一成分には,「アイディアによる組織発展の重視」,「新たなサービスの発掘の重視」,「刷新と発展による組織結束」などが関わり, 競争価値モデルにおける「発展的文化」を示した。また,「アウトプットとアウトカムの重視」,「アウトプットとアウトカムの達成の重視」,「アウトプットとアウトカムの達成による組織結束」は第二成分に,「家庭の延長のような組織」,「お

表4-4 都道府県における組織文化(競争価値モデル)

	第一成分 発展的文化	第二成分 合理的文化	第三成分 集団的文化	第四成分 ヒエラルキー文化
アイディアによる組織発展の重視	.732	.313	.078	-.059
新たなサービスの発掘の重視	.762	.220	.042	-.098
刷新と発展による組織結束	.610	-.005	.025	.343
アウトプットとアウトカムの重視	.204	.800	.169	-.052
アウトプットとアウトカムの達成の重視	.121	.838	-.064	.023
アウトプットとアウトカムの達成による組織結束	.207	.562	.108	.259
家庭の延長のような組織	-.062	.155	.772	-.013
お互いに共有するものが多い	-.571	-.017	.693	-.054
忠誠心と誇りによる組織結束	-.015	-.059	.585	.152
業務処理のマニュアルの重視	.004	-.051	-.078	.758
変化より安定重視	.019	.166	.164	.406
公式的規則による組織結束	.092	.058	-.033	.728
累積寄与率	16.1%	31.6%	44.2%	56.6%

(42) 具体的な調査項目は, 以下のとおりである。

アイディアによる組織発展の重視	我々の組織は, 新しいアイディアによる組織全体の発展を重視している
新たなサービスの発掘の重視	我々の組織は, 新たな行政サービスの発掘を重視している
刷新と発展による組織結束	組織を結束させるものは, 組織全体の刷新と発展である
アウトプットとアウトカムの重視	職員はアウトプットとアウトカムに関心が高い
アウトプットとアウトカムの達成の重視	我々の組織はアウトプットとアウトカムの達成を重視している
アウトプットとアウトカムの達成による組織結束	組織を結束させるものは, アウトプットとアウトカムの達成である
家庭の延長のような組織	我々の組織には人間味があり, 家庭の延長のようである
お互いに共有するものが多い	職員の間には互いに共有するものが多い
忠誠心と誇りによる組織結束	組織を結束させるものは, 組織に対する忠誠心と誇りである
業務処理のマニュアルの重視	職員は業務処理においてマニュアルを重視している
変化より安定重視	我々の組織は, 急変な変化より安定を好む
公式的規則による組織結束	組織を結束させるものは, 公式的規則(マニュアル)である

互いに共有するものが多い」,「忠誠心と誇りによる組織結束」は第三成分に関わり,それぞれ「合理的文化」と「集団的文化」を示した。なお,第四成分の「ヒエラルキー文化」には「業務処理のマニュアルの重視」,「変化より安定重視」,「公式的規則による組織結束」などが関わった。

次に,こうした都道府県に存在する組織文化と本書で想定した組織規範の関係を検証するために,共分散構造分析を行ったところ,「脱官僚制志向の組織運営規範」は「発展的文化」と「合理的文化」に影響を与えていることがわかった(図4-8)。

すなわち,都道府県における行政革新の姿勢を内包する「発展的文化」や「合理的文化」が,組織運営における脱官僚主義的な志向によってもたらされている。また,「合理的文化」や「ヒエラルキー文化」が,「住民参加志向の公共参加規範」から影響を受けている。これらの結果は,「行政組織における過度の形式主義や組織安定中心の行政姿勢」と「住民参加に対する積極的な姿勢としての開放的行政」との間には距離があるという近年の行政改革における潮流を反映している。なお,興味深いのは,「管理主義志向の政策執行規範」が,どの組織文化に対しても有意な影響をもたらさなかったことである。

2．職員の責任性に対する組織文化と組織規範

組織文化の概念は多岐にわたって定義されており,組織における個人の価値や信念を反映しながら個人の行動に影響を与えている。また,組織間における文化の差異は,主に慣行として現れるものと考えられる[43]。したがって,組織内の価値や信念だけでなく,組織構成員の選好も,組織文化に反映される。なお,組織における規範は,構成員や個々の選好を意味しているわけではない。例えば,盛山(2004)[44]は,「規範とは,選好を超えたものであり,単に自分が欲することの表明ではない」と主張している。つまり,規範には他者に対する期待が含まれており,それは特定の行動が当該組織において適切であるかどうかに関するものである。また,こうした期待は,それ自体が規範的プレッシャーとなる。

組織決定において重要な要因である行政組織の文化は,概念上,多様な要

---

(43) Hofstede et al. (1990), pp. 263-264.
(44) 盛山 (2004), 123-124頁。

第4章　自治体官僚と組織規範　135

図4－8　組織規範と組織文化（共分散構造分析）

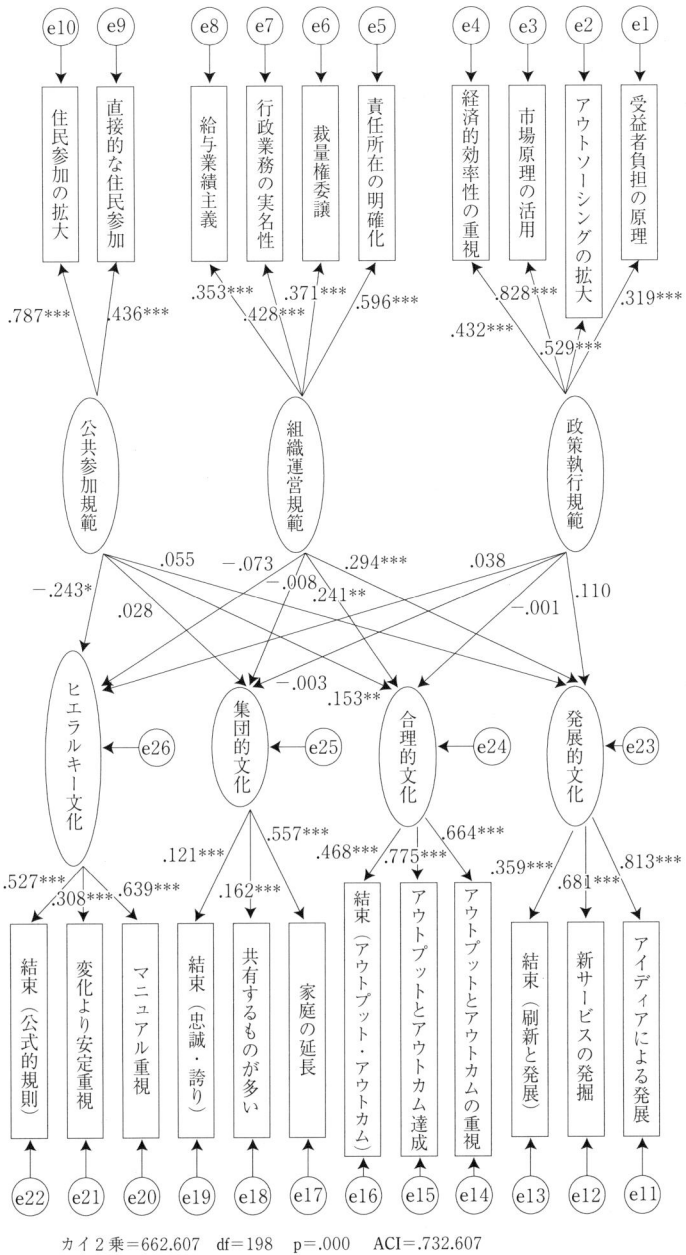

カイ2乗＝662.607　df＝198　p＝.000　ACI＝.732.607
GFI＝.883　　　　　　　　　　　　RMSEA＝.070
AGFI＝.850　　　　　　　　　　　　N＝443
　　　　　　　　　　　p＜0.05*　p＜0.01**　p＜0.001***

因から構成されている。したがって，組織決定という目的志向の行動においては，組織文化を構成するどのような要因が制約として作用するのかを見極める必要がある。また，組織行動では，構成員の期待は組織文化として現れる。一方，組織文化そのものは，組織の構成員が抱く期待であるとは限らない。すなわち，組織内の他者に対する期待を含む組織規範は，組織文化の十分条件であるが，必要条件ではない。

また，行政組織における職員の責任行動は，当該の組織文化を反映するものであり，組織文化自体が職員の責任行動でもある。この両者の関係は，因果関係というよりも共変動の関係である。つまり，組織文化が職員行動に影響を与える一方，職員行動も慣行のようにある特定の組織文化に繋がることになる。それに対して，行政組織における規範は，組織行動を統制して組織文化を形成しながら職員の責任行動に影響を与えている。

したがって，ここでは，職員の責任行動に対して，組織文化と組織規範を区別して分析することにしたい。具体的には，従来の研究において重要な変数であった組織文化をコントロール変数とし，組織規範が職員の責任行動に影響を与えているかどうかを分析したい。さらに，これらの分析とともに，組織規範における個人と組織間の主観的距離がどのような影響力を職員の責任行動に対してもたらすのかについても検討する。

まず，ヒエラルキー的責任を従属変数とする重回帰分析を行ったところ，組織における階統的秩序やマニュアルに対する責任行動において，ヒエラルキー文化のみが影響を与えている（表4－5左側）。次に，法律・専門職業的責任を従属変数とする同様の分析を行ったところ，職員の専門性に対する責任行動においては，合理的文化や政策執行規範，組織運営規範といった変数が影響を与えていることが明らかになった（表4－5中央）。さらに，政治的責任を従属変数とする分析では，住民に対する政治的責任において発展的文化，合理的文化，組織運営規範，公共参加規範が有意な関係をもっている（表4－5右側）。換言すれば，職員の責任行動を統制するためには，組織文化だけではなく規範的要素が不可欠になる。

なお，ヒエラルキー的責任に対する分析では，ヒエラルキー文化がプラスの方向に影響を与えている。一方，有意確率（5％）を満たさなかったものの，組織運営規範がマイナスの方向に影響を与えている。上記で指摘したように，近年，官僚責任の重点がヒエラルキー・法律的責任から専門職業・政

表4-5 ヒエラルキー的責任,法律・専門職業的責任,政治的責任に対する重回帰分析

	ヒエラルキー的責任			法律・専門職業的責任			政治的責任		
	ß	t	p	ß	t	p	ß	t	p
発展的文化	−.028	−.611	.541	.087	1.808	.071	.208	4.588	.000
合理的責任	.074	1.628	.104	.173	3.602	.000	.127	2.817	.005
集団的文化	−.006	−.134	.893	.022	.469	.640	.047	1.044	.297
ヒエラルキー文化	.388	8.550	.000	−.091	−1.880	.061	−.005	−.108	.914
政策執行規範	.046	1.001	.317	.140	2.884	.004	.063	1.385	.167
組織運営規範	−.077	−1.697	.090	.101	2.091	.037	.112	2.471	.014
公共参加規範	−.054	−1.178	.240	−.072	−1.498	.135	.303	6.689	.000
個人―組織距離(政策執行規範)	−.100	−1.056	.291	.101	.999	.319	.009	.090	.928
個人―組織距離(組織運営)	−.097	−1.009	.314	.028	.277	.782	−.170	−1.767	.078
個人―組織距離(公共参加規範)	.099	1.384	.167	−.176	−2.318	.021	.078	1.090	.277
R-sq	.198			.098			.207		
Adj R-sq	.179			.076			.188		
N	443			443			443		

治的責任へと比重が移動していることを考えれば,組織に対する脱官僚主義的な期待は,従来のヒエラルキー的責任を重視せずに,他の責任領域を強調することになっている。また,法律・専門職業的責任や政治的責任においては,発展的文化や合理的文化に比べ,組織運営規範や公共参加規範が同じ,もしくはより大きな関連を持っている。さらに,組織の構成員による主観的規範が組織全体における規範とどの程度,合致しているのかによって,職員の責任行動が決まることがわかった。つまり,組織運営規範と公共参加規範に関する個人と組織の間の距離が小さいほど,職員は政治的責任と法律・専門職業的責任を果たしている。

第5節 組織成果と組織規範

これまでは,都道府県における職員の組織規範が職員の責任行動にどのような影響を与えるのかを分析したが,本節では,「組織成果と組織規範の関係」について都道府県レベルで分析することにしたい。本書で用いる都道府県の組織成果は,「財政力指数の変化率」である。ここで,2003年を基準として93年から97年までの財政力指数の変化率と組織規範,組織文化の相関係数をみると,財政力指数の変化率と最も関連があるのが,組織運営規範である(表4-6)。さらに,発展的文化が93年と94年からの変化率に限って関連があるのに対し,組織運営規範は96年まで安定したプラスの関連をみせている。また,都道府県において存在する組織規範と組織文化の強度(集中度)によ

表4－6　財政力指数変化と組織規範・組織文化

| | 財政力指数変化（2003年基準） |||||
	93年	94年	95年	96年	97年
政策執行規範	.200	.218	.155	.052	.020
組織運営規範	.318*	.283*	.259*	.279*	.151
公共参加規範	.075	.043	.001	.065	.070
政策執行規範／標準偏差	.214	.250*	.204	.090	.077
組織運営規範／標準偏差	.380**	.336*	.298*	.321*	.204
公共参加規範／標準偏差	.118	.082	.022	.060	.065
発展的文化	.345*	.272*	.098	−.094	−.175
合理的文化	−.210	−.244	−.206	−.115	−.148
集団的文化	−.274	−.236	−.164	−.225	−.168
ヒエラルキー文化	.092	.057	−.039	−.133	−.079
発展的文化／標準偏差	.297*	.215	.065	−.091	−.133
合理的文化／標準偏差	−.199	−.233	−.206	−.114	−.165
集団文化／標準偏差	−.321*	−.287*	−.226	−.289*	−.237
ヒエラルキー文化／標準偏差	.302	.242	.154	.093	.123

* $p < 0.05$, ** $p < 0.01$, *** $p < 0.001$

る影響を考慮するために，本節では，「各規範や文化の数値を標準偏差で割った値」を各組織における規範と文化の強度として用いたところ，組織運営規範の強度が依然として組織成果と関連がみられることが明らかになった。

これまでみてきたように，本章では，官僚統制における内部統制としての組織規範を取り上げ，職員の責任性ならびに組織成果との間の関連を検討した。さらに，本書で設定した組織規範の意味を浮き彫りにするために，従来の組織研究で重要な変数と考えられていた組織文化との間の関連も検討した。その結果，職員の責任行動に関しては，組織文化と組織規範の影響を確認することができた。また，組織成果に関しては，組織規範（組織運営規範）のみが一貫した関連をみせ，組織文化は限定的な関連にとどまっていた。つまり，従来，職員の責任行動を規定する要因と想定されてきた組織文化よりも，本書で設定した組織規範の方が大きな規定力をもつことが明らかになった。

「近年の行政改革は，伝統的官僚制に対する挑戦である」と言っても誇張ではない。すなわち，ウェーバーの官僚制では，「インプットがあれば自動的に最も効率的なアウトプットが生じる」はずであった。しかし，現実には，官僚は機械ではなく，常に政治的バイアスに晒されている。また，政策形成を含めた多くの政府活動を行政官僚に委ねる傾向が強まり，彼らの権限を規制しようとする動きも活発になってきた。その結果，過度な規制やルールが生

まれて，官僚の自由な発想や柔軟性を奪うことになっていった。したがって，最近の行政改革においては，NPMでみられるように官僚の裁量権をできる限り保証して，彼らの能力を最大に引き出そうとする狙いがある。さらに，結果（アウトプット，アウトカム）によって官僚の活動を評価するという統制方法を志向している。

　しかし，「結果に対する評価」という統制も，ある意味では一つの外部統制であり，それが官僚においてどのように内面化され，彼らの責任行動にいかなる影響を与えているかについては，まだ明確になっていない。そして，ある特定の制度の導入は，当該組織に存在する文化の障壁によって頓挫する場合もあるし，新しい文化への発展をもたらすこともある。このように，本書における「組織規範」は，職員の責任行動や文化の発展に影響をもたらすと考えることができる。

　一方，財政力指数を用いて組織成果と組織規範の関係を検討したが，都道府県の政策バリエーションに対する組織規範の影響を検証するためには，都道府県の政策パフォーマンスを表わす指標を設定し，検討する必要性があると思われる。

　次の第5章では，2000年地方分権一括法の施行後，自治事務の拡大，国の関与の緩和に伴って条例制定の範囲が広がったことを受け，都道府県における重要な政策活動となった条例制定を取り上げて実証分析を試みることにしたい。

第5章　自治体の政策パフォーマンスと組織規範
（都道府県レベルの分析）

第1節　はじめに

　本章では，2000年以降の分権改革による都道府県の変化を首長，議員，職員の評価と条例制定から検討した上で，条例制定と職員意識に対する組織規範の影響を検討することにしたい。

　ここでは，まず，二つの視点から第一次分権改革以降の自治体の変化について論じる。第一に，自治体の政策過程に関わっているアクター（首長，議員，職員，住民など）による，自治体の運営や自らの意識変化に対する評価である。第二に，条例制定数の増加である。第一次分権改革が制度改革であるとすれば，その効果は制度運用の実績に現れてくる[1]。すなわち，分権改革という中央－地方間の大きなルールの変化がもたらす自治体のパフォーマンスは，分権改革の効果を検討する際の指標となる。その中でも，機関委任事務の廃止に伴い自治体の条例制定権が拡大したことによってもたらされる条例制定数の増加は，従来の通達に依存してきた自治体の執行体制を変え，自治体における独自の政策活動への萌芽でありながら[2]，自治体の変化を裏

（1）　大森（2003），12頁。
（2）　地方分権推進委員会の「最終報告」においても，「この機会にこれまで通達等に専ら依存してきた事務事業の執行方法や執行体制をすべての分野にわたって総点検し，これらを地域社会の諸条件によりよく適合し，地域住民に対する行政サービスの質を向上させ得るような別途の執行方法や執行体制に改める余地がないものかどうか，真剣に再検討してほしい」と述べ，第一次分権改革に続く自治体の努力を訴えた。

付けるものと考えられる。このような二つのアプローチから，前者は第一次分権改革に対するアクター自身の評価であることから「主観的評価」，後者は第一次分権改革が期待した独自の政策実現としての条例ということから「客観的評価」と捉えることができる。

次に，都道府県の政策パフォーマンスとしての条例制定に対する規定要因を考察するとともに，職員の主観的評価に対して「組織規範」と「責任行動」はいかなる関係をもつかについて分析する。とりわけ，都道府県の条例制定に対しては，本書における「組織規範」ならびに知事，議会，地域社会などの諸要因がどのような影響を与えているかについて実証分析を行いたい。

本章における都道府県の条例データは，1995年から2005年までの間に制定された条例[3]である。

第2節 アクターの評価と条例制定

都道府県レベルの意識調査データでは，地方分権一括法施行後の行政運営について四つの項目を設けて政策決定過程に関わっているアクターの評価を尋ねた。具体的には，「規制や強制が減少し，効率的な行政運営が行えるようになった」（効率的行政運営），「職員レベルで政策立案に対する活発な意識変化がみられるようになった」（職員レベルでの意識変化），「議員レベルで政策立案に対する活発な意識変化がみられるようになった」（議員レベルでの意識変化），「権限や事務量の割に財源がないため，特に変化はない」（変化なし）であり，それらについて知事，議員，職員の評価を求めた。

その結果（図5－1），まず，「効率的行政運営」については，知事と職員において20.7％と20.8％が効率的な行政運営ができるようになったと回答した。それに対して議員の場合，9.1％にとどまっており，執行機関の評価と対照である。次に，「職員レベルでの意識変化」では，知事の48.3％，議員の18.0％が政策立案に対する職員の意識変化があると回答した。自らの評価となる職員の評価では，45.1％の職員が肯定的な評価を下した。また，「議員レベルでの意識変化」については，知事と議員が3割程度であり，職員の12.3％が肯定的回答をした。

---

(3) 各都道府県の条例は，2006年3月の時点で各都道府県がホームページで公開している「例規集」から得られたものである。

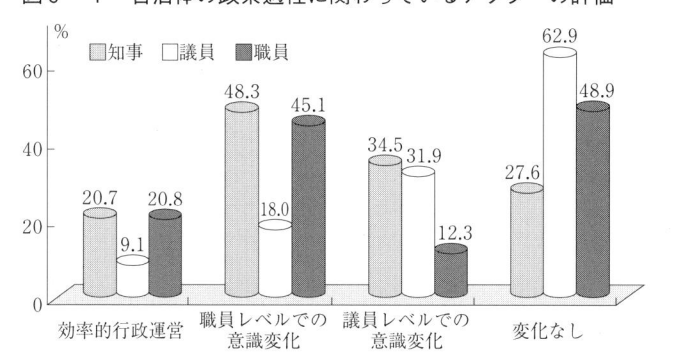

図5－1　自治体の政策過程に関わっているアクターの評価

	知事	議員	職員
効率的行政運営	20.7	9.1	20.8
職員レベルでの意識変化	48.3	18.0	45.1
議員レベルでの意識変化	34.5	31.9	12.3
変化なし	27.6	62.9	48.9

　一方，地方分権一括法が施行されたとしても，財源に対する措置がなされていないため，「特に変化がない」と回答した結果をアクター別にみると，議員の回答率が最も高く（62.9％），職員の回答率が続く（48.9％）。これに対して知事の場合，27.6％にとどまっている。

　この集計から概観してみると，第一次分権改革以降，都道府県の運営における変化について知事，議員，職員は，三者ともに厳しい評価を下している。一方，政策立案活動における「職員レベルでの意識変化」と「議員レベルでの意識変化」については，知事の場合，「効率的な行政運営」に比べて評価しているが，それほど高くない。また，議員と職員の場合，自らの意識変化については評価しているものの，互いの評価については否定的である。

　また，こうしたアクターの主観的評価が都道府県間において相違がみられるかについて検討する。ここでは，都道府県ごとの集計ができる議員と職員だけを取り上げてみると，各評価項目に対して都道府県間の違いがみられる（図5－2，図5－3，図5－4）。たとえば，「効率的な行政運営」において職員の評価が高いところは鳥取県（50.0％）である一方，東京都，富山県，大阪府，愛媛県，大分県の場合，全く回答されなかった。また，議員の評価では，東京都が最も高く（40.0％），群馬県，千葉県，山梨県，長野県，京都府，奈良県，島根県，香川県，高知県，熊本県などの議員において一人も回答しなかった。

　また，「職員レベルでの意識変化」に対する職員の評価では，鳥取県

図5－2　都道府県別のアクターの評価
（「効率的な行政運営」）

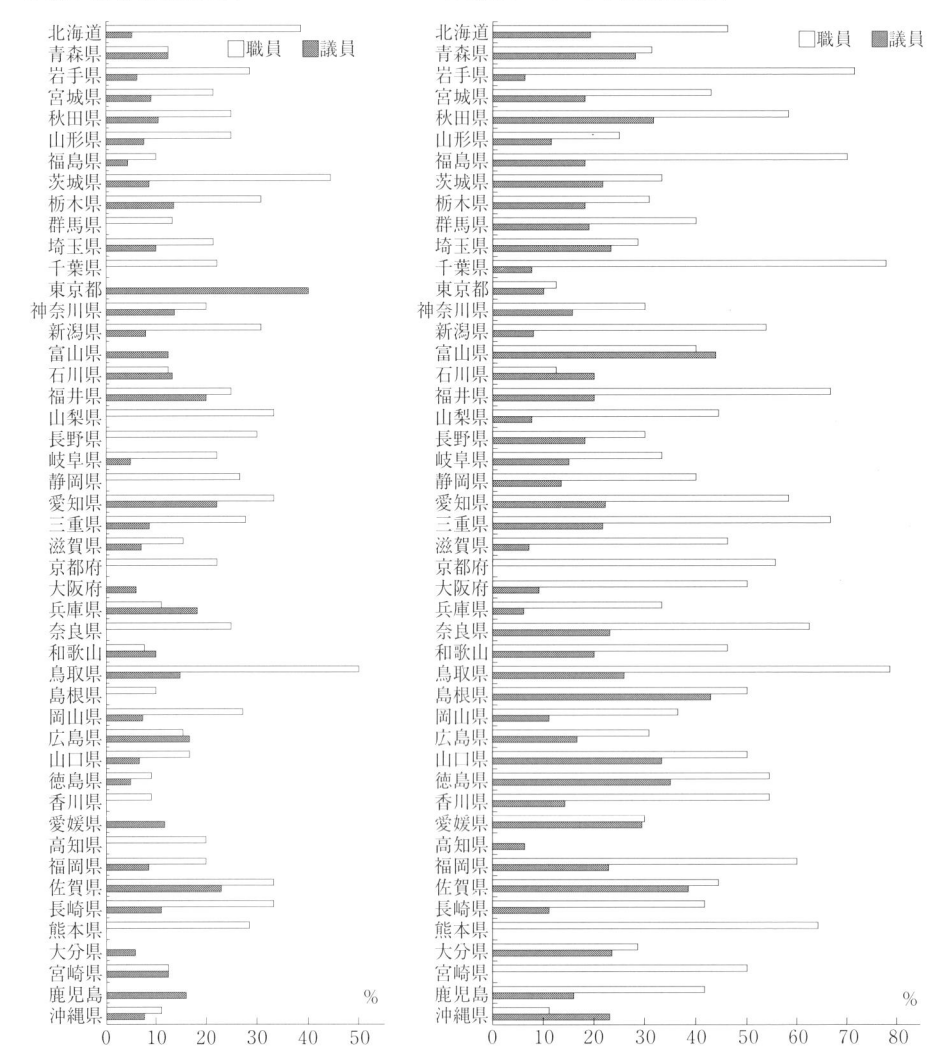

図5－3　都道府県別のアクターの評価
（「職員レベルでの意識変化」）

第5章 自治体の政策パフォーマンスと組織規範（都道府県レベルの分析） 145

図5－4 都道府県別のアクターの評価
（「議員レベルでの意識変化」）

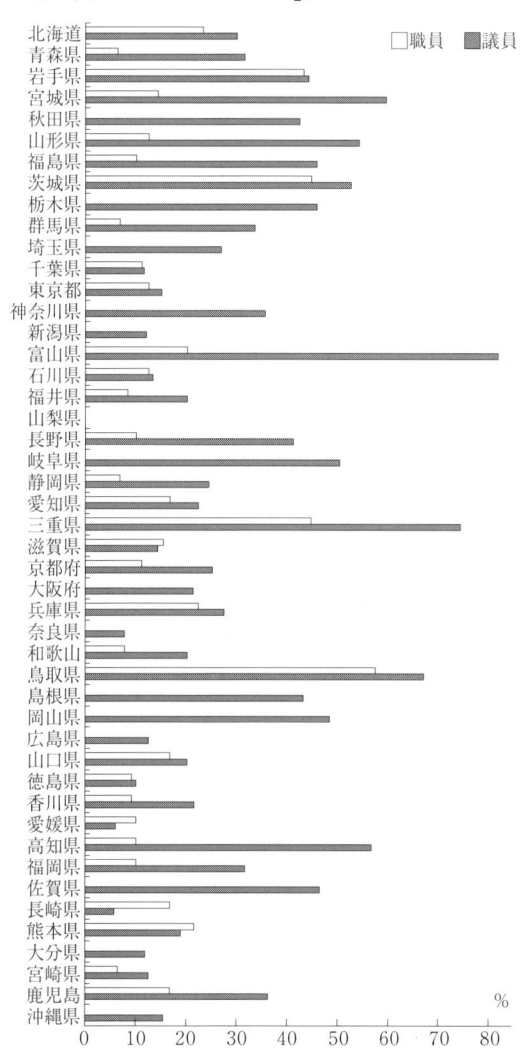

(78.6％)，千葉県(77.8％)，岩手県（71.4％），三重県（66.7％）などが，高い割合を示しており，それに対する議員の評価では，富山県（43.8％）島根県（42.9％）の議員が肯定的に評価している。最後に，「議員レベルでの意識変化」においては，職員の場合，鳥取県（57.1％），三重県（44.4％），茨城県（44.4％）の職員が高く評価しており，議員の場合，富山県（81.3％），三重県（73.9％），鳥取県（66.7％）の議員が自らの変化を評価している。

続いて，都道府県の条例制定の推移から第一次分権改革以降の自治体の変化を検討することにしたい。第一次分権改革の推進にあたって，地方分権推進委員会は，自治体に対して従来の通達に拘束されずに拡大された法令解釈の活用と，自治体の自主条例制定に対する努力を求めた。つまり，地方分権時代における自治体は，現行法制度に対

して「所与」のものと考えるべきでなく，地域福祉の向上のために，「自主解釈」することが重要であると指摘したのである[4]。条例制定に対する自治体の姿勢は，必ずしも積極的なものでなく，むしろ「条例離れ[5]」とも言われている。その背景には，法令・省令による事務処理が多く，法令以上に国の通達，公定解釈などに縛られて前例の踏襲を繰り返したことがあり，さらに，議会の議決が要求されることも考えられる。しかし，政策実現手段の原則はやはり条例である。住民に対して権利や義務を課すだけでなく，給付行政においても補助金交付要綱に頼らず，必要な政策は自治体の手によって条例化されるのが望ましい。また，条例が議会の議決を要するのに対し，要綱と規則は，議会の議決を要するものではないため，議会と住民においては透明性が高いとはいえない。したがって，「自己決定・自己責任」という観点に立つと，自治体はできる限り条例化を進める中で，条例になじまない事項に関しては規則化すべきである[6]。

そこで，地方分権一括法の施行後，条例制定の範囲が拡大されたと言われている中で，都道府県における条例制定の現状はどうであろうか。以下では，2000年地方分権一括法施行を基準とし，前後5年（1995年〜2005年）の条例制定の推移を検討することにしたい。対象となる条例は，新規に制定された条例に限定し，1995年以前に制定され1995年以降に改正された条例については，第一次分権改革という特定の制度変化が都道府県の条例制定に及ぼす影響を検討することに力点を置いているため，分析対象から除外することにしたい[7]。さらに，都道府県の例規集の内容分類が多少異なるので，ここでは「議会」，「選挙」，「行政一般（通則）」，「財務[8]」，「環境生活」，「保健福祉」，

---

(4) 北村（2003），6頁。
(5) 出石（2003），70頁。
(6) 人見（2003），35頁。
(7) また，調査対象の期間中，廃止された条例も存在するものの，都道府県のホームページで確認できる例規集には現行条例のみが掲載されているため，廃止された条例も今回の分析対象には含まれていない。
(8) 「財務」分野においては各種手数料や各種基金などに関わる条例が多く制定された。ここでは，「財務」に関わる条例のうち，手数料に関する条例は除いた。2000年を基準としてその制定数がかなり増加しているものの，都道府県ごとに一括して条例化したか，あるいは関係事務ごとに条例化し

「商工労働・観光」,「農林水産」,「土木建設」,「教育・文化」,「公安・警察」,「公営企業」の12に再分類を行った。

1995年から2005年まで制定された都道府県全体の条例は4375件であるが,その中で最も高い割合を占めているのは,「行政一般(通則)」(1431件,32.7％)であり,委員会や文書,行政組織,公務員,住民基本台帳,監査などに関わる内容である(図5－5)。

次に,「環境生活」(717件,16.4％),「財務」(511件,11.7％),「保健福祉」(436件,10.0％),「土木建設」(316件,7.2％),「教育・文化」(265件,6.1％),「議会」(171件,3.9％),「農林水産」(158件,3.6％),「商工労働・観光」(148件,3.4％)の順となっており,「その他」では,「公安・警察」,「選挙」,「公営企業」などで5.1％を占めている。

また,全都道府県の条例数を時系列的推移からみると(図5－6),地方分権一括法の施行された2000年をピークに,その前年から急増していることがわかる。それは,国の法律変更・施行による自治体の対応[9]が主な増加要因で

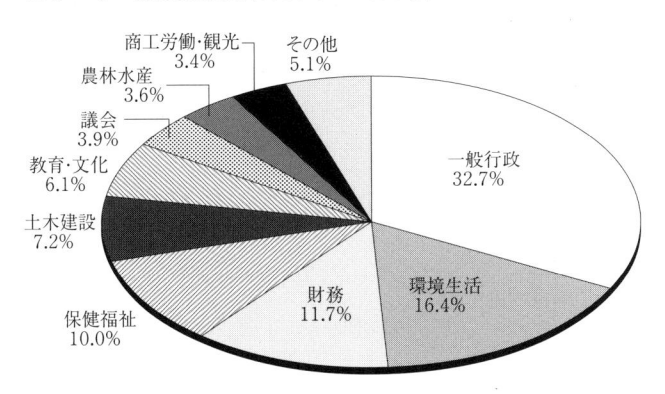

図5－5　分野別条例(1995年～2005年)

たかによって制定数に偏差があり,さらに,2000年以前制定された条例を維持している県もある。たとえば,埼玉県の場合,「埼玉県手数料条例」(平成12年)に一つの条例にまとめたので,財務に関わる条例数が少ない。一方,千葉県の場合,より早く1956年に「使用料及び手数料条例」に定めてきた事情がある。

(9) 例として,2000年「理容師法施行条例」・「美容師法施行条例」や2002年

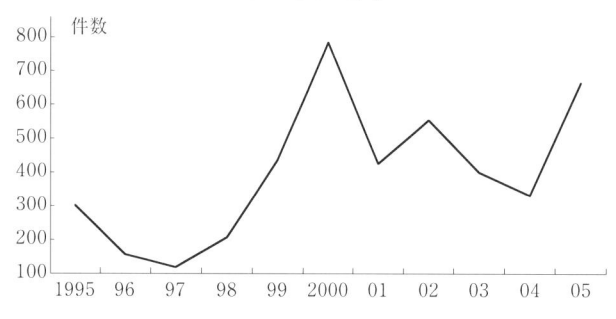

図5－6　都道府県の条例制定の推移

ある。その後，減少しているようにみえるが，それでも第一次分権改革前よりも上回っていることが明らかである。2000年に制定された条例は784件であるが，その中で最も多いのは，「行政一般（通則）」（25.6％）であり，特に各種審議会や協議会などの組織に関わる条例が多く制定された。それから「環境生活」(19.1%)，「財務」(16.5%)，「保健福祉」(15.1%)，「土木建設」(9.4%)などが続いている。この2000年の分野別条例の割合は，順位において11年間の分野別条例の割合と変わりがないものの，割合の値において多少変化がみられる。地方分権一括法の施行により，従来の機関委任事務から自治事務となる主な分野は，都市計画や土地改良区の設置許可などの「土木建設」と，飲食店営業の許可，病院・薬局の開設許可などの「環境生活」と「保健福祉」であった。これらの分野では，法律変更による自治体の対応が必要となり，条例制定の増加につながったのである。

　こうした集計結果からすれば，第一次分権改革以降，都道府県の条例制定は全体的に活発となったといえるが，国の法律変更による都道府県の対応として条例制定の増加も背景に存在するので，今後の推移を観察しなければならない。ただ，都道府県における条例制定の増加を単なる国の法律変更に対するものと受け止めれば，第一次分権改革以降の条例制定は，都道府県間において差がそれほど多くないはずであるが，都道府県別の集計結果からすると，必ずしもそうではない。

　地方分権一括法の施行の前年度である1999年年度から2005年までの都道府県別の条例制定数を検討してみると（図5－7），都道府県の間において条例

　「クリーニング業法施行条例」などは国の法施行により制定された条例である。

図5－7　都道府県条例制定数の現状（1999年－2005年）

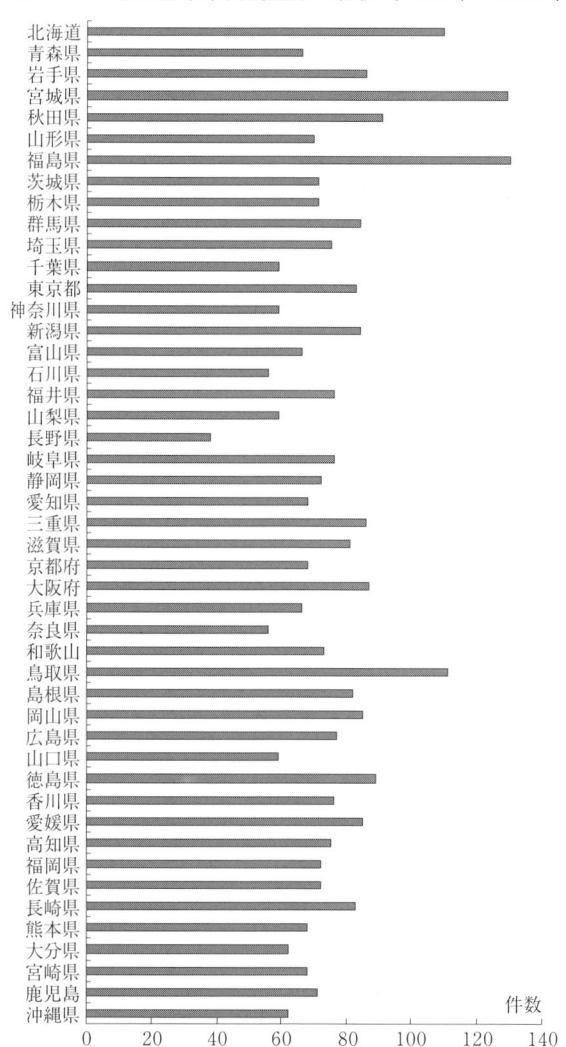

条例制定数が最も多いところは，福島県（130件），宮城県（129件），鳥取県（111件），北海道（110件）であり，長野県（38件），奈良県（56件），石川県（56件），神奈川県（59件）などは条例制定数が少ない。このことは，第一次分権改革による都道府県の条例制定数の増加が，単に国の法律変更に対する受動的な対応でなく，各都道府県の状況，条例制定に対する姿勢などが媒介していることを示唆する。したがって，第3節では，都道府県の条例制定に関わる規定要因を探ることにしたい。

第3節　都道府県の政策バリエーションと組織規範：
条例制定の規定要因

　これまでみてきたように，2000年の地方分権一括法の施行後，都道府県の条例制定数は過去より増加している。特に，地方分権一括法が施行された2000年をピークに，その前年から急増しているが，それは国の法律変更・施行による自治体の対応が主な増加要因であった。こうした都道府県の対応は，いわゆる「制度的環境」の変化への対応であり，すべての都道府県において共通するものである。しかし，図5－7からみたように，第一次分権改革という「制度的環境」の変化に対する都道府県の「共通の対応」は，類似の結果を示さず，条例制定というアウトプットが異なることがわかる。

　それでは，都道府県の条例制定数は，どのような要因によって説明できるのだろうか。まず，都道府県の条例制定数に影響を与えると想定できる要因は，知事をはじめとする執行部と議会との関係である。最終的に議会の審議・議決が必要となる条例の特性を考慮すると，知事と議会の対立は多くの条例制定を主導する執行部に負担をかけている。例えば，2000年以降の条例制定数が最も少ない長野県は，脱ダム宣言などによる知事と議会の対立が激しく，神奈川県でも知事と議会の対立が存在している。次に，改革に対する自治体の姿勢が考えられる。従来の研究では，改革に対する知事の意思は自治体の運営において大きな方向性を決めると言われてきた。これは条例制定においても共通しており，都道府県の条例制定の現状においても，宮城県，鳥取県などがその例である。また，自治体の改革には知事だけでなく，職員の意思も関わっている。上述したように，条例制定に対する職員の消極的な態度は，第一次分権改革によって拡大された自己決定権を活かす際の阻害要因となる。

　したがって，これまでの議論に基づいて本節では，1999年から2005年までの都道府県の条例制定数を従属変数としてその規定要因を探ることにする。独立変数としては，第2章の分析枠組みにおいて述べた，準マクロ・レベルの地域社会環境，財政的環境，知事，議会，組織規範などを設定するとともに，職員の責任行動も分析モデルに導入して分析を行うことにしたい。準マクロ・レベルの地域社会環境としては「住民のボランティア活動率[10]」と，「都市化度[11]」を，財政的環境としては「財政力指数」を分析に用いることに

する。また，政治的要因として，知事の場合は，「当選回数」，「得票率」などの政治的地盤を表わす変数以外に，知事の出身変数として「中央官僚」，「地方官僚」，「政治家」，「無党派」などの属性変数を取り上げる。一方，議会に関しては，知事（執行部）と議会の緊張関係を示す「知事与党議席率」を分析モデルに導入することにしたい。また，官僚の組織行動としては，「管理主義志向の政策執行規範」，「脱官僚制志向の組織運営規範」，「住民参加志向の公共参加規範」とする組織規範とともに，職員の責任行動である「ヒエラルキー的責任行動」，「法律・専門職業的責任行動」，「政治的責任行動」を用いる。さらに，分析単位は47都道府県であり，職員の組織行動については，各変数の平均に対して標準偏差を考慮したものを使うことにした。

都道府県の条例制定数に対する回帰分析の結果（表5－1）をみると，まず，財政的環境要因については，「財政力指数」が負の影響（－0.547）を示した。それに対して，地域社会要因である「都市化」と「ボランティア活動率」は有意な結果を示さないことが明らかになった。次に，知事の場合，前職である「中央官僚」と「政治家」が0.655と0.701の標準化係数で，都道府県の条例制定数に影響を及ぼした。つまり，中央省庁出身の知事ほど，政治家出身の知事ほど，条例制定に積極的であることがみてとれる。他方，知事と同じ政党の議席率を示す「知事与党議席率」の変数では，有意な結果を得

---

(10) 2001年総務省「社会生活基本調査」データ。
(11) 都市化度は，「第一次産業者比」，「第三次産業者比」，「老人（65歳以上）人口」，「DID人口比」，「持ち家率」などの指標を用いて主成分分析を行って得られた主成分値である。データは，2000年の国勢調査データであり，主成分分析の結果は以下のようである。

	第一成分
第一次産業者比	0.793
第三次産業者比	－0.805
老人人口比	0.838
DID人口比	－0.956
持ち家率	0.873
寄与率	73.1

主成分分析の結果，「第一次産業者比」，「老人人口比」，「持ち家率」が（＋）で，「第三次産業者比」と「DID人口比」が（－）で関わっているので，第一成分の値が（－）であるほど，都市化度が高いといえる。したがって，分析の上では，主成分の値の符号を反転して用いることにしたい。

表5－1　条例制定に対する回帰分析（都道府県レベル）

要因	変数	B	S.E.	β	t	p
財政的環境	財政力指数	−53.352	25.266	−0.547	−2.112	0.043
地域社会環境	都市化	5.090	4.340	0.294	1.173	0.250
	ボランティア活動率	1.247	0.746	0.327	1.671	0.105
知事	当選回数	4.142	2.432	0.291	1.703	0.099
	得票率	0.053	0.190	0.054	0.279	0.782
	中央官僚	22.434	6.846	0.655	3.277	0.003
	地方官僚	4.970	6.327	0.141	0.786	0.438
	政治家	26.835	8.469	0.701	3.169	0.004
	無党派	15.702	10.360	0.410	1.516	0.140
知事と議会	知事与党議席率	1.678	17.615	0.027	0.095	0.925
責任行動	ヒエラルキー的責任/標準偏差	−12.075	4.646	−0.357	−2.599	0.014
	法律・専門職業的責任/標準偏差	14.218	6.108	0.432	2.328	0.027
	政治的責任/標準偏差	26.775	7.289	0.615	3.673	0.001
組織規範	政策執行規範/標準偏差	−3.613	7.924	−0.078	−0.456	0.652
	組織運営規範/標準偏差	−2.644	5.734	−0.067	−0.461	0.648
	公共参加規範/標準偏差	11.385	5.690	0.310	2.001	0.055
定数		21.240	26.364	−	0.806	0.427
R^2		0.561				
調整済み R^2		0.327				
N		47				

ることができなかった。

　さらに、職員の組織行動についてみると、組織規範では「住民参加志向の公共参加規範」だけが正の影響を（0.310）与えた。つまり、住民参加に対する積極的な価値・信念体系を共有している都道府県ほど、条例制定数が多い。それに対して、職員の責任行動では、「ヒエラルキー的責任行動」、「法律・専門職業的責任行動」、「政治的責任行動」すべての変数が、有意な結果を示した。「ヒエラルキー的責任行動」の場合、条例制定数に対して負の影響を（−0.357）及ぼしており、「法律・専門職業的責任行動」と「政治的責任行動」は、正の影響（0.432と0.615）を有していることがわかった。これらの二つの責任行動における共通点は、職員が裁量を持ちながら責任行動を行うことである。また、「ヒエラルキー責任行動」における負の影響から考えると、職員の裁量に基づく責任行動が都道府県の条例制定に正の影響を与えている。そして、法律や専門性に基づく責任行動とともに住民に対する責任行動は、条例制定に積極な姿勢をもたらしている。住民に対する職員の姿勢が条例制定に影響を与えていることは、組織規範における「住民参加志向の公共参加規範」を通しても確認できる。

このように，都道府県の条例制定に影響を及ぼす要因は，環境と知事だけでなく職員の組織行動も存在する。とりわけ，本書が設定した組織規範は，「住民参加志向の公共参加規範」だけが有意な結果を示したが，前章（第4章）の分析，職員の責任行動に対する組織規範の分析（図4－5）によると，他の組織規範である「管理主義志向の政策執行規範」と「脱官僚制志向の組織規範」の場合，「法律・専門職業的責任行動」に対して影響を与えて，条例制定に対する間接的な影響を有している。

他方，条例制定過程が，いわゆる自治体の政策過程であり，その地域の政治過程であるとすれば，分権化が進むほど，自治体の条例制定過程はより複雑となる可能性が高くなるわけである。磯崎[12]は，実際の条例制定過程において首長，総務部局，主管課などのアクターが関わっていると言及した上で，制定しようとする事項を所掌する主管課（原課）が主導するという「主管課主導型」が基本モデルであるとした。しかし，地域社会に大きな影響を与える条例の場合，議会や住民との事前調整が必要とされるので，アクターの範囲が広がるとも磯崎は指摘している。つまり，条例制定過程がまさに政策決定過程である以上，議題設定から決定までの様々な影響要因が存在することを意味しており，これは地方分権とともに自治体における条例制定が注目される理由となる。

第4節　職員の主観的評価と組織規範，責任行動

最後に，職員の組織行動としての「責任行動」と「組織規範」を取り上げて，第一次分権改革による自治体の変化と職員の主観的評価との関係を検討したい。

まず，職員の主観的評価と組織規範，責任行動に対する相関関係を分析すると（表5－2），「効率的な行政運営」に対しては「公共参加規

表5－2　職員の評価と職員意識の関係

	効率的な行政運営	職員レベルでの意識変化	議員レベルでの意識変化
政策執行規範	.048	－.022	.016
組織運営規範	.062	.121**	.105*
公共参加規範	.088*	.083*	.169***
ヒエラルキー責任	.039	－.065	－.116**
法律・専門職業責任	.042	.091*	.090*
政治的責任	.092*	.151***	.054

*p<0.05　**p<0.01　***p<0.001

---

(12)　磯崎（2000），47－49頁。

範」と「政治的責任行動」が弱い正の相関を示している。つまり，住民参加や住民に対する責任行動を重視する職員の方が，第一次分権改革以降の自治体運営に生じた変化

表5－3　職員の主観的評価に対するロジスティック回帰分析

	効率的行政運営			
	B	S.E.	Wald	p	Exp(B)
分野条例数	0.004	0.010	0.151	0.698	1.004
ヒエラルキー的責任	0.139	0.113	1.522	0.217	1.149
法律・専門職業的責任	0.094	0.113	0.696	0.404	1.099
政治的責任	0.149	0.120	1.532	0.216	1.161
政策執行規範	0.068	0.112	0.369	0.544	1.071
組織運営規範	0.119	0.114	1.091	0.296	1.126
公共参加規範	0.204	0.121	2.834	0.092	1.227
定数	−1.389	0.181	58.894	0.000	0.249
Cox&Snell R^2	0.022				
Nagelkerke R^2	0.034				
N	501				

を認識しているのである。それに対して，「職員レベルでの意識変化」では，「組織運営規範」，「公共参加規範」，「法律・専門職業的責任行動」，「政治的責任」などが正の関係をみせている。特に，脱官僚制的志向の「組織運営規範」と職員の専門性を強調する「法律・専門職業的責任行動」が「職員レベルでの意識変化」と正の関係にあることは，政策過程における職員の積極的な活動を誘導するために，組織の柔軟性と職員の能力向上への支援が不可欠であることを示唆する。また，「議員レベルでの意識変化」については，「組織運営規範」，「公共参加規範」，「法律・専門職業的責任行動」などが正の相関を示している。一方，組織のルールやマニュアルを強調する「ヒエラルキー的責任行動」を重視する職員は，「議員レベルでの意識変化」に対して否定的な認識を有している。

　以前，筆者は，第一次分権改革に対する職員の主観的評価と条例制定の関係を分析し，職員の主観的評価が条例制定に関わることによって肯定的となることを指摘した[13]。この分析結果に加えて，第3節における条例制定に対する分析結果，つまり，都道府県の条例制定が職員の組織規範と責任行動から影響を受けることを踏まえると，職員の主観的評価と組織規範，責任行動における相関関係は，条例制定を通じて関係が成立するのかもしれない。次に，職員の主観的評価に対して，条例制定と職員の組織行動の分析を行うこ

---

(13)　金宗郁（2008）「地方分権に対する職員意識」小林良彰・中谷美穂・金宗郁『地方分権時代の市民社会』慶應義塾大学出版会，177－202頁。

職員レベルでの意識変化					議員レベルでの意識変化				
B	S.E.	Wald	p	Exp(B)	B	S.E.	Wald	p	Exp(B)
0.021	0.009	5.393	0.020	1.021	0.033	0.013	6.720	0.010	1.034
−0.099	0.095	1.102	0.294	0.905	−0.270	0.142	3.648	0.056	0.763
0.163	0.095	2.967	0.085	1.178	0.282	0.150	3.541	0.060	1.326
0.282	0.103	7.545	0.006	1.326	−0.003	0.151	0.000	0.986	0.997
−0.110	0.096	1.304	0.253	0.896	−0.022	0.141	0.024	0.878	0.979
0.193	0.096	4.081	0.043	1.213	0.220	0.150	2.152	0.142	1.246
0.073	0.100	0.523	0.470	1.075	0.510	0.167	9.356	0.002	1.664
−0.495	0.151	10.731	0.001	0.610	−2.644	0.263	101.390	0.000	0.071
0.055					0.062				
0.074					0.118				
501					501				

とにしたい。すなわち，分析モデルにおいて条例制定数と組織規範，責任行動の変数を同時に投入することによって，職員の主観的評価に対して組織規範と責任行動が，条例制定とは独立した関係を有しているかを検証したい。

職員の主観的評価に対するロジスティック回帰分析の結果（表5－3），まず，「効率的行政運営」においては，有意な結果が得られなかった。それに対して「職員レベルでの意識変化」については，「分野別条例数」が正の影響（0.021）を与えており，第4節の分析（表5－2）と同様に，所属部局の条例制定数が多い職員ほど，政策立案活動における職員の意識変化があったと評価している。また，職員の組織行動では，「政治的責任行動」と「脱官僚制志向の組織運営規範」が正の影響（0.282と0.193）を及ぼしている。その他，「法律・専門職業的責任行動」は有意水準0.05に満たしていないが（p＝0.085），正の影響を与えることがわかった。一方，「議員レベルでの意識変化」においては，「分野別条例数」と「住民参加志向の公共参加規範」が有意な結果を示しており，「ヒエラルキー的責任行動」と「法律・専門職業的責任行動」が有意水準0.1の範囲で負と正の影響を及ぼすことが明らかになった。

これらのことから，第一次分権改革以降の政策立案活動における職員の主観的評価に対して，職員の組織規範と責任行動は，条例制定と独立した影響を有していると考えられる。

第一次分権改革は，国と地方が対等・協力関係を築くために，国の関与ルールを縮小し地方の「自己決定」・「自己責任」を保障することによって，よ

り個性豊かな分権型社会の実現を目指したものであり，そのために機関委任事務の廃止という大きな制度変更を断行した。従来の機関委任事務は，単なる法制度以上に，様々なルートを通して自治体の体質を変容させた。国の法律によって新たな事務が与えられると，それに関わる職の必置や職員の資格，定数が制限され，さらに通達により事務の執行方法が規定され，活動内容の報告を求められ，執行状況まで監視された。つまり，法律の運用だけでなく，自治体の組織や職員のあり方，体質まで影響を与えるシステムであった。したがって，機関委任事務の廃止という大きなルールの変更があったとしても，実際の自治体現場の直接的な変化はすぐに現れるものではないだろう。しかし，本章の分析結果からわかるように，自治体の制度運営に対する努力，すなわち条例制定を通して，自治体の政策過程に対する認識や姿勢を変えることは可能といえる。したがって，分権改革が進むほど，自治体の政策能力はますます問われていくと同時に，自治体の政策能力は条例制定過程を通して発揮する可能性が高くなると指摘できる。また，都道府県の条例制定数に対する分析では，社会経済環境，知事とともに，組織規範，責任行動などの職員の組織行動が影響を与えることが明らかになった。

第6章　自治体の政策パフォーマンスと組織規範
（市レベルの分析）

第1節　はじめに

　本書では，社会学的新制度論の同型化理論を検討する際に，「フィールド内のバリエーション」の問題を取り上げた（第2章）。つまり，同形化理論は，「何故，同種の組織（自治体）において類似な制度や組織構造を採用しているか」に関して解明できるものの，「何故，同種の組織（自治体）において類似の制度を採用しながら，実施内容や執行パターンが異なり，それによるパフォーマンスが異なるか」については説明できないと指摘した。

　そこで，前述の都道府県に対する分析の場合（第5章），従属変数となる条例制定は，2000年分権改革以降，都道府県の改革政策パフォーマンスとしてとらえることが可能であるものの，自治体の政策に関する「実施内容，執行パターン」が反映されていないという指摘がありうる。したがって，ここでは，こうした指摘を念頭において，市レベルの改革政策パフォーマンスに対する分析により，自治体のバリエーションと組織規範の関係を補足することにしたい。

　まず，「類似の制度を採用しながら，実施内容や執行パターンが異なる」ということについて確認しておきたい。

　例えば，情報公開制度に関しては，その運営において各自治体別に相違が存在する。本書で用いられる各市のデータによれば（図6－1），各市における情報公開制度の運営実態が異なっている。

　調査時点[1]である2002年を基準にしてみると，全国675市において回収され

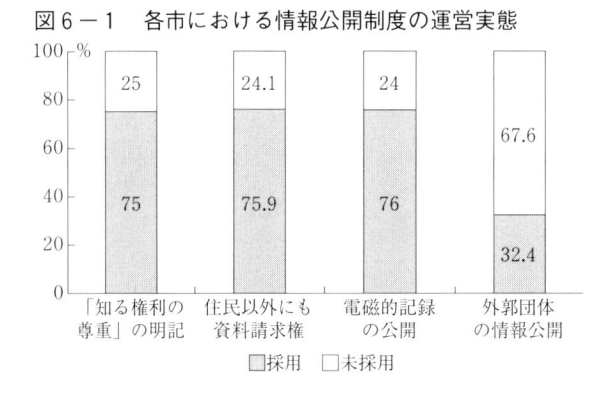

図6－1　各市における情報公開制度の運営実態

項目	採用	未採用
「知る権利の尊重」の明記	75	25
住民以外にも資料請求権	75.9	24.1
電磁的記録の公開	76	24
外郭団体の情報公開	32.4	67.6

た643市（合併市などを除く）の内，639市（99.4％）が情報公開制度を採用している。一方，各市における情報公開制度の運営内容をみると，個々の市ごとに異なる。条例上に「知る権利の尊重」の明記の有無，住民以外にも資料請求権，電磁的記録の公開，外郭団体の情報公開といった運営実態は，市ごとに相違がみられる。前の三つの項目は約25％の市が採択せず，さらに外郭団体の情報公開においては，67.6％の市が外郭団体を情報公開の対象から除外している。また，情報公開の対象に外郭団体が含まれている市においても，市から外郭団体への出資比率により，その公開対象が異なる。情報公開の対象に外郭団体が含まれている207市の中で，出資比率が25％や50％を超える外郭団体のみを対象にする市が175市（84.5％），出資比率に関わらずすべての外郭団体を情報公開対象に入れている市が32市（15.5％）である。

　このように，各市において採用されている制度の運営内容は様々で，その運営によって制度・政策のバリエーションが生じる。すなわち，自治体という組織フィールドにおいても，類似の制度的環境（NPMなどの行政価値の変化，国の政策変化）を持ちながらも異なる制度運営を行っている。

　次に，「政策パフォーマンス」とは何かについて述べることにしたい。政府パフォーマンスに関する研究は，民間企業の管理理論や組織研究に基づいて発展してきた。また，政府パフォーマンスは，政府の行政改革において新公共管理論が中心的な位置を占め始めてから，より注目を集めてきた。新公共管理論は，民間企業の管理ツールを公共セクターに取り入れようとするもので，政府活動において業績やアウトプットあるいはアウトカムを強調する。

（1）　調査データは，2002年日本経済新聞社及び日経産業消費研究所が行った「全国市区の行政比較調査」である。データの説明は後述。

そして，そうした内容を評価することによって政府の効率性と効果性を高めるために導入されたのがパフォーマンス管理（Performance Management）であり，こうした業績をいかなる基準で測るかという議論が活発となった。

政府あるいは組織のパフォーマンスの概念については，従来の組織研究によって多様なアプローチが行われてきた。例えば，H.G.レイニーとP.スタインバウアー（H. G. Rainey and P. Steinbauer, 1999）は組織の効果性という視点から組織の目標達成度として取り扱っている[2]。つまり，組織のパフォーマンスはその組織の目標に関わり，それは当然である。したがって，組織研究では，組織のパフォーマンスの測定にあたって組織構成員の認識に基づいた主観的測定によって把握することもある。つまり，組織と組織構成員は，相互依存的な関係に置かれているので，組織構成員の認識は組織パフォーマンスの測定において重要であるとした[3]。しかし，こうした構成員による主観的評価は，組織の運営的活動に対する評価となるものの，一つの概念で作成された評価項目としても，その評価項目に対する各個人の評価基準は異なるので，客観性に欠けると言わざるを得ない。

このような組織研究におけるパフォーマンスの研究は，主として民間企業を対象としたものであり，政府を対象とし始めたのは，最近のNPMに見られる公共管理論の台頭以降である[4]。

公共管理論による政府パフォーマンスとは[5]，政府組織及びその構成員が公共サービスの生産・供給のために行う業務，政策，活動などの状況あるい

---

(2) Rainey and Steinbauer (1999), pp. 4-7.
(3) Brewer and Selden (2000), pp. 689-92.
(4) Hatry, H. P. (1978). "The Status of Productivity Measurement in the Public Sector." *Public Administration Review*. Vol. 38(1), pp. 28-33; Poister, T. H. and R. P. McGowan. (1984). "Municipal Management Capacity: Productivity Improvement and Strategies for Handling Fiscal Stress." in *The Municipal Year Book: 1984*. Washington, DC: International City Management Association.; Osborne, D. and Gaebler, T. (1992). *Reinventing Government: How the Entrepreneurial Spirit is Transforming the Public Sector*. Adison Wesley; Ammons, D.N. (1995). "Overcoming the Inadequecies of Performance Measurement in Local Government: The Case of Libraries and Leisure Service," *Public Administration Review*, Vol. 55(1), pp. 37-47.
(5) Ammons (1995), pp. 35-37.

は，程度を意味する。また，組織研究と同様に政府パフォーマンスでは，効率性と効果性という概念を用いてアウトプット（output）とアウトカム（outcome）が包括される。しかし，政府活動のパフォーマンスは，民間企業のように投入と産出や売上げなどのような明確な測定基準を設けるのが難しい。つまり，政府活動におけるアウトプットとアウトカムを測定する際，効率と効果というものは有効な概念であるものの，具体的にどのような指標を用いればよいかが難問である。そこで，従来の政策決定研究では，アウトプットの場合，政府支出や制度採用の有無から測ってきた。一方のアウトカムの場合，アウトプットのように容易な測定が難しい。なぜならば，アウトカムは政府活動によって生み出されるものでありながらも，政府活動以外に，他の社会的な要因による影響も大きいからである[6]。したがって，公共管理論においては，アウトプットが主な対象となり，政府パフォーマンスを測る時に，政府の財政と公共サービス等が政府パフォーマンスとして用いられている。例としては，図書館及び休養サービス（Ammons, 1995），教育サービス（Henry and Dickey, 1993）がある。

しかし，政府パフォーマンスの概念では，公共サービスだけでなく，政策，業務活動などの全ての政府活動が包括され，行政サービスを生み出す政府の政策・制度上の運営に対しても注意を払わなければならない。これは，パブリック・セクターである政府の特徴と関連するのである。すなわち，政府が提供する公共サービスの水準は，政府活動の最終的結果であり，これらの公共サービスを生み出す政府の政策・制度パフォーマンスによるものだからである。たとえば，自治体であれば，住民参加のように，自治体の民主的運営に関するパフォーマンスの測定は，自治体の政策過程において住民をいかに組み込むかという住民参加政策に関わるものとなる。R. D. パットナム（R. D. Putnam, 1993[7]）の場合，政府パフォーマンスの研究は，政府が社会的ニーズを適切に確認したうえで，革新的な解決法を提示できるのかが強調され，「改革立法」と「立法でのイノベーション」をパフォーマンス測定に入れて分析を試みている。

他方，上記のように，公共サービスの水準，各種政策・施策などの客観的

（6） Putnam (1993), 邦訳書, 78頁。
（7） Putnam (1993), 邦訳書, 77-82頁。

なアプローチに対して，公共サービスの受給者である市民の主観的な評価による政府パフォーマンスの測定も存在する[8]。しかし，公共サービスに対する市民の主観的評価（満足度）によるアプローチは，客観的指標（サービス水準）との関係について経験的な実証が不足しており，評価に対する市民の認知と基準が異なるという批判を免れない[9]。

したがって，上記の議論を踏まえて，ここでは，自治体のパフォーマンスを測定するために，自治体のサービス水準や住民の評価というより，自治体の改革に関わる政策全般を考慮した「政策パフォーマンス」を用いることにしたい。つまり，各改革政策に関わる運営上の相違を反映することによって，改革政策における自治体のバリエーションをより明確にしたい。

そして，ここで用いられる自治体の政策パフォーマンスでは，2002年に日本経済新聞社と日経産業消費研究所が行った「全国市区の行政比較調査」のデータから行政革新度指標を採用する。「全国市区の行政比較調査」のデータでは，各市の行政運営を評価するために，「透明度」（16項目），「効率化・活性化度」（19項目），「市民参加度」（10項目），「利便度」（14項目）に分けて各々の指標を用いて，各市の行政革新度を評価した。評価は加点方式で集計した数字をもとに偏差値を計算し，各市のランキングを付けた[10]。

（8） Schuman, H. and B. Gruenberg. (1972). "Dissatisfaction with City Services: Is Race an Important Factor?" in Harlan Hahn(eds.), *People and Politics in Urban Society*. Beverly Hills: Sage Publication; Rossi, P. and R. Berk. (1974). "Local Roots of Black Alienation." *Social Science Quarterly*. Vol. 54, pp. 741-758; Lovrich, N. P. and G. T. Taylor, Jr. (1976). "Neighborhood Evaluations of Local Government Services: A Citizen Survey Approach." *Urban Affairs Quarterly*. Vol. 12, pp. 197-222.

（9） Brudney and England (1982), pp. 130-132.

（10） 本書で用いられる各指標の項目をみると，以下のとおりである。（出典：『全国市区の行政比較データ集－2002年度調査』，5－6頁）

＊　透明度の指標（計16項目）
①情報公開制度の有無②情報公開制度条例（要綱）への知る権利の明記の有無③住民以外の情報公開請求資格の有無④電磁的記録の情報公開の有無⑤外郭団体の情報公開の有無⑥情報公開対象に外郭団体⑦議会の情報公開の有無⑧議会議事録のホームページなどでの公開の有無⑨付属機関の議会公開の有

補論の市レベルの分析では，上記のデータから，「利便度」を除き行政改革において主な指標である「透明度」，「効率化・活性化度」，「市民参加度」といった三つの評価結果を用いて分析する。

第2節　変数説明と仮説設定

以下では，第2章の分析枠組みで述べたように，「環境－個人の選択行動－組織行動・特性－政策」という一連の連鎖において，個人の選択行動と組織

無⑩教育委員会の会議公開の有無⑪重要な政策形成段階での素案の住民への公表の有無⑫受け付けた住民の意見・要望の回答の有無⑬オンブズマン制度の有無⑮単独公共工事の入札価格公開⑯行政評価結果の公開の有無

＊　効率化・活性化度の指標（計19項目）
①行政評価システムの導入の有無②同システムの評価対象③同システムでの数値指標の有無④行政評価結果の事務事業・組織見直しへの反映の有無⑤バランスシートの作成方式⑥行政コスト計算書作成の有無⑦同計算書の行政評価への反映の有無⑧ISO9000シリーズ認証取得の有無⑨ISO9000シリーズの認証対象（本庁，出先機関など）⑩ISO14000シリーズ認証取得の有無⑪ISO14000の認証対象（本庁，出先機関など）⑫可燃ごみ収集の民間委託の有無⑬可燃ごみ収集の民間委託の形態（全部委託など）⑭職員へのインターネット接続パソコン配備⑮庁内LAN構築の有無⑯庁内LANの対象範囲⑰庁内LANのインターネット接続の有無⑱職員提案制度の有無⑲庁内公募制の有無

＊　市民参加度の指標（計10項目）
①重要な政策形成段階でのパブリックコメント保証の有無②基本構想策定の審議会・委員会への市民公募の有無③電子メールによる市民との意見のやりとりの有無④電子メールで受け付けた要望への回答の有無⑤電子会議室の有無⑥電子会議室で受け付けた要望への回答の有無⑦NPO支援条例制定の有無⑧地域施設（コミュニティーセンターなど）運営管理の住民委託の有無⑨地域施設の設計・構想段階からの住民参加手続きの有無⑩住民参加の包括保証条例の有無

そこで，各指標の評価は，「AAA」「AA」「A」「BBB」「BB」「B」「CCC」「CC」「C」の順に9段階で評価されており，本書では，実証分析のために「AAA」から「C」まで9から1にして分析に用いる。

行動による政策産出を連結する媒介変数として組織規範を設定し，自治体間における政策バリエーションを分析する。さらに，各政策の運営実態の相違を反映するために，行政革新政策の内容を反映した政策パフォーマンスを取り上げて分析を試みたい。

分析対象は672市で，用いられるデータは，2001年に行った「日米韓FAUIプロジェクト」調査データと，2002年に日本経済新聞社及び日経産業消費研究所が行った「全国市区の行政比較調査」である。また，分析モデルにおける説明変数では，環境要因，市長要因，議会要因，組織規範要因などが用いられる。

1．環境要因

まず，環境要因としては，社会経済的環境と地域社会の特性とする二つの要因が挙げられる。これらの要因は，従来の政策決定要因研究において重要な変数である社会経済的環境とみなされた。例えば，都市化，住民一人あたり所得，人口規模，人口密度，産業構成，財政状況などは，分析モデルにおいて欠かせない変数であり，いわゆる人口統計学的要因である。本書では，これらの従来の社会経済的環境から地域住民の特性を示す「準マクロ・レベルの地域社会」を切り離し，自治体の有用可能な資源として「自治体の財政的環境」を設定する。自治体の財政的環境要因には，経常収支比率，住民一人あたり補助金などが取り上げられ，地域社会要因においては専門職業者比率が用いられる。それらの変数に関わる仮説は以下の通りである。

> 仮説1−1　市の財政的な余裕，つまり，経常収支比率が低く，中央に対する依存度（一人あたり補助金）が低い市ほど，改革政策パフォーマンスが高い。
> 仮説1−2　地域住民構成において専門職業従事者比率が高い市ほど，改革政策パフォーマンスが高い。

従来の研究では財政的に豊かな市ほど，新政策あるいは改革政策を採用すると指摘された[11]。例えば，Ｊ．Ｌ．ウォーカー（J. L. Walker, 1969）は，資金，

---

(11) Walker (1969), "The Diffusion of Innovations among the American States."

技術，専門スタッフなどの余裕資源（slack resources）を持つ自治体は政策実験を行いやすいと述べた[12]。日本の研究においても伊藤（2002）は自治体の財源のゆとりが大きいほど，新政策採用の可能性が高いと指摘し，情報公開条例に対する実証分析においても有意な結果を得ている[13]。さらに，彼は国が取り組んでいない新政策が必然的に自治体の単独事業となるので，財政的な自律性が高い自治体ほど，新政策が採用されやすいと主張した[14]。すなわち，「補助金行政」という言葉があるように，自治体の財政において補助金は大きな比重を占めており，アメとムチのような存在である。しかしながら，ひも付きの補助金は自治体の自由な政策活動を妨げているとの批判の声が多く，これは自治体の自由な財政運営を妨げていることを意味する。本書では，自治体の財政弾力性を示す経常収支比率[15]と，自治体の財政的な自律性として一人あたり補助金[16]を用いることにしたい。これらの変数は，自治体の財政的環境を示し，自治体の政策選択の幅を制約する要因である。

次に，地域社会要因としては専門職業従事者比率[17]を用いることにしたい。伝統的階級政治から「新しい政治文化（NPC, New Political Culture）」への変

American Political Science Review. Vol. 63(3), pp. 880-899; Gray (1973), "Policy Decisions in the Aid to Families With Dependent Children Program: A Comparative State Analysis." *Journal of Politics*, Vol. 35(4), pp. 1174-1185；河村和徳（1998），「財政再建政策をもたらす要因」小林良彰編著『地方自治の実証分析－日米韓3ヵ国の比較研究』慶應義塾大学出版会；河村和徳（2000）「都市における住民参加制度の動向（一）」『金沢法学』第42巻2号；中谷美穂(2005)『日本における新しい市民意識－ニューポリティカル・カルチャーの台頭』慶應義塾大学出版会

(12) Walker (1969), p. 883.
(13) 伊藤（2002），263頁。
(14) 伊藤（2002），79頁。
(15) 経常的経費に充当される一般財源に対して，経常一般財源総額が大きいほど，臨時的財政需要に充当できる経常一般財源の残余が大きくなり，財政構造が弾力的であるといえる（嶋津（1996），116頁）。また，データは，『都市データパック』から2000年度のものを用いる。
(16) 本章における「一人あたり補助金」とは，国が自治体に交付する国庫支出金である。
(17) 2000年度国勢調査データの中で，全職業従事者に対する職業大分類A（専門的・技術的職業従事者）の割合を用いる。

化を指摘したT.N.クラークとR.イングルハート（T. N. Clark and R. Inglehart, 1998[18]）は，地域における住民の教育水準と所得，専門職業者率が高く，若者達の比率が高いほど，NPC的な特徴を持つ政治エリートが出現する可能性が高いと論じた。これを受けて，中谷（2005）は，日本の市レベルに対する実証分析を行い，その結果，専門職従事者比率が高い市ほどNPC的市長が選出され，彼らが積極的な住民参加制度[19]を導入することを指摘した。このような地域住民の特性は，住民参加制度だけでなく，透明であり効率的な行政活動を望み，自治体の政策過程に影響を与える。

2．市長要因

市政に対する市長の態度や戦略は，自治体の政策選択に直接的影響を持ちながら，自治体の組織構成員に少なからず影響を与え，政策形成・執行に関わる職員の行動を制約する。自治体の政策方向に対する市長の特性は，市政における自らの改革理念や原理に対する認知態度によって窺うことができる。そこで，市長要因として本章では，第2章において指摘したNPM（New Public Management）の原理に対する市長の認知態度を測り，「市長の改革志向」という変数を用いることにする。

NPMについてC.フッド（C. Hood）は，「裁量的専門管理」，「明確な成果基準」，「アウト・プット統制」，「組織の分化」，「競争」，「民間管理技法」，

---

(18) クラークとイングルハートは，次の七つの要素からNPCを説明する。これらの要素は①古典的な左右の軸の変質，②社会的争点と財政・経済的争点の区別，③財政・経済的争点に比べて社会的争点の重要性の増加，④市場個人主義と社会個人主義の融合，⑤福祉国家への懐疑，⑥争点政治と広範な市民参加の台頭，ヒエラルキー的な政治組織の衰退，⑦若くて教育程度が高い裕福な個人や社会におけるNPCの強い支持などである。詳しくは，Clark, Terry N. and Ronald Inglehart. (1998). "The New Political Culture: Chnaging Dynamics of Support for the Welfare State and Other Policies in Postindustrial Societies." in Clark, Terry N. and Vincent Hoffmann-Martinot(eds.), *The New Political Culture*. Colo.: Westview Press；テリー・ニコルス・クラーク・小林良彰（2001）『地方自治の国際比較－台頭する新しい政治文化』慶應義塾大学出版会と中谷美穂（2005）『日本における新しい市民意識－ニューポリティカル・カルチャーの台頭』慶應義塾大学出版会を参照。

(19) 中谷（2005），127－133頁。

「資源利用の規律と節約」などの構成要素を用いて説明した[20]。その中で，NPMではライン現場の管理者にできるだけ権限を委譲し，職員の裁量権を認めた上で，彼らの評価は，顧客（住民）がどの程度満足しているかという業績によって行われることを強調する。つまり，行政活動についてNPMでは顧客志向，結果志向，競争志向などの原理に力点が置かれる。これに関して，2001年の「日米韓FAUIプロジェクト」調査データでは，これらのNPMに関する議論の中で，強調される原理・理念を七つの項目に対応させ，NPMの原理に対する市長の認知態度を尋ねた（表6－1と表6－2）。

NPMでは，マネジャリアリズム的考え方による管理の自由を強調し，手続きによるコントロールよりも成果・結果によるそれが重視される。また，そうした自由の前提となるのが行政の透明性の確保であり，顧客である市民に対する積極的な情報提供である。そこで，「多くの市民が求めている情報であっても，事務作業を考えると，請求がなされてから公開すべきである」という質問項目を通じて情報公開に対する市長の姿勢を尋ねた結果，「どちらかといえば反対」が48.6％，「反対」が19.2％であり，合計67.8％の市長が反対の意見を示した。また，行政活動の透明化にも関わる政策責任の所在に対しては9割以上の市長が明確にすべきと回答した。すなわち，「政策責任の所在は，民間企業のように明らかにしなくてはならない」とする意見に対して，38.1％の市長が「賛成」と回答し，「どちらかといえば賛成」と回答した

表6－1 「NPMに対する市長の認知態度」指標

調査項目	調査項目が示すNPM原理
多くの市民が求めている情報であっても，事務作業を考えると，請求がなされてから公開すべきである	顧客志向・行政システムの透明化・政策過程における市民参加の拡大
政策責任の所在は，民間企業のように明らかにしなくてはならない	政策責任の明確化
自治体は中央に依存しない財源の確保を図らなくてはならない	政府組織の利益追求（earning organization）
現行以上の受益者負担を進める必要がある	市場原理志向
サービスのアウトソーシングを積極的に進めるべきである	政府組織の利益追求（earning organization）・市場原理志向
公務員の質の向上を図るため，能力に応じた給与体系に転換する必要がある	成果・結果による統制
職員に職務遂行の裁量権を与えるべきである	エンパワーメント

(20) Hood (1991), pp. 4-5.

表6-2　NPMに対する市長の認知態度（％）

調査項目	賛成	どちらかといえば賛成	どちらかといえば反対	反対	N
多くの市民が求めている情報であっても、事務作業を考えると、請求がなされてから公開すべきである	5.9	26.2	48.6	19.2	442
政策責任の所在は、民間企業のように明らかにしなくはならない	38.1	56.4	4.7	1.7	443
自治体は中央に依存しない財源の確保を図らなくてはならない	37.0	52.7	9.2	1.1	446
現行以上の受益者負担を進める必要がある	22.8	64.0	12.2	0.5	443
サービスのアウトソーシングを積極的に進めるべきである	35.8	60.1	4.1	0.0	441
公務員の質の向上を図るため、能力に応じた給与体系に転換する必要がある	33.6	61.3	5.2	0.0	444
職員に職務遂行の裁量権を与えるべきである	17.3	69.7	12.3	0.7	440

市長は56.4％であった。

　NPMでは、政府組織の資源確保に対して積極性を示すことも求めている。とりわけ、分権化が進むほど、自治体は、財源における従来の中央依存的な態度から脱して自らの行政資源を確保しなければならなくなる。そこで「自治体は中央に依存しない財源の確保を図らなくてはならない」という意見に対して、37.0％の市長が「賛成」を示し、「どちらかといえば賛成」と回答した市長は52.7％であった。一方、全体的な「反対」の意見を示した市長は10.3％であった。また、こうした財源確保とともに、パブクリック・セクターにおける市場原理の強調は、NPMの特徴である。これに関わる「現行以上の受益者負担を進める必要がある」とする意見に対しては、22.8％の市長が「賛成」、64.0％の市長が「どちらかといえば賛成」と回答し、市政に対する受益負担の原理をより強化することをほとんどの市長が明らかにした。さらに、「サービスのアウトソーシングを積極的に進めるべきである」とする質問に対しても、95.1％の市長が肯定的な意見を明らかにした。

　一方、官僚制の問題を克服するため、NPMでは職員の裁量権を認めた上で、職員の活動を成果・結果によって評価し、彼らにインセンティヴを与えることによって、エージェント・コストの削減を試みる。これに関連して「公務員の質の向上を図るため、能力に応じた給与体系に転換する必要がある」という成果・結果によるインセンティヴの提供に対しては、33.6％の市長が「賛成」しており、61.3％の市長が「どちらかといえば賛成」と回答した。また、「職員に職務遂行の裁量権を与えるべきである」とする意見に対しては、

87.0％の市長が肯定的な姿勢を示しており，それに対して13.0％の市長が反対の意思を明らかにした。

このように，NPMの諸原理に対する市長の認知態度は，大体肯定的な意見を有しており，その程度において多少異なることがわかる。また，こうしたNPMの諸原理に対する市長の認知態度は，現在自治体において行われる行政改革に対する改革志向と考えられ，自治体の政策パフォーマンスにも影響を与えている。このため，次の仮説を検証することにしたい。

仮説2　市長の改革志向が強いほど，革新政策のパフォーマンスは高い。

3．議会要因

二元代表制を採用している自治体において地方議会の影響力は，首長に比べあまり大きくないというのが一般的見解であるものの，全くないわけではない。「根回し」と「口利き」と言われるように，構造化された執行機関と議会との関係は，特に新政策採用を左右する重要な要因である。例えば，小林他（1987）[21]，酒井（1999）[22]の調査結果によると，議会は首長に続いて二番目の影響力を有していると指摘されている。一方，改革政策に対しては，伊藤（2002）は中央の自民党が採用していない政策について地方の自民党が積極的な態度をとるとは考えにくいと指摘し[23]，情報公開条例に対する分析を通じて，自民党議員が過半数を超える都道府県において条例制定の可能性が低下することを明らかにした[24]。

実際，自治体における自民党の地方議員は，自営業者と第一次産業従事者，建築・土木関係の職業者が多く，土着的傾向が著しいと言われる[25]。こうし

---

(21)　小林良彰他（1987）『アンケート調査にみる地方政府の現実－政策決定の主役たち』学陽書房，63－64頁。
(22)　酒井克彦（1999）「市町村会議員の自治体政策過程での役割に関する一考察－石川県内の市町村を対象として」『日本公共政策学会年報』。
(23)　伊藤（2002），75頁。
(24)　伊藤（2002），263－264頁。
(25)　上橋泉「あなた方の冷淡さが政治をダメにした」
　　http://www.sankei.co.jp/ pr/seiron/koukoku/2000/ronbun/11-r2.html 参照。

た土着的な傾向をもつ自民党主導の議会は，新政策や改革政策に対して慎重な姿勢を示す可能性が高い。したがって，本章では，以下の仮説を検証するために市議会の自民党議席率を用いて，市の改革政策パフォーマンスとの関係を検討することにしたい。

仮説3　市議会における自民党議員の議席率が高いほど，革新政策のパフォーマンスは低い。

4．組織規範要因

本書では，制度的環境に対する自治体職員の認知・解釈フレームとして組織規範を提起し，それらの組織規範が自治体の政策パフォーマンスに影響を与えると仮定した。また，組織規範は，官僚の個人行動をコントロールしながら，組織行動に変換させる媒介となり，自治体の政策パフォーマンスに正のフィードバックをもたらす奨励的・命令的な機能を果たすと期待される。

一方，こうした組織規範の内容は，どのように特定化されればよいだろうか。組織規範は制度的環境に対する自治体の認知・解釈フレームとなるので，当然，制度的環境によってそれらの内容を導き出すことが可能であろう。自治体を取り巻く制度的環境に対して前章では，NPMをはじめとするマネジャリアリズム，脱官僚制志向，市場原理志向などの新たな行政価値の変化を取り上げた。また，2000年地方分権一括法に伴う地方分権改革も，自治体に対して「自己決定・自己責任」の強化を要求する制度的環境になると論じた。

例えば，従来の官僚制におけるコスト意識の不足や責任所在の曖昧さ，形式主義といったものは常に指摘されており，行政活動において，経験，忠誠，専門知識が強調された行政から，刺激と動機付与による管理的技術，結果志向が重視される行政へ変化が求められる[26]。

2001年の「日米韓FAUIプロジェクト」調査では，上記の内容に関連する質問項目を設けて，財政課長と総務課長となる市の職員に対して回答してもらった（表6-3）。調査内容では，NPMの諸原理に対する市長の認知態度を尋ねた内容と同様に，NPMに関わる「受益者負担の原理」，「アウトソーシング」，「責任所在の明確化」などが含まれた。それらに付け加えて，伝統官

---

(26)　Mascarenhas (1993), pp. 325.

表6－3　2001年調査の質問項目

項目	調査内容
受益者負担の原理	現行以上の受益者負担を進める必要がある
アウトソーシング	サービスのアウトソーシングを積極的に進めるべきである
官僚の裁量権拡大	職員に職務遂行の裁量権を与えるべきである
責任所在の明確化	政策責任の所在は，民間企業のように明らかにしなくてはならない
上司に対する忠誠・服従	各部局の職員は，経験のある上司の意見には反対しない方が良い
行政業務における匿名性	公務員の職務関連情報について，公務員の職務や氏名を公開すべきだ
政策形成における住民参加	政策を形成するには専門的な知識が必要であるため，直接的な住民の参加は望ましくない
住民投票の結果受容	住民投票の結果が国の政策と衝突した場合であっても，首長は住民投票の結果に従わなくてはならない

僚制の問題に関わる「上司に対する忠誠・服従」，「行政業務における匿名性」や，住民参加志向の「政策形成における住民参加」，「住民投票の結果受容」などを取り上げた。

　しかし，当時の調査においてすべての質問項目が，本書が設定する「組織規範」という概念に沿って作成したものではない。たとえば，「受益者負担の原理」に対して「現行以上の受益者負担を進める必要がある」という言及であり，規範的な要素を有していない。つまり，第2章において指摘したように，組織規範が規範的要素を有するため，「……すべきである」という言明ではない。また，官僚制のヒエラルキー構造による組織の硬直性にかかわる「上司に対する忠誠・服従」では，「各部局の職員は，経験のある上司の意見に反対しない方が良い」という言い回しとなっており，自治体の組織規範というよりも，組織文化もしくは組織風土に近い内容による調査として行われたものである。

　こうした問題にもかかわらず，その他の質問項目に対しては，本書が設定した組織規範の内容を有していると判断し，ここでは上記の項目を用いて各市の職員に内在している組織規範を特定化することにしたい。上記の八つの調査項目に対して主成分分析を行った結果は，表6－4のとおりである。

　主成分分析の結果をみると，第一成分に，受益者負担の原理，アウトソーシング，官僚の裁量権拡大が，第二成分に，責任所在の明確化，上司に対する忠誠・服従，行政業務における匿名性が関わっていることが明らかになった。さらに，政策形成において市民参加や住民投票の結果が中央政府の政策と衝突しても住民の意見に従うべきである，という住民投票の結果受容が第

表6-4 組織規範の主成分分析

	第一成分 管理主義志向の 政策執行規範	第二成分 脱官僚制志向の 組織運営規範	第三成分 住民参加志向の 公共参加規範
受益負担の原理	0.817	−0.183	0.068
アウトソーシング	0.663	0.263	−0.219
官僚の裁量権拡大	0.572	0.313	0.031
責任所在の明確化	0.088	0.662	−0.165
上司に対する忠誠・服従	−0.072	−0.427	0.533
行政業務における匿名性	−0.119	−0.683	0.011
政策形成における住民参加	−0.039	0.188	0.764
住民投票の結果受容	−0.062	0.381	0.647
寄与率（％）	23.8	15.9	13.1

三成分にまとめられた。この結果によれば，都道府県の職員に対する組織規範の抽出結果と同様であることがわかる。すなわち，第一成分を「管理主義志向の政策執行規範」，第二成分を「脱官僚制志向の組織運営規範」，第三成分を「住民参加志向の公共参加規範」と呼ぶことができるのである。

次に，これらの「管理主義志向の政策執行規範」，「脱官僚制志向の組織運営規範」，「住民参加志向の公共参加規範」に関わる仮説を示すと，以下のとおりである。

　　仮説4-1　管理主義志向の政策執行規範が高い市ほど，革新政策のパフォーマンスが高い。
　　仮説4-2　脱官僚主義志向の組織運営規範が高い市ほど，革新政策のパフォーマンスが高い。
　　仮説4-3　住民参加志向の公共参加規範が高い市ほど，革新政策のパフォーマンスが高い。

また，分析モデルにおいては，八つの調査項目から得られた財政担当者と総務担当者における主成分得点の平均を，各市における組織規範の程度として用いることにしたい。

第3節　実証分析

以下では，上記において指摘した各市の改革政策パフォーマンスを規定する要因，すなわち，財政的環境と地域社会となる環境要因，市長要因，議会

要因，組織規範要因がいかなる影響をもつかを検討する。また，政策パフォーマンスは，各市において採用している各種の革新的な制度・政策の運営実態を反映して従属変数として用いられており，具体的には，透明化政策，効率化政策，市民参加政策が挙げられる。透明化政策とは，主に情報公開制度に関わるもので，行政活動の透明性のために，各市が行っている政策内容が取り上げられる。続いて効率化政策とは，行政評価制度，会計手法，民間委託などの行政効率を図る改革政策パフォーマンスである。また，住民参加政策には，パブリック・コメント制度，NPO支援条例，地域施設運営における住民参加といった，各市の行政領域における住民の意見・参加を促す政策・制度が含まれる。

ここでは四つの分析モデルを設定する。つまり，財政的環境，地域社会など環境要因からするモデルⅠ，それに議会要因，市長要因を加えたモデルⅡとモデルⅢが設定される。なおかつ，本書における組織規範は，前の諸要因とともに投入されるモデルⅣを用いてその影響を検証する。

透明化政策パフォーマンスに対する重回帰分析の結果（表6－5），環境要因のみ投入されたモデルⅠでは，「一人あたり補助金」と「専門職業従事者比率」が有意な結果を示した。まず，中央政府への依存度を示す「一人あたり補助金」においては負の影響が検証され，財政的な自由度が高い市ほど，透明化政策パフォーマンスが高いことがわかった。また，専門職業従事者の比率が高い市ほど，市の行政における透明性の確保に積極的であることが明らかになった。「経常収支比率」については，有意水準5％に満たさないものの（p=0.098），負の影響を与え，自治体の財政的な余裕が改革政策パフォーマ

表6－5　透明化政策パフォーマンス（重回帰分析）

要因	変数	モデルⅠ β	モデルⅠ p	モデルⅡ β	モデルⅡ p	モデルⅢ β	モデルⅢ p	モデルⅣ β	モデルⅣ p
財政的環境	経常収支比率	−0.095	0.098	−0.092	0.105	−0.082	0.148	−0.083	0.138
	一人あたり補助金	−0.157	0.006	−0.153	0.008	−0.140	0.014	−0.132	0.020
地域社会	専門職業従事者比率	0.244	0.000	0.262	0.000	0.252	0.000	0.256	0.000
議会	自民党議員議席率			−0.091	0.116	−0.103	0.073	−0.111	0.053
市長	市長の改革志向					0.160	0.005	0.124	0.040
組織規範	管理主義志向の政策執行規範							0.053	0.365
	脱官僚制志向の組織運営規範							0.101	0.076
	住民参加志向の公共参加規範							0.088	0.119
決定係数（調整済み）		0.090		0.095		0.117		0.126	
N		281		281		281		281	

ンスを生み出すことが確認された。

次に，モデルⅠに議会要因を投入したモデルⅡでは，環境要因においてモデルⅠと同様な結果が得られたが，「自民党議員議席率」に対しては有意な結果が得られなかった。さらに，市長要因を加えたモデルⅢの結果では，「一人あたり補助金」，「専門職業従事者比率」，「市長の改革志向」が有意な結果を示した。つまり，財政的依存度が低く，専門職業従事者比率が高く，市長の改革志向が高い市ほど，市の透明化政策パフォーマンスが高いことが明らかになった。また，モデルⅡでは有意でなかった「自民党議員議席率」は，モデルⅢにおいて有意水準10％で，負の影響力をもつことが検証された。

ここまでの分析結果は，従来の研究によって示された結果と違いがなく，とりわけ，市長要因と環境要因が大きな影響力を有している。それでは，本書が設定した組織規範要因はどうだろうか。すべての変数を投入したモデルⅣの結果，有意水準５％に満たされていないが，市の透明化政策パフォーマンスに対して「脱官僚制志向の組織運営規範」が正の影響を与えていることが明らかになった。つまり，従来の官僚制における匿名性を拒否しながら，責任所在を明確するという組織運営規範が強い市では，行政の透明性のために，より積極的な情報公開制度を採用している。その他，「一人あたり補助金」，「専門職業従事者比率」，「自民党議員議席率」，「市長の改革志向」などの変数が依然として有意な結果を示している。

次に，効率化政策パフォーマンスに対する分析結果を検討することにしたい（表6－6）。モデルⅠでは，「経常収支比率」と「専門職業従事者比率」（p=0.052）が有意な結果を示しており，上記の透明化政策パフォーマンスと

表6－6　効率化政策パフォーマンス（重回帰分析）

要因	変数	モデルⅠ β	モデルⅠ p	モデルⅡ β	モデルⅡ p	モデルⅢ β	モデルⅢ p	モデルⅣ β	モデルⅣ p
財政的環境	経常収支比率	−0.243	0.000	−0.244	0.000	−0.234	0.000	−0.237	0.000
	一人あたり補助金	−0.041	0.477	−0.045	0.440	−0.032	0.579	−0.023	0.683
地域社会	専門職業従事者比率	0.113	0.052	0.099	0.095	0.089	0.128	0.089	0.129
議会	自民党議員議席率			0.070	0.233	0.059	0.315	0.052	0.373
市長	市長の改革志向					0.154	0.008	0.117	0.057
組織規範	管理主義志向の政策執行規範							0.060	0.320
	脱官僚制志向の組織運営規範							0.115	0.047
	住民参加志向の公共参加規範							0.052	0.369
決定係数（調整済み）		0.066		0.067		0.087		0.095	
N		281		281		281		281	

同様な結果が得られた。ただ，ここでは，「一人あたり補助金」でなく，「経常収支比率」が有意であるが，いずれにしても市の財政的な余裕を表す指標である。

続いて，モデルⅡとモデルⅢを分析した結果，「経常収支比率」とともに「市長の改革志向」がそれぞれ負と正の影響を与えている。つまり，財政的な余裕がある市ほど，なおかつ改革志向が強い市長を有している市ほど，行政の効率化に積極的である。その一方で，「専門職業従事者比率」と「自民党議員議席率」では有意な結果が得られなかった。また，モデルⅣにおいては，市の効率化政策パフォーマンスに対して「経常収支比率」，「市長の改革志向」（p=0.057），「脱官僚制志向の組織運営規範」が影響を与えている。とりわけ，透明化政策パフォーマンスに対する影響力が検証された「脱官僚制志向の組織運営規範」は，市の効率化政策パフォーマンスに対しても正の影響を与えている。

最後に，市の住民参加政策パフォーマンスに対する分析結果を検討すると（表6-7），ほとんどの変数において有意な結果が得られず，モデルⅢにおいて「市長の改革志向」のみが正の影響を与えていることが明らかになった。

ここで，透明化政策，効率化政策，住民参加政策など三つの改革政策パフォーマンスに対する分析結果（モデルⅣ）をまとめてみると，従来の政策決定研究において検証された環境要因の中で，「経常収支比率」，「一人あたり補助金」などの財政的環境と，地域社会の特性である「専門職業従事者比率」は，本章の分析においても市民参加政策を除き，各政策パフォーマンスに影響を与えていることが明らかになった。つまり，財政的な余裕をもつ市ほど，

表6-7 住民参加政策パフォーマンス（重回帰分析）

要因	変数	モデルⅠ β	モデルⅠ p	モデルⅡ β	モデルⅡ p	モデルⅢ β	モデルⅢ p	モデルⅣ β	モデルⅣ p
財政的環境	経常収支比率	-0.078	0.194	-0.077	0.200	-0.067	0.262	-0.070	0.242
	一人あたり補助金	-0.036	0.552	-0.034	0.575	-0.021	0.724	-0.013	0.822
地域社会	専門職業従事者比率	0.037	0.533	0.045	0.462	0.036	0.558	0.042	0.496
議会	自民党議員議席率			-0.038	0.536	-0.049	0.418	-0.057	0.347
市長	市長の改革志向					0.152	0.012	0.115	0.071
組織規範	管理主義志向の政策執行規範							0.080	0.198
	脱官僚制志向の組織運営規範							0.052	0.387
	住民参加志向の公共参加規範							0.076	0.201
決定係数（調整済み）		0.001		0.004		0.016		0.018	
N		281		281		281		281	

革新政策のパフォーマンスが高いのである。しかし,「専門職業従事者比率」においては,住民参加政策パフォーマンスに影響を与えず,中谷 (2005) の研究と異なる結果となったものの,透明化政策パフォーマンスに強く影響 ($β$=0.256) を与えていることは明らかである。一方,議会要因である「自民党議員議席率」は,透明化政策パフォーマンスに負の影響を与えており,仮説どおりの結果が得られた。なお,効率化政策パフォーマンスと住民参加政策パフォーマンスにおいて,議会要因は有意でなかった。

組織規範要因については,透明化政策パフォーマンスと効率化政策パフォーマンスに対して,「脱官僚制志向の組織運営規範」が正の影響を与えていることが実証された。つまり,責任所在の明確化,組織の柔軟な運営などに対する職員の規範的姿勢は,行政の透明性とともに効率性に関わるパフォーマンスを向上させている。

第4節　市長の改革志向

最後に,市長要因である「市長の改革志向」は,すべての改革政策パフォーマンス (ただ,住民参加政策においては p=0.071) に対して正の影響を与えていることが示された。これは,従来の研究において指摘されたように,自治体の政策決定に対する首長の影響力を改めて確認する結果である。さらに,市長の改革志向に関する内容が NPM の諸原理であることを踏まえてみると,近年の自治体の改革が NPM 型の行政改革を目指していることを間接に物語っているといえる。こうした結果は,アメリカにおける市の改革政策とシティマネージャーの特性の関係を検討した研究においてもみられる。R. C. カーニーなど (R. C. Kearney et. al., 2000[27]) は,ICMA による調査データを用いて,各市の革新戦略に対する規定要因を分析した。その結果,市の革新戦略に対してシティマネージャーの NPR (National Performance Review) に対する認知態度,シティマネージャーの経歴,財政状況の良さ,公務員数 (自治体規模) が正の影響を与えていることを明らかにした。さらに,彼らによると,シティマネージャーの NPR[28] に対する認知態度は,現職在任期間と

---

(27)　Kearney, Richard C., and Feldman, Barry M., and Scavo, Carmine P.F. (2000). "Reinventing Government: City Manager Attitudes and Action", *Public Administration Review*. Vol. 60(6), pp. 535-548.

財政環境，公務員数などによって規定される。こうした起業家的リーダーシップに対する研究結果は，他の研究においてもみられる。すなわち，起業家的リーダーシップをもつ市長は財政的な余裕をもつ市において存在する[29]。

そこで，NPMの諸原理に対する市長の認知態度は，どのような要因によって規定されるかを検討してみたところ（表6－8），上記のアメリカの市に対する分析とは多少異なる結果が示された。

分析の結果，市長の属性である「当選回数」と「推薦政党数」が有意な結果をみせている。すなわち，当選回数が少なく，推薦政党数が多い市長ほど，NPMに対して積極的である。また，「経常収支比率」と「専門職業従事者比率」，前回市長選における市長の「得票率」などが有意水準10%で有意な結果を示した。

これらの分析結果は，日本の市においては，財政的環境などの環境要因というよりも市長の個人属性が市長の改革志向を規定するといえる。

以上，市レベルにおける革新的政策の運営実態の相違を反映する政策パフォーマンスを被説明変数とし，従来の政策決定研究における諸要因とともに，三つの組織規範の影響を検証した。その結果，各市の改革政策のパフォーマン

表6－8 「NPMに対する市長の認知態度」の規定要因

変数	B	S.E.	β	t	p
経常収支比率	−0.034	0.020	−0.088	−1.661	0.098
一人当たり補助金	−0.008	0.006	−0.068	−1.263	0.207
専門職業従事者比率	31.815	17.915	0.096	1.776	0.077
当選回数	−0.369	0.111	−0.191	−3.312	0.001
得票率	−0.018	0.011	−0.096	−1.663	0.097
推薦政党数	0.228	0.086	0.160	2.668	0.008
定数	20.231	1.893	—	10.687	0.000
R^2	0.071				
調整済み R^2	0.055				
N	341				

---

(28) クリントン政権のNPRは，政府組織の起業家精神（entrepreneurship）を強調しており，NPMのアメリカ版ともいえる。

(29) Schneider, Mark, and Paul Teske. (1992). "Toward a Theory of the Political Entrepreneur: Evidence from Local Government." *American Political Science Review*. Vol. 86(3), pp. 737-747; Teske, Paul, and Schneider, Mark. (1994). "The Bureaucratic Entrepreneur: The Case of City Managers." *Public Administration Review*, Vol. 54(4), pp. 331-340.

スに対して，従来先行研究によって検証された要因（財政的要因，地域社会要因，議会要因，市長要因）とともに，組織規範要因の影響力が検証された。つまり，組織規範が自治体の政策パフォーマンスに正のフィードバックをもたらす奨励的・命令的な機能を果たすことが明らかになった。

　しかし，市レベルの組織規範に対する分析では，多くの問題が存在するといわざるを得ない。まず，職員データのサンプル数が問題となる。ここで用いられた2001年の「日米韓FAUIプロジェクト」調査における職員データは，各市の財政課長と総務課長の二人に関するものである。市政において財政課長と総務課長が占める役割を考えると，彼らの示す組織規範が市職員の全体を表わすといえないことはないが，これらによって特定化された組織規範を「自治体の組織に内在する組織規範」とするには違和感があることは否定できない。また，このサンプル数の問題は，「自治体間における組織規範」の検証にも関わる。組織規範の定義に対して，本書では，「自治体の政策過程において規範的機能を果たし，その共有程度によって各自治体の組織的特性が顕著となる」と指摘した。なぜならば，組織規範によって各自治体の特性を浮き彫りにするために，特定の組織規範に対する職員の同調・支持程度だけでなく，自治体の職員間における共有程度が検討される必要があるからである。つまり，特定の組織規範に対して職員の共有程度が自治体間で異なることが要求されており，こうした相違によって自治体の組織的特性としての組織規範が有効となる。その他，前述したように，組織規範に対する調査内容においては規範的表現や組織文化との区別などの注意が要求される。

第 7 章　組織規範の形成・促進要因

第 1 節　はじめに

　前章では，自治体の政策バリエーションに対して，本書が設定した組織規範，すなわち，「管理主義志向の政策執行規範」，「脱官僚制志向の組織運営規範」，「住民参加志向の公共参加規範」の影響力を検証した。つまり，制度的環境に対する認知・解釈フレームとしての組織規範は，前述したように，自治体の政策過程において職員の個人行動を組織行動に変換する機能を果たし，自治体の政策パフォーマンスに対して奨励的規範として働いていることを明らかにした。さらに，これらの組織規範は，自治体における職員の責任行動と組織文化に影響を与えていることがわかった。
　一方，第 3 章では，これらの三つの組織規範の中で，「脱官僚制志向の組織運営規範」と「住民参加志向の公共参加規範」に対する職員の共有程度は，都道府県間において相違がみられていることを明らかにして，本書における組織規範が自治体の組織特性を反映していることを示した。中でも，「脱官僚制志向の組織運営規範」と「住民参加志向の公共参加規範」は，第一次分権改革以降の「職員レベルでの意識変化」と「都道府県の条例制定」に対して正の影響を与えている。つまり，これらの二つの組織規範は，職員の個人がもつ規範的価値として職員の責任行動に影響を及ぼすだけでなく，自治体間における政策バリエーションに影響を及ぼす組織的特性である。これらのことから，本書において自治体の組織特性を示す組織規範は，自治体の職員においてどの程度共有・内在化されているかによって，組織行動および政策パフォーマンスに対して有効に機能する。

こうした結果を受けて，本章では，「自治体の職員における組織規範の共有・内在化は，どのように形成・促進されるだろうか」という問いについて，理論的な議論というより実証分析を通じて検討することにしたい。

第2節　組織規範の形成・促進要因

自治体における組織規範は，マクロ・レベルの制度的環境に対する認知・解釈フレームなので，マクロ・レベルの制度的環境の変化によって組織規範が形成される。本書では，近年の NPM をはじめとする行政価値の変化や分権改革による制度変化に注目し，組織規範の特定化を試みた。しかし，こうしたマクロ・レベルの制度的環境の変化に関わる組織規範の内容は，すべての自治体に所与とされたものである。何故ならば，自治体を取り巻くマクロ・レベルの制度的環境に対する自治体の対応は，自治体という組織の正当性に関わるので，それに対して自治体は，政策過程に対する価値体系を形成することが求められるからである。しかし，職員に対してすべての自治体が，こうしたマクロ・レベルの制度的環境に関わる価値を注入し，組織規範化を試みたとしても，職員の間に内在・共有の程度が異なるので，自治体の間における偏差が生じる。つまり，マクロ・レベルの制度的環境によって組織規範の内容が形成されるが，自治体において組織規範が内在もしくは促進されるには，何らかの自治体の内部要因が働くのである。

まず，自治体の職員に対して価値の注入を試みるのは，当然首長であろう。例えば，自治体の改革を唱える首長が最も強く指摘するのは，職員の意識改革である。何故ならば，自治体の政策決定・執行において職員の存在は不可欠である以上，職員に対して首長が自分の目指すビジョンを説明し同調を得る過程は，自治体の行政改革において最も肝心なものだからである。これに対して公共管理論では，最高管理者のリーダーシップこそが組織の戦略，管理方式に影響を与え，結局，組織の文化・規範を決定すると指摘した[1]。

一方，職員の意識に対する組織構造と地域環境の影響を指摘する研究もある。コンティンジェンシー理論に立ってイギリスの自治体を分析したグリーンウッドら[2]は，組織構造に影響を与える状況要因を分析する際，間接効果

---

(1) Calori and Sarnin (1991), p. 51.
(2) Greenwood, Hinings and Ranson (1975), Part II, p. 180.

モデルを提示した。そのモデルの中で，組織構造に影響を与える組織フィルターであるイデオロギーは，地域環境，組織の機能的分散の影響を受けると主張した。とりわけ，自治体は準マクロ・レベルの地域社会に対応しなければならない。首長ならび議会においては，地域社会の特性が選挙という政治の場を通して反映されるといえる。また，こうした地域社会の政治的代表者は，官僚組織とともに自治体の政策過程を通じて，地域社会のニーズに応える。それに対して自治体の官僚組織は，首長と議会のリーダーシップの影響を受けながらも，地域社会と接する機会が多い。近年，自治体の行政活動に対する地域住民の関心が高まり，自治体の行政に対する関心は政治参加を含む多様な地域社会への参加活動を引き起こしている。こうした地域住民の参加活動は，自治体における職員の意識および行動にも影響を与えると考えられる。いわゆる，地域社会の歴史的・文化的特性は，自治体の政策過程に対して「地域的規範（regional norm）」として影響を与える[3]。

次に，二元代表制の一翼を担当している議会の存在が取り上げられる。執行部に対して地方議会は，地域住民の選好を形成・表示して政策を生産する役割とともに，行政活動に対する牽制の機能を果たしている。こうした点を踏まえると，現状は，二元代表制の制度的問題と地方議員の資質によって，地方議会の役割が積極的な政策活動というよりも，牽制の機能に傾いている。しかし，牽制機能をもった地方議会と執行部との緊張関係は，首長と職員にとって持続的な行政改革の触媒剤である。それに対して，逆に執行部に対して地方議会が牽制の役割を怠けると，自治体の行政活動は惰性に陥って革新的思考が生じにくい。こうした執行部に対する議会のチェック機能が，地方分権時代において重要であることは，最近の北海道夕張市における財政破綻の例からも改めて実感される。

このように，自治体の職員に影響を与えながら，組織規範を形成・促進させる要因として，首長，議会，組織構造，地域社会などが考えられる。

そこで，果たして上記の要因が職員の組織規範に影響を与えているか否かについて実証分析を試みたい。また，分析方法においては，多水準のデータに対する分析が可能な階層線形モデル（HLM, Hierarchical Liner Model）を用いることにしたい。本書における組織規範のデータは，職員個人から得られ

（3） Sharkansky (1970), p. 187.

た意識調査データである。それに対して，職員個人の組織規範に影響を及ぼすと想定された諸要因は，首長，議会，地域社会など自治体の特性を示す組織レベルのデータであるので，一般の回帰分析モデルにおいては処理しくにい。すなわち，一般の回帰分析では，単一の分析水準を前提とするので，多水準（個人レベルと自治体レベル）のデータを一つのモデルに投入することが難しい。したがって，ここでは，自治体レベルの諸要因と職員の組織規範の関係を検討するために，多水準のデータを融合し，一つのモデルとして分析できる階層線形モデルを用いることにする。

第3節 組織規範の形成・促進要因に対する実証分析：
HLM（Hierarchical Liner Model）モデルによる分析

1．階層線形モデル

階層線形モデルとは，多水準のカテゴリーごとに推定値（回帰係数，切片）が異なるという仮定を取り入れた分析モデルであり[4]，分析モデルに個人レベルのデータと組織（集団）レベルのデータを同時に入れることにより，各水準間の関係をみることができる分析方法である。

階層線形モデルにおける一般的な回帰式は，個人レベル（レベル1）と組織レベル（レベル2），それぞれの回帰式をもつ[5]。まず，レベル1の式は

$$Y_{ij} = \beta_{0j} + \beta_{1j}(X_{ij} - X_j) + \gamma_{ij} \tag{1}$$

であり，レベル2の式は，

$$\begin{aligned}\beta_{0j} &= \gamma_{00} + \gamma_{01}W_j + \mu_{0j} \\ \beta_{1j} &= \gamma_{10} + \gamma_{11}W_j + \mu_{1j}\end{aligned} \tag{2}$$

である。Y_{ij}は，j番目の自治体でi番目の職員に対するデータ（従属変数）の値である。X_{ij}は，j番目の自治体でi番目の職員に対するデータ（独立変数）の値である。独立変数は，自治体ごとの平均値でセンタリングしてある。つ

---

(4) 小宮山（2001），163頁。
(5) 階層線形モデルについては，Bryk and Raudenbush（1992）を参照した。

まり，独立変数の傾きは変更されず，切片の値が各自治体における従属変数の平均となる。さらに，切片（β_{0j}）と回帰係数（β_{1j}）の平均と分散は

$$E(\beta_{0j}) = \gamma_0 \quad Var(\mu_{0j}) = \tau_{00}$$
$$E(\beta_{1j}) = \gamma_1 \quad Var(\mu_{1j}) = \tau_{11}$$
$$Cov(\mu_{0j}, \mu_{1j}) = \tau_{01} \tag{3}$$

である。

例えば，職員の「脱官僚制志向の組織運営規範」は，自治体間の相違が存在し，その相違に対して地域社会の属性が影響を与えるという仮説を検証するならば，被説明変数の「脱官僚制志向の組織運営規範」（Y）に対する説明変数は，個人レベルの要因と組織レベルの要因となる。まず，個人レベルの要因では，年齢，職位，職務満足などの職員の個人属性に関わるものがある。組織レベルの要因は，地域社会の属性であり，例えば，地域住民のボランティア活動率を取り上げる。すると，「脱官僚制志向の組織運営規範」に対する説明変数の職務満足（X）（レベル1）と地域住民のボランティア活動率（W）（レベル2）の帰無仮説は，（4）のとおりである。

$$H_0 : \tau_{00} = 0$$
$$\tau_{11} = 0$$
$$\gamma_{01} = 0$$
$$\gamma_{11} = 0 \tag{4}$$

自治体間において職員の「脱官僚制志向の組織運営規範」の平均の差がなければ，$\tau_{00}=0$ であり，「脱官僚制志向の組織運営規範」に対する職員の職務満足の影響が，自治体間において差がなければ，$\tau_{11}=0$ となる。

さらに，自治体間において「脱官僚制志向の組織運営規範」と職務満足に対して，地域社会の特性である地域住民のボランティア活動率が影響を与えていないならば，$\gamma_{01}=0$，$\gamma_{11}=0$ となるのである。

以上をまとめると，次のようになる。図7－1のように，まず，AとBの自治体があると仮定する。

そこで，A自治体の職員の「脱官僚制志向の組織運営規範」の平均値はB

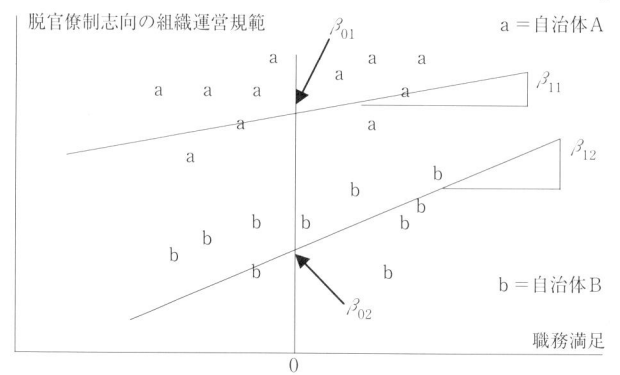

図7-1 自治体間における「脱官僚制志向の組織運営規範」

自治体の職員の「脱官僚制志向の組織運営規範」の平均より高いことがわかる（$\beta_{01} > \beta_{02}$）。それに対して，職員の「脱官僚制志向の組織運営規範」に対する職員の「職務満足」の影響力は，傾きが緩く，A自治体がB自治体よりも小さいのである（$\beta_{11} < \beta_{12}$）。このようなAとBの自治体間における「脱官僚制志向の組織運営規範」の相違が，自治体レベルの特性（地域住民のボランティア活動率）によって生じるかを検証するため，階層線形モデルでは，各自治体における職員の「脱官僚制志向の組織運営規範」の平均である切片（β_{01}, β_{02}）と，職員の「脱官僚制志向の組織運営規範」に対する職員の「職員満足」の影響力である回帰係数（β_{11}, β_{12}）を被説明変数とし，各自治体の地域住民の「ボランティア活動率」を説明変数とする回帰分析を行うことになる。

このように，階層線形モデルでは，個人レベルのデータと組織レベルのデータを一つのモデルに投入することによって，個人のもつ特性に対する組織の特性の影響を検証することが可能となる。

次に，これらのことを踏まえて実証分析を試みるが，本章における従属変数である組織規範は，「脱官僚制志向の組織運営規範」と「住民参加志向の公共参加規範」とする。「管理主義志向の政策執行規範」の場合，第3章の分析結果において都道府県間の相違が見られておらず，かつ，都道府県の条例制定に対する分析においても有意な結果を示さなかったので，「自治体の組織特性としての組織規範」の特徴が弱いと考えられる。したがって，ここでは，都道府県間において相違をみせながらも，都道府県の条例制定に影響を与えている「脱官僚制志向の組織運営規範」と「住民参加志向の公共参加規範」を取り上げて分析を進めることにしたい。

また，独立変数については，職員個人レベルの要因として「年齢」，「在任期間」，「職務満足」が投入される。その中で，都道府県に職員の「職務満足」については，自らの仕事に対する満足度に関わる四つの項目による主成分得点を用いることにしたい[6]。組織研究，とりわけ組織における個人の心理的な側面を強調する分野では，職務満足と組織成果の関係を示す数多くの実証分析が行われた。E．A．ロック（E. A. Locke, 1976）[7]は，組織における個人は職務を遂行することによって獲得される代価や利得が得られるが，それらに対する評価の結果が反映されたものを職務満足と定義した。また，職務満足は，職場の全体的な環境にも関わっているので，組織管理において重要な要因として扱われてきた。近年では，職務満足とともに，組織に対するコミットメントが用いられて，組織の成果に対する影響を検討するようになった[8]。ここでいう組織に対するコミットメントとは，組織の目標と価値に対する信念と受容，組織に対する献身，メンバーシップの維持に対する意志などによって特徴付けられる一体感を意味する[9]。また，職務満足と組織に対するコ

---

(6) 職務満足は，Tsui et al. (1992) が用いた項目を参照し，以下の四つの項目に対する主成分分析の得点を用いた。主成分分析の結果は以下のとおりである。また，寄与率は62.2％である。

	第一成分
仕事を楽しくやっている	0.803
仕事に幸せを感じている	0.884
余暇時間より仕事時間が楽しい	0.669
現在の仕事に満足	0.782

(7) Locke, E. A. (1976). "The Nature and Causes of Job Satisfaction." in M. D. Dunnette (eds.), *Handbook of Industrial and Organizational Psychology.* Chicago: Rand Mcnally, pp. 1297-1349.

(8) Leong, C. S., Adrian Furnham, and Cary L. Cooper. (1996). "The Moderating Effect of Organizational Commitment on the Occupational Stress Outcome Relationship." *Human Relations.* Vol. 49(10), pp. 1345-1355; Benkhoff, Birgit. (1997). "Ignoring Commitment is Costly: New Approaches Establish the Missing Link between Commitment and Performance." *Human Relations.* Vol. 50(6), pp. 701-726; Nouri, H. and R. J. Parker. (1998). "The Relationship between Budget Participation and Job Performance: the Roles of Budget Adequacy and Organizational Commitment." *Accounting, Organizations and Society.* Vol. 23(5-6), pp. 467-483.

(9) Porter et al. (1974), pp. 603-609; Steers (1977), p. 46.

ミットメントにおける因果関係については，研究者によって異なるが，両者の相関関係に対しては異論がない。つまり，職員の職務満足は，自治体に対する職員の一体感と関係があり，組織のもつ価値に対する共有の姿勢にも影響を与えるだろう。したがって，本章では，職場に対する職員の職務満足を組織規範の形成を促進する個人レベルの要因として取り上げることにしたい。

最後に，これらの組織規範を形成・促進する組織レベルの要因としては，前節の議論に基づいて「財政・組織規模要因」，「地域社会要因」，「議会要因」，「知事要因」とする四つの要因を設定する。

2．財政・組織規範要因

まず，「財政・組織規範要因」では，「財政力指数」と，「組織規模」を用いることにしたい。「財政力指数」などの自治体の財政的環境は，職員の意識と行動に何らかの影響を与えると思われるが，その影響の方向は判然としない。なぜならば，新しい価値に対する職員の受容は，豊かな財政的環境に恵まれてこそ，実験的な姿勢が生まれるかもしれないが，逆に劣悪な財政的環境の下で，職員の意識と行動における変化が強いられることもあるからである。

一方，「組織規模」は，都道府県の一般職員数によって測ることにする。自治体の組織規模は，組織規範を形成・促進する際，重要な構造変数として考えられる。一般に，組織規模が大きくなると，組織の分業化とともに複雑さが増加する。その結果，組織の管理者は，職員をコントロールするため，組織内の規則，手続きなどによる組織の公式化を図る[10]。こうした傾向は，近代社会における官僚制の典型的なものともいえるだろう。このことは，新しい制度的環境に対する職員の対応を遅らせる可能性を示唆することであり，とりわけ，本書における「脱官僚制志向の組織運営規範」に負の影響を与えると考えることができる。

そこで，上記の二つの変数，「財政力指数」と「組織規模」を組織レベルの要因とする階層線形モデルにおいて個人レベルの回帰式と自治体レベルの回帰式[11]は次のようになる。

---

(10) Mintzberg (1979), p. 233.
(11) 以下の「地域社会要因」，「議会要因」，「知事要因」に対する回帰式では，自治体レベルの変数だけが入れ代わることなる。

(個人レベル)
$Y_{ij} = \beta_{0j} + \beta_{1i}(年齢) + \beta_{2j}(在任期間) + \beta_{3j}(職務満足) + \gamma_{ij}$
(自治体レベル)
$\beta_{0j} = \gamma_{00} + \gamma_{01}(財政力指数) + \gamma_{02}(組織規模) + \mu_{0j}$
$\beta_{1j} = \gamma_{10}$
$\beta_{2j} = \gamma_{20}$
$\beta_{3j} = \gamma_{30}$

上記の回帰式に基づいたHLMの分析結果をみると(表7－1)，まず,「脱官僚制志向の組織運営規範」に対する分析では,「脱官僚制志向の組織運営規範」の平均値が都道府県間において相違が見られており(p=0.048)，個人レベルの「職務満足」が正の影響を与えている。また，自治体レベルの要因をみると,「組織規模」が各都道府県の平均値に対して，負の影響を示している。つまり，職員数が多い都道府県ほど，職員の「脱官僚制志向の組織運営規範」が弱い。それに対して「財政力指数」では有意な結果が得られなかった。

次に，「住民参加志向の公共参加規範」に対する分析結果をみると，都道府県間における組織規範の平均値が異なり(p=0.002)，個人レベルの要因にお

表7－1　組織規範に対する財政・組織規模要因の分析

	脱官僚制志向の組織運営規範				住民参加志向の公共参加規範			
Fixed Effect	Coefficient	s.e	t	p	Coefficient	s.e	t	p
自治体平均 Model								
切片, γ_{00}	.168	.130	1.284	.206	.128	.113	1.131	.265
財政力指数, γ_{01}	−.134	.346	−.388	.699	−.118	.413	−.287	.775
組織規模, γ_{02}	−.000	.000	−2.158	.036	−.000	.000	−.798	.429
年齢 Slope								
切片 γ_{10}	.000	.005	.011	.991	−.002	.003	−.826	.410
在任期間 Slope								
切片 γ_{20}	−.004	.001	−2.422	.016	−.001	.001	−.904	.367
職務満足 Slope								
切片 γ_{30}	.148	.050	2.921	.004	.113	.056	2.031	.042
Random Effect	Variance Component	df	χ^2	p	Variance Component	df	χ^2	p
自治体平均, μ_{0j}	.034	44	60.656	.048	.063	44	76.654	.002
Level-1 effect, γ_{ij}	.952				.926			

Level-1 units=513　Level-2 units=47

いては,「脱官僚制志向の組織運営規範」と同様に「職務満足」が正の影響を与えている。しかし,自治体レベルの要因における「財政力指数」と「組織規模」は,都道府県の平均値に影響を及ぼしていない。

3. 地域社会要因

次に,組織規範に対して地域社会の特性が影響力を有しているか否かについて検討したい。前節において指摘したように,地域社会に対する官僚組織は,首長や議会と違って,選挙の場でなく日常の行政活動を通して関係をもつことになる。そこで,本章では,「地域社会要因」として,地域社会に対する地域住民の関心もしくは行動を示すといえる「ボランティア活動率」[12]を用いることにしたい。

「脱官僚制志向の組織運営規範」に対する分析の結果（表7－2），都道府県間における平均の違いは,有意水準5％に満たないが,多少みられる（p=0.094）。また,組織レベルの「ボランティア活動率」は,正の影響を与えていることが明らかになった。つまり,地域社会に対する地域住民の行動が活発な都道府県ほど,都道府県における職員の「脱官僚制志向の組織運営規範」が高い。「脱官僚制志向の組織運営規範」の内容,すなわち,責任所在の明確

表7－2 組織規範に対する地域社会要因の分析

Fixed Effect	脱官僚制志向の組織運営規範				住民参加志向の公共参加規範			
	Coefficient	s.e	t	p	Coefficient	s.e	t	p
自治体平均 Model								
切片, γ_{00}	－.814	.363	－2.241	.030	.508	.352	－1.444	.156
ボランティア活動率, γ_{01}	.025	.011	2.310	.026	.015	.011	1.397	.169
年齢 Slope								
切片 γ_{10}	.000	.005	.011	.991	－.002	.003	－.826	.410
在任期間 Slope								
切片 γ_{20}	－.004	.001	－2.422	.016	－.001	.001	－.904	.367
職務満足 Slope								
切片 γ_{30}	.148	.050	2.921	.004	.113	.056	2.031	.042
Random Effect	Variance Component	df	χ^2	p	Variance Component	df	χ^2	p
自治体平均, μ_{0j}	.026	45	57.919	.094	.059	45	76.258	.003
Level-1 effect, γ_{ij}	.951				.927			

Level-1 units=513　Leve1-2 units=47

---

(12) データは,平成13年総務省「社会生活基本調査」によるものである。

化とともに行政活動における実名性の強化などは，行政活動の透明性に対する要求に関わり，地域社会に対する住民の積極性はこれらの要求を強めていくので，こうした地域社会の特性が職員の「脱官僚制志向の組織運営規範」を強化する。

一方，「住民参加志向の公共参加規範」で分析した結果，都道府県間における組織規範の平均値が異なるが（$p=0.003$），自治体レベルの要因である「ボランティア活動率」が有意な結果を示さなかった。

4．議会要因

「議会要因」では知事の推薦政党に所属する議員数である「与党議席率」と議員の代表活動における対象を自治体全体とする議員の割合である「代表活動（全体）」が用いられる。

大森[13]によると，地方議会は唯一の立法機関でも最高機関でもない。すわわち，地方議会は，地域の代表機関として首長と対等な関係に立ちながら，互いに代表性を認め合い，自治体の意思決定を行っていく共同責任を負っている。したがって，地方議会は，首長の執行部に対して牽制の機能を果たす「野党」の役割[14]をもつといえる。しかし，現状では，地方議会において「与野党」の意識が存在しており，議会の勢力分布によって自治体の運営が違ってくる。このような地方議会における「与野党」意識の背景には，首長選挙の際，首長に対する支持不支持があり，支持勢力の地方議員には首長の当選後，自治体の運営において「与党」としての協力意識が生じる。その結果，「与党」の議員と執行部においては，一種の「なれあい」が起こりやすく，緊張感がなくなり議会審議は著しく低調になる[15]。一方，首長においても，当選可能性とともに安定した自治体の運営のため，複数の政党から推薦を受ける相乗り型の首長が多くなる。こうした地方議会と執行部における「なれあい」の関係は，不必要な対立を生じさせないメリットもあるものの，相互牽制による政策能力の向上という視点で考えると，決して望ましいとはいえない。また，地方議会と執行部における緩い関係は，制度的環境の変化に対す

---

(13) 大森（2002），94頁。
(14) 大森（2002），96頁。
(15) 大森（2002），98頁。

る職員の対応を消極的な姿勢に留める。そこで，知事の推薦政党に所属している議員を「与党議員」とし，その議席率[16]が組織規範の形成・促進にどのような影響を与えるかを検討することにしたい。

さらに，地方議員の代表活動の類型は，執行部との関係において重要である。都道府県の地方議会は，市・郡を基本単位とする複数の選挙区から選出されているので，地方議員の代表対象は，「都道府県全体」と「選挙区」の間において代表のディレンマが生じる。本書における2005年都道府県調査データ[17]によると，都道府県議会議員の中で，44.7％の議員が自らの活動における関心対象が「自治体全体」と回答した[18]。それに対して「選挙区」と回答した議員は，49.3％であり，両者が拮抗している。その他，「政党（会派を含む）」に対する回答率は6.0％にとどまっている。

このような都道府県議会議員における代表対象については，両者ともに妥当性をもつと思われる[19]。ただ，中谷（2008）は，自らの代表対象が「自治体全体」と認識している議員ほど，「政策立案」，「政策審議」活動に対して積極的である一方，「世話役・相談役」に対しては消極的であると指摘している。これらのことから，都道府県議会の現状では，議員の活動を地元の選挙区というより自治体全体とする議員ほど，自らの活動時間において「政策立案」と「政策審議」の割合が高いことがわかる。また，こうした議員の割合が高い都道府県議会の特性は，制度的環境の変化に対する職員の積極的な姿勢を促し，組織規範の形成を促進するだろう。したがって，本章では，2005年都道府県調査における議員データから，代表対象として「自治体全体」と回答した議員の割合を都道府県別に集計して用いることにしたい[20]。

これらの「与党議席率」，「代表活動（全体）」を自治体レベルの要因とする階層線形モデルの分析の結果（表7-3），まず，「脱官僚制志向の組織運営

---

(16) 2005年8月現在の各政党・会派の議員を調べた。
(17) 都道府県議会議員に対する調査は，全対象者の2812名に送付し1103名の議員から回答を得た（回答率39％）。
(18) 具体的な質問項目では，「自身が議員活動をされるときに関心を払う対象」として，最も優先順位の高いものとは何かについて回答を得た。
(19) 西尾（2005），80-82頁。
(20) 最も高い割合を示した都道府県議会は，81.8％の京都府であり，大阪府（67.7％），鳥取県（66.7％），広島県（65.4％）などが続く。

表7－3　組織規範に対する財政・組織規模要因の分析

Fixed Effect	脱官僚制志向の組織運営規範				住民参加志向の公共参加規範			
	Coefficient	s.e	t	p	Coefficient	s.e	t	p
自治体平均 Model								
切片, γ_{00}	.406	.228	1.779	.082	－.262	.285	－.918	.364
与・党議席率, γ_{01}	－.303	.178	－1.702	.095	.097	.204	.478	.635
代表活動（全体）, γ_{02}	－.004	.004	－1.171	.248	.004	.004	.962	.342
年齢 Slope								
切片 γ_{10}	.000	.005	.011	.991	－.002	.003	－.826	.410
在任期間 Slope								
切片 γ_{20}	－.004	.001	－2.422	.016	－.001	.001	－.904	.367
職務満足 Slope								
切片 γ_{30}	.148	.050	2.921	.004	.113	.056	2.031	.042
Random Effect	Variance Component	df	χ^2	p	Variance Component	df	χ^2	p
自治体平均, μ_{0j}	.030	44	58.616	.069	.064	44	77.330	.002
Level-1 effect, γ_{ij}	.952				.926			

Level-1 units=513　Level-2 units=47

規範」においては，自治体間の平均に違いをみせながら（p=0.069），「与党議席率」が有意水準10%で負の影響を与えていることが明らかになった。すなわち，議会と執行部の間において緩い緊張関係を有している都道府県ほど，自治体の職員において「脱官僚制志向の組織運営規範」が生じにくい。一方，「代表活動（全体）」に対しては有意な結果が得られなかった。

次に，「住民参加志向の公共参加規範」に対する分析の結果，都道府県間における相違はみられるが，議会要因の変数は有意な結果を示さないことが明らかになった。

5．知事要因

多くの組織研究では，有効な組織文化の形成として最高管理者の役割を取り上げる。たとえば，シャーイン（Schein, 1985）は，リーダーが，自分の理念，前提（assumptions）を組織の日常生活に植えつけるために，一次的な植え付けメカニズム（primary embedding mechanisms）と二次的な明確・強化メカニズム（secondary articulation and reinforcement mechanisms）とするプロセスが必要であると主張した[21]。また，スコット（Scott, 1995）によると，リーダーシップの機能としては，組織成員の選択をガイドする認知的（cognitive）

---

(21)　Schein (1985), pp. 223-243.

機能と，組織成員に心的エネルギーを注入する（cathectic）機能があると指摘した[22]。

このような組織研究を取り上げるまでもなく，都道府県における知事の影響力は絶対的であり，それは職員の意識・行動パターンに大きな影響力をもつであろう。

そこで，本章では「知事要因」として，知事の経歴，党派性などによってその影響を検証することにしたい。具体的には，知事の経歴によって「官僚」[23]，「政治家」[24]を分類し，政党との関係による「無党派[25]」，とともに「得票率」などの変数を取り上げることにしたい。

「脱官僚制志向の組織運営規範」に対する分析の結果（表7－4），都道府県間における平均値では多少の相違を示した。さらに，知事要因においては，「官僚」と「無党派」が有意水準10％で影響力を有していることが明らかにな

表7－4　組織規範に対する知事要因の分析

Fixed Effect	脱官僚制志向の組織運営規範				住民参加志向の公共参加規範			
	Coefficient	s.e	t	p	Coefficient	s.e	t	p
自治体平均 Model								
切片, γ_{00}	－.009	.208	－.046	.964	－.330	.230	－1.431	.160
官僚, γ_{01}	－.221	.114	－1.934	.059	.125	.143	.873	.388
政治家, γ_{02}	－.191	.131	－1.453	.154	.002	.185	.013	.990
無党派, γ_{03}	.209	.118	1.763	.085	－.045	.119	－.383	.704
得票率, γ_{03}	.001	.002	.679	.501	.004	.002	1.543	.130
年齢 Slope								
切片 γ_{10}	.000	.005	.011	.991	－.002	.003	－.826	.410
在任期間 Slope								
切片 γ_{20}	－.004	.001	－2.422	.016	－.001	.001	－.904	.367
職務満足 Slope								
切片 γ_{30}	.148	.050	2.921	.004	.113	.056	2.031	.042
Random Effect	Variance Component	df	χ^2	p	Variance Component	df	χ^2	p
自治体平均, μ_{0j}	.025	42	54.396	.095	.061	42	71.868	.003
Level-1 effect, γ_{ij}	.954				.927			

Level-1 units=513　Level-2 units=47

---

(22)　Scott (1995), p. 41.
(23)　都道府県知事の中で，自治省などの中央省庁出身の知事を「1」とするダミー変数である。2005年8月現在，24名の知事が中央省庁の出身者である。
(24)　国会議員と市長の経歴をもつ知事であり，13名である。
(25)　選挙の際，どちらの政党からも推薦を受けなかった知事は，13名である。

った。つまり，中央官僚出身の知事の都道府県は，脱官僚制的志向が弱く，それに対して無党派知事の都道府県は，強い。中央官僚出身の知事の場合，中央政府もしくは自治体の官僚組織を経験したので，官僚制の問題を認識している一方，官僚制の有効性に対する信念ももつだろう。したがって，こうした知事は，都道府県の官僚組織をうまくコントロールできると期待されるが，逆に，官僚制のパターンを簡単に崩すことができない。ただ，近年の中央省庁出身知事は「政策能力」を標榜して当選し，その中には「改革派」もしくは「無党派・市民派」と呼ばれる知事も存在する。こうした知事は，行政活動に対する新しい価値を強調するので，制度的環境の変化に対して敏感に反応する。それは，本章の分析において「無党派」の変数が「脱官僚制志向の組織運営規範」に正の影響を与えることによっても説明される[26]。一方，「政治家」，「得票率」では，有意な結果が得られなかった。それに対して「住民参加志向の公共参加規範」の分析では，「知事要因」が有意な結果を示さず，都道府県間の相違だけがみられた。

　これまで，「自治体の職員における組織規範の共有・内在化は，どのように形成・促進されるだろうか」という問いについて，本章では階層線形モデルを用いて，自治体レベルの要因である「財政・組織規模要因」，「地域社会要因」，「議会要因」，「知事要因」による分析を試みた。

　分析結果を総括すると，分析対象となった「脱官僚制志向の組織運営規範」と「住民参加志向の公共参加規範」に対して，自治体レベルの要因が有意な結果を示したのは「脱官僚制志向の組織運営規範」だけであった。つまり，NPMなどによる行政価値の変化——責任所在の明確化，自律的管理（裁量権），行政活動における実名性，業績評価によるインセンティヴなど——に対する職員の価値体系は，都道府県レベルの特性によって形成・促進される。具体的に言及すると，組織規模（職員数）が小さく，都道府県議会との緊張関係を保っている都道府県の職員ほど，「脱官僚制志向の組織運営規範」が高いと言える。さらに，無党派知事下の職員ほど，地域社会における住民の積極性（ボランティア活動率）が強い都道府県の職員ほど，こうした組織規範を有していることが明らかになった。

---

(26) 本章のデータにおける無党派13名の中で，中央省庁の官僚出身は，佐賀県，鳥取県，岩手県，宮城県など4名である。

一方,「住民参加志向の公共参加規範」に対する分析では,個人レベルの「職務満足」以外に,自治体レベルにおいて有意な結果が得られなかったので,住民参加に対する積極的な職員の姿勢は,個人の属性によって規定されるのかもしれない。しかし,都道府県間における平均値の相違が「脱官僚制志向の組織運営規範」から浮き彫りになっていることを考慮すると,個人の属性による「住民参加志向の公共組織規範」の形成・促進という解釈は留保せざるをえないであろう。

おわりに

　本書では，地方分権時代における自治体間の政策競争が地方自治のメリットを生み出すという視点から自治体の政策バリエーションに着目し，その規定要因を検討した。このような作業は従来の政策決定研究が行ってきたテーマであるが，それに対して本書では，「ブラック・ボックス」と「官僚組織」という問題提起とともに，新たな解明を試みた。

　そのため，本書では，自治体の政策過程において官僚の個人行動と組織行動を媒介するものとして三つの組織規範——「管理主義志向の政策執行規範」，「脱官僚制志向の組織運営規範」，「住民参加志向の公共参加規範」——を設定した。本書における組織規範とは，制度的環境に対する自治体の認知・解釈フレームとして官僚の個人行動をコントロールしながら，組織行動に変換させる組織の価値・信念体系とし，それらは自治体の政策過程において規範的機能を果たし，その共有程度によって各自治体の組織的特性を顕著にさせると定義した。また，これらの組織規範は，1980年代以降のNPM型の行政改革による行政パラダイムの変化，地方分権改革などの制度的環境によって規定される。とりわけ，NPMに対して本書が注目したのは，行政における市場志向とともに新しい官僚制的パラダイム（post-bureaucratic paradigm）への転換であった。こうしたNPMによる行政価値の変化は，自治体の行政改革において圧倒的な位置を占めており，それに対する自治体の対応は，社会における自らの正当性を獲得する過程となりつつあるといえる。

　ただし，こうした英米流のNPM型の行政改革が日本の自治体行政にそのまま投影されているとは言えない。古川[1]は，NPM型の行政改革に対して日本は，法規国家（Rechtsstaat）としての制約があり，英米流の大胆な民営化

（1）　古川（2005），21-22頁。

やエージェンシー化などは無理であると指摘した上で，日本の行政改革は欧州大陸（ドイツ，フランスなど）のネオ・ウェーバー流（新官僚制）国家に近いものであると主張した。つまり，彼は日本の行政改革がウェーバーの官僚制に基づきながら市場メカニズムを取り入れるタイプであると主張した。こうした日本の行政改革の特徴は，都道府県の職員意識からも窺うことができ，新しい官僚制パラダイムあるいは行政価値に対して職員がアンビヴァレントな態度をもっているようにみえる原因となる。たとえば，「説明責任の対象」において「法律・手続き」よりも「成果・結果」を重視する職員の割合が高く，「行政のあり方」において「受益者の負担」，「アウトソーシング」，「市場原理の重視」などを挙げている職員が多い。しかし，「成果・結果」を重視しながらも「責任行動」における「内部標準運営規則の遵守」を挙げる者が多く，「行政のあり方」で「経済的効率性の重視」を挙げる者が多くない結果となっている。これは，従来職員が保持してきた行政価値とNPM型の行政価値の衝突ないし混在とみることもでき，制度的環境に対する職員間の温度差を示している。

　また，本書では，職員行動に対する統制的機能をもつ組織規範が，自治体の政策パフォーマンスに対して正のフィードバックをもたらす奨励的・命令的な機能を果たしていることを明らかにした。こうした結果は，地方分権における自治体の自助努力がいかに重要であるかを示唆している。従来の「集権－分権」の議論において，機関委任事務の問題が常に提起され，第一次分権改革でも，機関委任事務の廃止によって今後の自治体の変化をもたらすと期待された。たとえば，西尾は，機関委任事務があるために，これまで「集権融合型」の地方制度と「集権的分散システム」が結びついてきたと捉えた[2]。そして，西尾は機関委任事務の廃止に伴う「自治体の事務」の拡大が，日本の地方自治制度における集権的特質を変えることができると考えた[3]。さらに，アングロ・サクソン系の制限列挙方式と異なる概括例示方式を採用している日本の地方自治を考えると，そうした法制度上の「集権融合」や行政事務上の「集権分散」の議論とは別に，自治体の財政力や組織力も分権的特性を強化する要因となりうる[4]。なお，ここでいう自治体の組織力とは自

（2）　西尾（2007），10頁。
（3）　西尾（2007），13頁。

治体の政策能力であり,包括的な地域社会の自治能力のことである。したがって,第一次分権改革以降,自治体の関係者や研究者の関心が「法令解釈権」に置かれ,それによる新たな行政サービスの発掘が分権時代における自治体の自助努力と政策能力を示すことになっている。しかし,現状においては,「法令解釈権」の有効性があまりみられないこともあるが,自治体による条例制定のような制度運営に対する取り組みが政策能力を培養することになるであろう。

---

(4) 西尾 (2000), 413-414頁。

引用・参考文献

<和文>（五十音順）
秋月謙吾（2001）『行政・地方自治』東京大学出版会
浅野史郎・北川正恭・橋本大二郎（2002）『知事が日本を変える』文藝春秋
天野巡一（2004）『職員・組織改革』ぎょうせい
磯崎育夫（1997）『政策過程の理論と実際』芦書房
磯崎初仁（2000）「条例の制定過程と政策法務」『都市問題』第91巻第7号
伊藤光利（1990）「地方政府構造と二元代表制」『人文社会研究』34巻
伊藤光利（2004）「目立たない最高権力者」伊藤光利偏『ポリティカル・サイエンス事始め』，有斐閣ブックス
伊藤修一郎（2002）『自治体政策過程の動態－政策イノベーションと波及』慶應義塾大学出版会
伊藤修一郎（2006）『自治体発の政策革新－景観条例から景観法へ』木鐸社
伊東弘文（2004）「国庫補助負担金の改革をどう見るか」『都市問題』第95巻第11号
今村都南雄（1997）『行政学の基礎理論』三嶺書房
今村都南雄（2006）『官庁セクショナリズム』東京大学出版会
岩波一寛（2001）『どうする自治体財政』大月書店
上山信一（1999）『「行政経営」の時代』NTT出版
上山信一（2000）『「行政評価」の時代』NTT出版
上山信一（2004）「ニュー・パブリック・マネジメント（NPM）とわが国の行政改革－行政学のバージョンラップに向けて」日本行政学会編『年報行政研究39　ガバナンス論と行政学』ぎょうせい
宇賀克也（2001）「情報公開条例の論点」『都市問題研究』第50巻第4号
大住荘四郎（1999）『ニュー・パブリック・マネジメント－理念・ビジョン・戦略』日本評論社
大住荘四郎（2003）『NPMによる行政革命－経営改革モデルの構築と実践』日本評論社
大森彌（2002）『分権改革と地方議会』ぎょうせい
大森彌（2003）「第一次分権改革の効果」『レヴァイアサン』秋33号木鐸社
大山耕輔（1996）『行政指導の政治経済学－産業政策の形成と実施』有斐閣
大山耕輔（1999）「クリントン政権の行政改革とNPM理論」『季刊行政管理研究』No.85
大山耕輔（2002）『エネルギー・ガバナンスの行政学』慶應義塾大学出版会
大山耕輔（2004）「英国の地方税財政制度とアカウンタビリティ」『法学研究（根岸毅教授退職記念論文集）』第77巻第12号

大山耕輔（2007）「政府への信頼低下の要因とガバナンス」『季刊行政管理研究』No.120
岡本全勝　(2004)　「地方交付税改革」『都市問題』第95号第11号
柏原　誠（2004）「新段階に入ったNPM改革の現実と問題点」大阪自治体問題研究所『究極の「行革」？－日本型NPMの理論と実態』自治体研究社
片野行雄（2003）『官僚論』光陽出版社
片山善博（2006）『住むことは生きること』東信堂
片山善博（2007）『市民社会と地方自治』慶應義塾大学出版会
片山善博（2007）「義務教育における首長と議会の責任」『ガバナンス』No.75
片山善博（2007）「自治体の財政破綻を防ぐためには」公人の友社『地域政策』No.24
河村和徳（1998）「財政再建政策をもたらす要因」小林良彰編著『地方自治の実証分析』慶應義塾大学出版会
河村和徳（2000）「都市における住民参加制度の動向（一）」『金沢法学』第42巻2号
河村和徳・羽部陽介（2004）「法定外税導入に関する一考察－導入事例の検討と環境政策的意義の考察」『金沢法学』第46巻第2号
北村喜宣（2004）「自治体の法環境と政策法務」『都市問題』第95巻第5号，3－25頁
北山俊哉（2002）「地方単独事業の盛衰－制度をめぐる政治過程」日本行政学会偏『年報行政研究37　行政の評価と改革』ぎょうせい
金　宗郁（2003）「地方政府における官僚行動の公式的・非公式的制約」『法学政治学論究』第58号
金　宗郁（2005）「日本に政策パフォーマンスと自治体組織規範」小林良彰編『地方自治体をめぐる市民意識の動態』慶應義塾大学出版会
金　宗郁（2006）「自治体の政策パフォーマンスと組織規範，住民意識」日本選挙学会編『選挙研究』第21号
金　宗郁（2006）「政策形成過程における官僚の民主的統制としての組織規範」日本政治学会編『年報政治学2005－Ⅱ　市民社会における政策過程と政策情報』木鐸社
金　宗郁（2007）「第一次分権改革以降の自治体における変化－職員の意識変化と条例制定－」日本選挙学会編『選挙学会紀要』第8号
熊坂伸子・本吉達也・熊坂義裕著（2003）『自治体経営革命－地方から考える市民の責任・首長の使命』メタモル出版
現代経済研究センター研究グループ（1985）「予算配分と政治的要素（2）－社会保障関連支出について」『公共選択の研究』第5号
河野　勝（2002）『制度』東京大学出版会
小林良彰（1985）『計量政治学』成文堂
小林良彰（1987）『アンケート調査にみる地方政府の現実－政策決定の主役たち』

学陽書房
小林良彰（1990）「地方自治体の財政をめぐる政治学」『レヴァイアサン』6号
小林良彰（1997）『現代日本の政治過程－日本型民主主義の計量分析』東京大学出版会
小林良彰（1998）『公共選択論』東京大学出版会
小林良彰（1998）『地方自治の実証分析－日米韓3ヵ国の比較研究』慶應義塾大学出版会
小林良彰（2005）「政治改革の効果測定－小選挙区比例代表並立制導入に伴う投票行動の変化と持続－」日本政治学会編『年報政治学2005－Ⅰ市民社会における参加と代表』木鐸社
小林良彰・中谷美穂・金宗郁（2008）『地方分権時代の市民社会』慶應義塾大学出版会
小林良彰・名取良太・中谷美穂・金宗郁（2002）「自治体におけるNPM」『地方財務』11月号
小宮山智志（2001）「階層線形モデルによる"地域不公平感"の分析」『情報文化学部紀要』新潟国際情報大学
近藤康史（2007）「比較政治学における「アイディアの政治」」日本政治学編『年報政治学2006－Ⅱ　政治学の新潮流－21世紀の政治学へ向けて』木鐸社
酒井克彦（1999）「市町村会議員の自治体政策過程での役割に関する一考察－石川県内の市町村を対象として」『日本公共政策学会年報』
榊原秀訓（2003）「住民参加の展開と課題」室井力『住民参加のシステム改革』日本評論社
佐々木信夫（2004）『地方は変われるか』ちくま新書
澤　佳弘（2004）「住民と行政の協働と『三位一体の改革』」『地方財政』，6月号
嶋田暁文（2003）「地方分権と現場変革」北村喜宣編著『ポスト分権改革の条例法務－自治体現場は変わったのか』ぎょうせい
嶋津　昭（1996）『図説　地方財政（平成8年度版）』東洋経済新報社
白鳥令編（1990）『政策決定の理論』東海大学出版会
進藤　兵・久保木匡介（2004）『地方自治構造改革とニュー・パブリック・マネジメント－地方分権改革会議・最終答申の批判的検討と東京23区へのNPM導入状況をさぐる』東京自治問題研究所
神野直彦（2002）「諸井報告と財政調整」東京市政調査会編『分権改革の新展開に向けて』，日本評論社
神野直彦（2004）「三位一体改革の理念と現実」『都市問題』，第95巻第11号
盛山和夫（2004）『制度論の構図』創文社
曽我謙悟（2001）「地方政府と社会経済環境：日本の地方政府の政策選択」『レヴァイアサン』28号
曽我謙吾・待鳥聡史（2001a）「革新自治体の終焉と政策変化」日本行政学会編『年

報行政研究36　日本の行政学－過去，現在，未来』ぎょうせい
曽我謙吾・待鳥聡史（2001b）「無党派知事下の地方政府における政策選択」日本政治学会編『年報政治学2005－Ⅱ　市民社会における政策過程と政策情報』木鐸社
曽我謙吾・待鳥聡史（2007）『日本の地方政治－二元代表制政府の政策選択』名古屋大学出版会
田尾雅夫（2003）『非合理組織論の系譜』文眞堂
高木健二（2004）『三位一体改革の核心』公人社
高寄昇三（2000）「自治体における行政評価導入課題」『都市問題研究』第52巻第2号
田口一博（2003）「職員意識論－第一線職員にとって分権改革とは何であったのか」北村喜宣編著『ポスト分権改革の条例法務－自治体現場は変わったのか』ぎょうせい
田中豊治（1994）『地方行政官僚制における組織変革の社会学的研究』時流社。
田中豊治（2002）『まちづくりの組織社会学』良書普及会。
丹沢安治（2001）『新制度派経済学による組織研究の基礎－制度の発生とコントロールへのアプローチ』白桃書房
地方自治研究資料センター（1979）『自治体における政策形成の政治行政力学』ぎょうせい
辻　清明（1969）『日本官僚制の研究』　東京大学出版会
辻山幸宣・今井照・牛山久仁彦編（2007）『自治体選挙の30年－『全国首長名簿』のデータを読む』　公人社
坪井ゆづる（2004）　「三位一体改革の政治プロセス」『都市問題』，第95巻第11号
出石稔（2003）「組織論－分権改革に対する自治体の組織対応」北村喜宣『ポスト分権改革の条例法務－自治体現場は変わったのか』ぎょうせい
テリー・ニコルス・クラーク・小林良彰（2001）『地方自治の国際比較－台頭する新しい政治文化』慶應義塾大学出版会
中澤秀雄（1999）「日本都市政治における「レジーム」分析のために－地域権力構造（CPS）研究からの示唆－」『年報社会学論集』（12）
中村征之（1999）『三重が，燃えている』公人の友社
名取良太（1998）「高齢者福祉の政策過程－地方自治体における高齢者福祉政策の分析－」小林良彰編著『地方自治の実証分析－日米韓3ヵ国の比較研究』慶應義塾大学出版会
中谷美穂（2005）『日本における新しい市民意識－ニューポリティカル・カルチャーの台頭』慶應義塾大学出版会
中谷美穂（2008）「地方議員の役割意識」小林良彰・中谷美穂・金宗郁『地方分権時代の市民社会』慶應義塾大学出版会
長嶺純一（1998）『公共選択と地方分権』勁草書房

新川達郎（1987）「「地方の政策過程」研究の系譜」小林良彰他『地方政府の現実』学陽書房
新川達郎（2002）「地方分権改革と都市自治制度」東京市政調査会偏『分権改革の新展開に向けて』，日本評論社
西尾　勝（1999）『未完の分権改革』岩波書店
西尾　勝（2000）『行政学の基礎概念』東京大学出版会
西尾　勝編著（2000）『都道府県を変える！－国・都道府県・市町村の新しい関係』ぎょうせい
西尾　勝（2002）「『地方自治の本旨』の具体化方策」東京市政調査会偏『分権改革の新展開に向けて』，日本評論社
西尾　勝（2005）『自治体デモクラシー改革－住民・首長・議会』ぎょうせい
西尾　勝（2007）『地方分権改革』東京大学出版会
林　宜嗣（2004）「所得譲与税創設と今後の税源移譲」『都市問題』，第95巻第11号
人見剛（2003）「分権改革後の条例制定権」北村喜宣『ポスト分権改革の条例法務－自治体現場は変わったのか』ぎょうせい
広瀬道貞（1981）『補助金と政権党』朝日新聞社
福田耕治・真渕　勝・縣公一郎編（2002）『行政の新展開』法律文化社
藤本幸生・大岩雄二郎・川野辺雄幸・黒川和美・横山彰（1983）「予算配分と政治的要素」『公共選択の研究』第3号
古川俊一（2005）「評価の政策形成と経営への活用と課題－基本へ還れ」おおさか市町村職員研修研究センター『研究紀要』第8号
毎熊浩一（2001）「NPMのパラドックス？－『規制国家』現象と『触媒政府』の本質」日本行政学会編『年報行政研究36日本の行政学－過去，現在，未来－』ぎょうせい
増島俊之（1999）「説明責任の制度的進展と行動倫理－経験的考察」『都市問題研究』第51巻第11号
増田寛也（2004）「三位一体改革の推進における地方の意志とその反映」『都市問題』，第95巻第11号
松下圭一（1998）『政治・行政の考え方』岩波新書
真渕　勝（2004）「官僚制の変容－萎縮する官僚」『レヴァイアサン』 34号　木鐸社。
右崎正博（1999）「自治体における情報公開の新展開」『都市問題研究』第51巻第11号
宮本　融（2007）「日本官僚論の再定義－官僚は『政策知識専門家』か『行政管理者』か？－」日本政治学会編『年報政治学2006－Ⅱ』木鐸社。
村松岐夫（1988）『戦後日本の官僚制』東洋経済新報社
村松岐夫（1994）『日本の行政』　中公新書。
村松岐夫（1999）「新公共管理（NPM）時代の説明責任」『都市問題研究』第51巻第

11号
村松岐夫（2001）『行政学教科書』有斐閣
村松岐夫（2002）「90年代の包括的な地方ガバナンス改革」東京市政調査会編『分権改革の新展開に向けて』日本評論社
村松岐夫（2003）『包括的地方自治ガバナンス改革』，東洋経済新報社
森　祐之（2003）「『三位一体』改革・地方制度調査会『中間報告』と地方財政」加茂利男編『「構造改革」と自治体再編』自治体研究社
山口道昭（2002）『政策法務入門』信山社出版
山本吉宣（1991）「政策決定論の系譜」白鳥令編『政策決定の理論』東海大学出版会
山本嘉一郎・小野寺孝義編著（2001）『Amos による共分散構造分析と解析事例』ナカニシヤ出版
横山知玄（2001）『現代組織と環境の組織化－組織行動の変容過程と「制度理論」のアプローチ』文眞堂
リード，スティーヴン・R（1998）森田朗・新川達郎・西尾隆・小池治訳『日本の政府間関係－都道府県の政策決定－』木鐸社
J．S．ミル（1861）水田洋訳（1997）『代議制統治論』岩波文庫
A．トクヴィル（1946）井伊玄太郎訳（2003）『アメリカの民主政治－上』講談社学術文庫
『全国市区の行政比較データ集－2002年度調査』（2002）日本経済新聞社・日経産業消費研究所
『都市データパック2001年版』東洋経済新報社

<英文>

Abney, Glenn and Thomas P. Lauth. (1982). "A Comparative Analysis of Destributional and Enforcement Decisions in Cites." *The Journal of Politics*, Vol. 44(1), pp. 193-200.

Allison, G. T. (1971). *Essence of Decision: Explaining the Cuban Crisis*. Boston: Little, Brown.（宮里正弦訳（1996）『決定の本質－キューバ・ミサイル危機の分析』中央公論社）

Ammons, D. N. (1995). "Overcoming the Inadequecies of Performance Measurement in Local Government: The Case of Libraries and Leisure Service," *Public Administration Review*, Vol. 55(1), pp. 37-47.

Aronson, J. Richard and John L. Hilley. (1986). Financing State and Local Government. Washington, D.C.: The Brookings Institution.

Bailey, S. J. (1999). *Local Government Economics: Principles and Practice*. Basingstoke: Macmillan.

Barnard, Chester I. (2002 [1938]). *The Functions of the Executive*. Harvard University Press.
Barzelay, Michael. (1992). *Breaking Through Bureaucracy: A New Vision for Managing in Government*. Berkeley: University of California Press.
Behn, Robert. D. (2001). *Rethinking Democratic Accountability*. Washington: Brookings Institution.
Benkhoff, Birgit. (1997). "Ignoring Commitment is Costly: New Approaches Establish the Missing Link between Commitment and Performance." *Human Relations*, Vol. 50(6), pp. 701-726.
Borms, H and H. Gahmberg. (1983). "Communication to Self in Organizations and Cultures." *Administrative Science Quarterly*, Vol. 28(3), pp. 482-495.
Brewer, G. A. and Selden, S. C. (2000). "Why Elephant Gallop Assessing and Predicting Organizational Performance in Federal Agencies." *Journal of Public Administration Research and Theory*, Vol. 10(4), pp. 685-711.
Brown, C. V. and P. M. Jackson. (1990). *Public Section Economics*. B. Blackwell.
Brudney, J. L. and R. E. England. (1982). "Urban Policy Making and Subjective Service Evaluation: Are They Compatible?" *Public Administration Review*, Vol. 42(2), pp. 127-135.
Brudney, J. L., and Selden S. C. (1995). "The Adoption of Innovation by Smaller Local Governments: The Case of Computer Technology." *American Review of Public Administration*, Vol. 25(1), pp. 71-87.
Bryk, A. S. and Raudenbush, S. W. (1992). *Hierarchical Linear Model*, Newbury Park, CA: Sage.
Burke, John. (1986). *Bureaucratic Responsibility*. Johns Hopkins Press.
Caiden, G. E. (1988). "The Problem of Ensuring the Public Accountability of Public Officials." In Dwivedi, O. P. and G. Jabbra (eds.). *Public Service Accountability: A Comparative Perspective*. Kumarian Press.
Calori, Roland and Sarnin, Philippe. (1991). "Corporate Culture and Economic Performance: A French Study." *Organization Studies*, Vol. 12(1), pp. 49-74.
Cameron, K. S. and Quinn, R. E. (1999). *Diagnosing and Changing Organizational Culture*. New York: Addison Wesley.
Chatman, Jennifer A. and Jehn, Karen A. (1994). "Assessing the Relationship Between Industry Characteristics and Organizational Culture: How Different Can You Be?" *Academy of Management Journal*, Vol. 37(3), pp. 522-533.
Christensen, S. and J. Molin. (1995). "Origin and Transformation of Organizations: Institutional Analysis of the Danish Red Cross." In Scott, W. R. and S. Christensen eds. *The Institutional Construction of Organizations*. Thousand Oaks, Calif: Sage

Publications.
Clark, Terry. N. (1981). *Urban Policy Analysis: Directions for Future Research*, Sage Publications.
Clark, Terry N. and Ferguson L. C. (1983). *City Money: Political Process, Fiscal Strain, and Retainment*. N. Y.: Colombia University Press.
Clark, Terry N. and Ronald Inglehart. (1998). "The New Political Culture: Chnaging Dynamics of Support for the Welfare State and Other Policies In Postindustrial Societies." In Clark, Terry N. and Vincent Hoffmann-Martinot (eds.). *The New Political Culture*. Colo.: Westview Press.
Clarke, Susan. E. (1989). *Urban Innovation and Autonomy*. Sage Publication.
Clegg, Stewart R. (1990). *Modern Organizations: Organization Studies in the Postmodern World*, Newbury Park: Sage.
Cnudde, Charles F. and Donald J. McCrone. (1969). "Party Competition and Welfare Politics in the American States." *The American Political Science Reviews*, Vol. 63(3), pp. 858-866.
Coggburn, J. D. and Saundra K. Schneinder. (2003). "The Quality of Management and Government Performance: An Empirical Analysis of the American States." *Public Administration Review*, Vol. 63(2), pp. 206-213.
Coleman, James S. (1990). *Foundations of Socical Theory*. Cambridge: Belknap Press of Harvard University Press.（久慈利武（監訳）（2004）『社会理論の基礎』青木書店）
Cooper, T. L. (1990). *The Responsible Administrator: An Approach to Ethics for the Administrative role*. San Francisco: Jossey-Bass.
Daft, R. (1992). *Organization Theory and Design* (4th ed.). St. Paul, MN: West Publishing Co.
Dahl, R. (1961). *Who Governs?: Democracy and Power in an American City*. Yale University Press.（河村　望・高橋和宏（監訳）（1988）『統治するのはだれか』行人社）
Davis, G. W. England, and L. H. Lofquist (1967). *Manual for the Minnesota Satisfaction Questionnaire*. Minneapolis: Industrial Relations Center, University of Minnesota.
Dawson, R. and J. Robinson (1963). "Interparty Competition, Economic Variables, and Welfare Politics." *The Journal of Politics*, Vol. 25(2), pp. 265-289.
DiMaggio, Paul J. (1988). "Interest and Agency in Institutional Theory." In Lynne G. Zucker (ed.). *Institutional Patterns and Organizations: Culture and Environment*. Cambridge, MA: Ballinger.
DiMaggio, Paul J. and Walter W. Powell. (1983). "The Iron Cage Revisited: Institutional Isomorphism and Collective Rationality in Organizational Fields." *American Sociological Review*, Vol. 48, pp. 147-160.

DiMaggio, Paul J. and Walter W. Powell. (1991). "Introduction." In Walter W. Powell and Paul J. DiMaggio (eds.). *The New Institutionalism in Organizational Analysis*. Chicago: University of Chicago Press.

Downs, A. (1994). *Inside Bureaucracy*. Waveland Press (reissued).

Dye, Thomas R. and Robey, J. S. (1980). "Politics Versus Economics: Development of the Literature on Policy Determination." In Dye, T. R. and Gray, V. (eds.). *The Determinants of Public Policy*, Lexington: D. C. Health and Company.

Dye, Thomas R. (1981). *Understanding Public Policy*. 4eds, Englewood Cliffs, N. J.: Prentice Hall.

Easton, David. (1965). *A Framework for Political Analysis*. Englewood Cliffs. NJ: Prentice Hall.

Febricant, S. (1952). *The Trend of Government Activity in the United States Since 1900*. New York : National Bureau of Economic Research.

Ferris, James. M. and Shui-Yang Tang. (1993). "New Institutionalism and Public Administration: An Overview." *Journal of Public Administration Research and Theory*, Vol. 3(1), pp. 4-10.

Finer, Herman. (1941). "Administrative Responsibility in Democratic Government." *Public Administration Review*, Vol. 1, pp. 344-350.

Finnemore, Martha. (1996). "Norms, Culture, and World Politics: Insights from Sociology's Institutionalism." *International Organization*, Vol. 50(2), pp. 325-347.

Foster, J. L. (1978). "Reginalism and Innovation in American States." *Journal of Politics*, Vol. 40(1), pp. 179-187.

Friedrich, C. J. (1940). "Public Policy and the Nature of Administrative Responsibility." *Public Policy I*, Harvard University Press.

Furukawa, Shun'ichi. (1999). "Political Authority and Bureaucratic Resilience: Administrative Reform in Japan." *Public Management: an international journal of research and theory*, Vol. 1(3), pp. 439-448.

Garvin, D. A. (1993). Building a Learning Organization. *Harvard Business Review*. July-August. pp. 78-91.

Gary, L. E. (1973). "Policy Decisions in the Aid to Families With Dependent Children Program: A Comparative State Analysis." *Journal of Politics*, Vol. 35(4), pp. 888-920.

Gordon, George G. (1991). "Industry Determinants of Organizational Culture." *Academy of Management Review*, Vol. 16(2). pp. 396-415.

Gones, G. R. (1983). "Transaction Costs, Property Rights, and Organizational Culture: An Exchange Perspective." *Administrative Science Quarterly*, Vol. 28(3), pp. 454-467.

Gray, Virginia. (1973). "Innovation in the States: A Diffusion Study." *American Political Science Review*, Vol. 67(4), pp. 1174-1185.

Greenwood, R. and Stewart J. D. (1986). "The Institutional and Organizational Capabilities of Local Government." *Public Administration*, Vol. 64(1), pp. 37-50.
Greenwood, R. and Hinings, C. R. and Ranson, S. (1975). "Contingency Theory and the Organization of Local Authorities: Part I." *Public Administration*, Vol. 53, pp. 1-23.
Greenwood, R. and Hinings, C. R. and Ranson, S. (1975). "Contingency Theory and the Organization of Local Authorities: Part II, Contingencies and Structure." *Public Administration*, Vol. 53 , pp. 169-190.
Hahn, Harlan. (1972). *People and Politics in Urban Society.* Beverly Hills: Sage Publication.
Hall, R. (1991). *Organization: Structures, Processes, and Outcomes* (5th ed.). Englewood Cliffs, NJ: Prentice-Hall.
Hall, P. and R. Taylor. (1996). "Political Science and the Three New Institutionalisms." *Political Studies*, Vol. 44(5), pp. 936-957.
Harmon, M. M. (1971). "Normative Theory and Public Administration: Some Suggestions for a Redefinition of Administrative Responsibility." In Mraini, Frank (eds.). *Toward a New Public Administration*. Chandler Publishing.
Harmon, M. M. (1995). *Responsibility as Paradox: A Critique of Rational Discourse on Government*. Sage Publications.
Hatry, H. P. (1978). "The Status of Productivity Measurement in the Public Sector." *Public Administration Review*, Vol. 38(1), pp. 28-33.
Henry, Gary T. and Kent C. Dickey. (1993). "Implementing Performance Monitoring: A Research and Development Approach." *Public Administration Review*, Vol. 53(3), pp. 203-212.
Hill, Dilys M. (1974). *Democratic Theory and Local Government*, London: Allen and Unwin.
Hirsch, Paul M. and Michael Lounsbury. (1997). "Ending the Family Quarrel: Toward a Reconciliation of 'Old' and 'New' Institutionalisms." *American Behavioral Scientist*, Vol. 40(4), pp. 406-418.
Hofferbert, Richard I. (1966). "The Relationship between Public Policy and Some Structural and Environmental Variables in the American States." *The American Political Science Review*, Vol. 60(1), pp. 73-82.
Hofstede, G. H., Neuijen, B., Ohavy, D. Sanders, G. (1990). "Measuring Organizational Cultures: A Qualitive and Quantitative Study Across Twenty Cases," *Administrative Science Quarterly*, Vol. 35(2), pp. 286-316.
Holmstrom, B. (1979). "Moral Hazard and Observability." *Bell Journal of Economics*, Vol. 10. pp. 74-91.
Hood, Christopher. (1991). "A Public Management for All Season?." *Public*

Administration, Vol. 69(1), pp. 3-19.
Hood, C. (1994). "Economic Rationalism in Public Management: from Progressive Public Administration to New Public Management." In *Explaining Economic Policy Reversals*, Buckingham: Open University Press.
Hung, Shih-Chang and Richard Whittngton. (1997). "Strategies and Institution: A Pluralistic Account of Strategies in the Taiwanese Computer Industry." *Organization Studies*, Vol. 18(4), pp. 551-575.
Hunter, F. (1953). *Community Power Structure: A Study of Decision Makers*, The University of North Carolina Press.（鈴木　広（監訳）（1998）『コミュニティの権力構造』恒星社厚生閣）
Ingraham, Patrica W., and Donahue. Amy K. (2000). "Dissecting the Black Box Revisited: Characterizing Government Management Capacity." In *Governance and Performance: New Perspectives*, edited by Carolyn J. Heinrich and Laurence E. Lynn, Jr., Washington, D.C.: Georgetown University Press.
Ingraham, Patrica. W. and Kneedler, Amy. E. (2000). "Dissecting the Black Box: Toward a Model and Measures of Government Management Performance." In *Advancing Public Management: New Delvelopments in Theory, Methods, and Practice*, edited by Jeffrey L. Brudney and Laurence J. O'Toole, Jr., and Hal G. Rainey, Washington, D.C.: Georgetown University Press.
Jacob, K. and N. Vines. (1976). *Politics in the American States: A Comparative Analysis*. Boston: Little Brown.
Jacoby, William G. and Saundra K. Schneider. (2001). "Variability in State Policy Priorities: An Empirical Analysis." *The Journal of Politics*, Vol. 63(2), pp. 544-568.
Jelinek, M., L. Smircich and P. Hirsch. (1983). "Introduction: A Code of Many Colors." *Administrative Science Quarterly*, Vol. 28(3), pp. 331-338.
Katz, D. and R. Kahn. (1978). *The Social Psychology of Organizations* (2nd ed.). New York: Wiley.
Kearney, Richard C., and Feldman, Barry M., and Scavo, Carmine P. F. (2000). "Reinventing Government: City Manager Attitudes and Action". *Public Administration Review*, Vol. 60(6), pp. 535-548.
Kerr, S. and J. M. Jermier. (1978). "Substitutes for Leadership: Their Meaning and Measurement." *Organizational Behavior and Human Performance*, Vol. 22, pp. 375-403.
Kondra, Alex. Z. and C. R. Hinings (1998). "Organizational Diversity and Change in Iistitutional Theory." *Organization Studies*, Vol. 19(5). pp. 743-767.
Lan, Zhiyong and David H. Rosenbloom. (1992). "Public Administration in Trasition?." *Public Administration Review*, 52(6). pp. 535-537.

Lane, Jan-Erik. (2000). *New Public Management*, London: Routledge.
Langrod, Georges. (1953). "Local Grovernment and Democracy." *Public Administration*, Vol. 31, pp. 26-31.
Lawrence, R. P. and W. J. Lorsh. (1967). *Organization and Environment*. Harvard University Press. (吉田　博訳（1977）『組織の条件適応理論』産業能率大学出版会)
Leong, C. S., Adrian Furnham, and Cary L. Cooper. (1996). "The Moderating Effect of Organizational Commitment on the Occupational Stress Outcome Relationship." *Human Relations*, Vol. 49(10), pp. 1345-1363.
Lewis-Beck, M. S. (1977). "The Relative Importance of Socioeconomic and Political Variables for Public Policy." *The American Political Science Review*, Vol. 71(2), pp. 559-566.
Locke, E. A. (1976). "The Nature and Causes of Job Satisfaction." In Marvin. D. Dunnette (eds.). *Handbook of Industrial and Organizational Psychology*. Chicago: Rand Mcnally College Publishing Company, pp. 1297-1349.
Lovrich, N. P. and G. T. Taylor, Jr. (1976). "Neighborhood Evaluations of Local Government Services: A Citizen Survey Approach." *Urban Affairs Quarterly*, Vol. 12, pp. 197-222.
Mahler, Julianne (1997). "Influence of Organizational Culture on Learning in Public Agency." *Journal of Public Administration Research and Theory*, Vol. 7(4), pp. 519-541.
March, James G. and Johan P. Olsen. (1984). "The Institutionalism: Organizational Factors in Political Life." *American Political Science Review*, Vol. 78(3), pp. 734-749.
March, James G. and Johan P. Olsen. (1995). *Democratic Governance*. New York: Free Press.
Margolis, J. (1975). "Comment on Niskanen 'Bureaucrats and Politicians'." *Journal of Law and Economics*, Vol. 18. pp. 645-659.
Martin, Joanne. (1992). *Cultures in Organizations: Three Perspective*. N. Y.: Oxford University Press.
Mascarenhas, R. C. (1993). "Building an Enterprise Culture in the Public Sector: Reform of the Public Sector in Australia, Britain, and New Zealand." *Public Administration Review*, Vol. 53(4). pp. 319-328.
Meyer, John W. and Brian Rowan. (1977). "Institutional Organizations: Formal Structure as Myth and Ceremony." *American Journal of Sociology*, Vol. 83(2), pp. 340-363.
Meyer, John W. (1994). "Rationalized Environments." In W. Richard Scott and John W. Meyer (eds.). *Institutional Environments and Organizations: Structural Complexity and Individualism*. Thousand Oaks: Sage Publications.
Meyer, John W. and John Boli and George M. Thomas. (1994). "Ontology and

Rationalization in the Western Cultural Account." In W. Richard Scott and John W. Meyer (eds.). *Institutional Environments and Organizations: Structural Complexity and Individualism*. Thousand Oaks: Sage Publications.

Migué, Jean-Luc and Gérard Bélanger. (1974). "Toward a General Theory of Managerial Discretion." *Public Choice*, Vol. 17. pp. 27-47.

Minogue, M. (1998). "Changing the state: concepts and practice in the reform of the public sector." In Martin Minogue, Charles Polidano, and David Hulme (eds.). *Beyond the New Public Management - Changing Ideas and Practices in Governance*, Edward Elgar.

Mintzberg, H. (1979). *The Structuring of Organizations*. Englewood Cliffs, N. J.: Prentice-Hall.

Moe, T. M. (1984). "The New Economics of Organization." *American Journal of Political Science*, Vol. 28(4), pp. 739-777.

Moe, T. M. (1990). "The Politics of Structural Choice: Toward a Theory of Public Bureaucracy." In Williamson (ed.). *Organization Theory*. New York: Oxford University Press.

Moe, T. M. (1997). "Positive Theory of Public Bureaucracy." In D. Mueller (ed.). *Perspectives on Public Choice*. Cambridge: Cambridge University Press.

Molotch, Harvey. (1976). "The City as a Growth Machine: Toward a Political Economy of Place." *The American Journal of Sociology*, Vol. 82(2), pp. 309-332.

Moon, Myung Jae. (1999). "The Pursuit of Managerial Entrepreneurship: Does Organization Matter?" *Public Administration Review*, Vol. 59(1), pp. 31-43.

Mouzelis, N. (1967). *Organization and Bureaucracy*. (石田剛訳（1971）『組織と官僚制－現代諸理論』未来社)

Niskanen, W. A. (1971). *Bureaucracy and Representative*. Chicago: Aldine Publishing Co.

North, Douglass C. (1990). *Institutions, Institutional Change, and Economic Performance*. Cambridge: Cambridge University Press. (竹下公視訳（1994）『制度・制度変化・経済成果』晃洋書房)

Nouri, H. and R. J. Parker. (1998). "The Relationship between Budget Participation and Job Performance: the Roles of Budget Adequacy and Organizational Commitment." *Accounting, Organizations and Society*, Vol. 23(5/6), pp. 467-483.

Oates, Wallace E. (1972), *Fiscal Federalism*. New York: Harcourt Brace Jovanovich.

Oliver, C. (1991). "Strategic Response to Institutional Processes." *Academy of Management Review*, Vol. 16(1), pp. 145-179.

O'Reilly, Charls. (1989). "Corporations, Culture, and Commitment: Motivation and Social Control in Organizations." *Califonia Management Review*, Vol. 31(4), pp. 9-25.

Osborne, D. and Gaebler, T. (1992). *Reinventing Government: How the Entrepreneurial*

Spirit is Transforming the Public Sector. Adison Wesley.
O'Toole, J. J. (1979). "Corporate and Managerial Cultures." In C. L. Cooper (ed.). *Behavioral Problems in Organizations*. Englewood Cliffs, N. J.: Prentice-Hall.
Ouchi, William G. (1981). *Theory Z : how American business can meet the Japanese challenge*. Addison-Wesley Publishing Company.
Perrow, C. (1986). *Complex Organization: A Critical Essay*. 3rd. New York: Random House.
Peterson, Paul E. (1981). *City Limits*. Chicago: The University of Chicago Press.
Pettigrew, A. M. (1979). "On Studying Organizational Culture." *Administrative Science Quarterly*, Vol. 24(4), pp. 570-581.
Pierre, J., and B. G. Peters. (2000). *Governance, Politics and the State*. New York: Macmillan.
Poister, T. H. and R. P. McGowan. (1984). "Municipal Management Capacity: Productivity Improvement and Strategies for Handling Fiscal Stress." In *The Municipal Year Book: 1984*. Washington, D.C.: International City Management Association.
Pollitt, Christopher. (1993a). *Managerialism and Public Services: Cult or Cultural Change in the 1990s?*. Oxford: Blackwell.
Pollitt, Christopher. (1993b). *Managerialism and the Public Services: The Anglo-American Experience*. Oxford: Basil Blackwell.
Porter, L. W., Steers, R. M., Mowday, R. T., and Boulian, P. V. (1974). "Organizational Commitment, Job Satisfaction, and Turnover among Psychiatric Technicians." *Journal of Applied Psychology*, Vol. 59(5), pp. 603-609.
Pressman, J. L. and A. Wildavsky (1973). *Implementation*. University of California Press.
Putnam, R. D. (1993). *Making Democracy Work: Civic Traditions in Modern Italy*. Princeton: Princeton University Press.（河田潤一訳（2001）『哲学する民主主義』NTT出版）
Quinn, Robert E. and John R. Kimberly. (1984). "Paradox, Planning, and Perseverance: Guidelines for Mangerial Practice." In J. R. Kimberly and R. E. Quinn (eds.). *Managerial Organizational Transitions*. Homewood, IL: Dow Jones-Irwin.
Quinn, Robert E. and M. R. McGrath. (1985). "The Transformation of Organizational Culture: A Competing Values Perspective." In Peter J. Frost et al. (eds.). *Organizational Culture*. Beverly Hills: Sage Publications.
Rainey, H. G. (1983). "Public Agencies and Private Firms: Incentive Structures, Goals, and Individual Roles." *Administaration and Society*, Vol. 15, pp. 207-242.
Rainey, H. G. and Steinbauer, P. (1999). "Galloping Elephants: Developing Elements of a Theory of Effective Government Organizations." *Journal of Public Administration Research and Theory*, Vol. 9(1), pp. 1-32.

Redford, Emmette. S. (1969). *Democracy in the Administrative State*. New York: Oxford University Press.
Richard J. Aronson and John L. Hilly. (1986). *Financing State and Local Government*, 4th ed. Washington, D.C.: The Brookings Institution.
Riley, Dennis D. (1987). *Controlling the Federal Bureaucracy*. Philadelphia University Press.
Romer, T. and H. Rosenthal. (1978). "Political Resource Allocation, Controlled Agendas and the Status Quo." *Public Choice*, Vol. 33, pp. 27-43.
Romzek, Barbara S. (2000). "Dynamics of Public Sector Accountability in an Era of Reform." *International Review of Administrative Sciences*. Vol. 66(1), pp. 21-44.
Ronald C., and Robert Gilmour. (1995). "Rediscovering Principles of Public Administration: The Neglected Foundation of Public Law." *Public Administration Review*, Vol. 55(2), pp. 135-142.
Rossi, Peter H., and Richard A. Berk. (1974). "Local Roots of Black Alienation." *Social Science Quarterly*, Vol. 54(4), pp. 741-758.
Rowan, B. (1982). "Organizational Structure and the Institutional Environment: The Case of Public Schools." *Administrative Science Quarterly*, Vol. 27, pp. 259-279.
Rubin, I. S. (1992). "Budgeting: Theory, Concepts, Methods, and Issues." In Rabin, J. (ed.). *Handbook of Public Budgeting*, New York: Marcel Dekker, pp. 3-22.
Sachs, Seymour and Robert Harris. (1964). "The Determinants of State and Local Government Expenditures and Intergovernmental Flow of Funds." *National Tax Journal*, No. 17, pp. 78-85.
Savage, R. L. (1978). "Policy Innovativeness as a trait of American States." *Journal of Politics*, Vol. 40(1), pp. 213-224.
Schein, E. H. (1983). "The Role Founder in the Creating Organizational Culture." *Organizational Dynamics*, summer, pp. 13-28.
Schein, E. H. (1985). *Organizational Culture and Leadership: A Dynamic View*, San Francisco: Jossey-Bass.
Schneider, Mark and Paul Teske. (1992). "Toward a Theory of the Political Entrepreneur: Evidence from Local Government." *American Political Science Review*, Vol. 86(3), pp. 737-747.
Schuman, H. and B. Gruenberg. (1972). "Dissatisfaction with City Services: Is Race an Important Factor?" In Harlan Hahn (eds.). *People and Politics in Urban Society*. Beverly Hills: Sage Publications.
Scott, W. C. (1961). "Organizational Theory: An Overview and An Appraisal." *Academy of Management Journal*, Vol. 4, pp. 7-26.
Scott, W. Richard. (1987). *Organizations: Rational, Natural and Open System* (2th ed.).

Englewood Cliffs, N. j: Prentice-Hall.
Scott, W. Richard and John W. Meyer. (1994). "Developments in Institutional Theory." In W. Richard Scott and John W. Meyer (eds.). *Institutional Environments and Organizations: Structural Complexity and Individualism*. Thousand Oaks: Sage Publications.
Scott, W. Richard. (1995). "From Barnard to the Institutionalists." In Williamson, O. E. *Organization Theory: From Chester Barnard to the Present and Beyond*. Oxford University Press.
Scott, W. Richard. (2001). *Institutions and Organizations*, Thousand Oaks: Sage Publications.
Seldon, Sally Coleman, Brewer, Gene A., and Brudney, Jeffrey L. (1999). "Reconciling Competing Values in Public Administration: Understanding the Administrative Role Concept." *Administration and Society*, Vol. 31(2), pp. 171-204.
Selznick, P. (1953). *TVA and the Grass Roots: A Study in the Sociology of Formal Organization*, Berkeley: University of California Press.
Selznick, P. (1996). "Institutionalism 'Old' and 'New'." *Administrative Science Quarterly*, Vol. 41, pp. 270-277.
Sharkansky, Ira. (1970). "Regionalism, Economic Status, and the Public Policies of American States." In Sharkansky, Ira, *Policy Analysis in Political Science*. Chicago: Markham Publishing Company.
Sharpe, L. J. (1970). "Theories and Values of Local Government." *Political Studies*, Vol. 18(2), pp. 153-174.
Shepsle, Kenneth. A. and Barry. R. Weingast. (1987). "The Institutional Foundations of Committee Power." *American Political Science Review*, Vol. 81(1), pp. 85-104.
Simon, Herbert A. (1957). "Rationality and Administrative Decision Making." *Model of Man*, New York: John Wiley & Sons, Inc., pp. 196-206.
Simon, Herbert A. (1976). "From Substantive to Procedural Rationality." Latsis, S. J. (ed.). *Method and Appraisal in Economics*. Cambridge: Cambridge University Press, pp. 129-148.
Simon, Herbert A. (1978). "Rationality as Process and as Product of Thought. *American Economic Review*, Vol. 68(2), pp. 1-16.
Simon, Herbert A. (1997 [1945]). *Administrative Behavior: A Study of Decision-Making Process in Administrative Organizations*. 4rd. New York: The Free Press.
Simon, Herbert A., D. W. Smithburg, and V. A. Thompson. (1950). *Public Administration*. Alfred A. Knopf. (岡本康雄・河合忠彦・増田孝治訳 (1977)『組織と管理の基礎理論』ダイヤモンド社)
Smircich, Linda. (1983). "Concepts of Culture and Organizational Analysis." *Admini-

starative Science Quarterly, Vol. 28(3), pp. 339-358.
Steers, Richard M. (1977). "Antecedents and Outcomes of Organizational Commitment." *Administrative Science Quarterly*, Vol. 22(1), pp. 46-56.
Stone, C. (1989). *Regime Politics: Governing Atlanta, 1964-1988*. University Press of Kansas.
Sullivan, John L. (1972). "A Note on Distributive Politics." *The American Political Science Review*, Vol. 66(4), pp. 1301-1305.
Terry, Larry. D. (1998). "Administrative Leadership, Neo-Managerialism, and the Public Management Movement." *Public Administration Review*, Vol. 58(3), pp. 194-200.
Teske, Paul and Schneider, Mark. (1994). "The Bureaucratic Entrepreneur: The Case of City Managers." *Public Administration Review*, Vol. 54(4), pp. 331-340.
Tirole, J. (1994). "The Internal Organization of Government." *Oxford Economic Papers*. London: Clarendon Press.
Tolbert, Pamela S. and Lynne G. Zucker. (1983). "Institutional Sources of Change in the Formal Structure of Organizations: The Diffusion of Civil Service Reform, 1880-1935." *Administrative Science Quarterly*, Vol. 28(1), pp. 22-39.
Townley, B. (2002). "The Role of Competing Rationalities in Institutional Change." *Academy of Management Journal*, Vol. 45(1), pp. 163-179.
Tsui, Anne S., Egan, Terri D., and Charies A. O'Reilly III. (1992). "Being Different: Relational Demography and Organizational Performance." *Administrative Science Quarterly*, Vol. 37(4), pp. 549-579.
V. O. Key, Jr. (1951). *Southern Politics in State and Nation*. New York: Alfred A. Knopf.
Walker, Jack L. (1969). "The Diffusion of Innovations among the American States." *American Political Science Review*, Vol. 63(3), pp. 880-899.
Weber, Max (1962). "Bureaucracy." In *From Max Weber: Essays in Sociology.* translated by H. H. Gerth and C. Wright Mills. New York: Oxford University Press.
Weiss, D. J., R. V. Dawis, G. W. England, and L. H. Lofquist. (1967). *Manual f or the Minnesota Satisfaction Questionnaire*. Minneapolis, MN: Industrial Relations Center, University of Minnesota.
Williamson, O. E. (1995). *Organization Theory: From Chester Barnard to the Present and Beyond*. Oxford University Press.
Wilson, James Q. (1989) *Bureaucracy: What Government Agencies Do and Why They Do It*. Basic Books.
Wintrobe, R. (1997). "Modern Bureaucratic Theory." in Mueller, D. C. (eds.). *Perspectives on Public Choice*. Cambridge: Cambridge University Press.
Wright, M. (1988). "Policy Community, Policy Network and Comparative Industrial Policies." *Political Studies*, Vol. 36, pp. 593-612.

Yeung, Arthur K. O., Brockbank, J. Wayne, and David O. Ulrich. (1991). "Organizational Culture and Human Resource Practices: An Empirical Assessment." *Research in Organizational Change and Development*. Vol. 5, pp. 59-81.

Zucker, Lynne G. (1991). "The Role of Institutionalization in Cultural Persistence." In Walter W. Powell and Paul J. DiMaggio (eds.). *The New Institutionalism in Organizational Analysis*. Chicago: University of Chicago Press.

あとがき

　「地方分権」というのは，一口でいえば，従来の国家の中央集権的システムを分権的システムに変形することである。社会の多様化に伴う複雑な社会問題は，国家もしくは中央政府という一つの権力機関のみでは解決できなくなり，地方分権を通じて地方の力を借りざるを得ない状況となったのである。こうした状況は1990年代に入ってより浮き彫りされ，「地方分権時代」をもたらしている。

　そこで本書は，自律性を高めつつ自治体間の政策競争が現実化されることに着目して，地方自治の意義を探るつもりであった。その中で，政策決定過程における諸刃の剣といわれる官僚の行動が，どのように自治体の政策パフォーマンスに影響を与えているかを組織規範というレンズを通して文化・規範的分析を試みた。とりわけ，本文中でも指摘したように有力なアプローチと思われる社会学的新制度論では，人間の行動に対するインフォーマルな制約に注目し，これらによる政治的帰結を説明する。たとえば，文化的コンテクストは，行為者の選好を形成し，彼らの選択行動を規定すると考える。こうした文化的アプローチは同型化理論においても採用されており，その文化的コンテクストに対する行為者の認知過程が強調されたのである。しかし，社会学新制度論では，制度的環境などの文化的コンテクストの下においてアクターの自律的な行動が注目されず，文化決定論に陥る結果となった。これに対して，本書は，社会学的新制度論の文化・認知的アプローチを取り入れながらも，アクター（自治体の職員）の共有態度，選択行動を考慮することによって，政策決定研究と文化・規範的要素を結合させる試みを行った。しかし，自治体の政策決定と官僚の行動に対する組織規範の意味を理論的・実証的な検証を行ったにもかかわらず，いくつかの限界と課題が残されたといわざるをえない。たとえば，「組織規範の変化」がそれである。組織規範の変化は，内容そのものの変化と，組織規範の程度もしくはあり方の変化が考えられる。組織規範の内容における変容は，マクロ・レベルの制度的環境の変

化につれて起こりうると思われる。それに対して，組織規範の程度ないしあり方の変化はどうだろうか。これは，組織規範の深化・衰退過程に関わるものであり，大きな課題である。たとえば，本書の分析によれば「脱官僚制志向の組織運営規範」に対して「知事要因」が正の影響を与えたという結果になったが，知事の交代による組織規範の変化も考えられる。つまり，知事の交代によって，行政活動の奨励的機能をもつ組織規範が衰退すると，組織規範の持続・安定性が問われ，組織規範をいかに深化させるかについて検討しなければならない。また，これは組織規範の機能として「リーダーシップの代替物」の可能性を探ることに関わる検証でもある。しかし，本書では具体的な分析ができず，今後の課題として残さざるを得なかった。組織規範の変化に対しては，2005年都道府県調査に引き続いて，同対象に対する調査を行った上で，都道府県別の変化を概観することも興味深いだろう。さらに，知事の交代があった都道府県と再選の知事がいる都道府県の比較検討や，それに関わる事例研究などが考えられる。

筆者は，大学院入学後から地方自治という政治・行政分野を専攻することになった。韓国では，1991年の地方議会選挙をはじめ，1995年から本格的な「地方自治の時代」を迎えて，筆者にとって大学卒業後の進路について悩んだ頃であった。その中筆者に地方自治という馴染みのない一石を投げかけたのが，韓国の恩師である国民大学の金乗準先生の論文であった。金先生の下で研究した修士2年間では，行政学を含む社会科学的基礎だけでなく研究者の実践的役割を学ぶことができた。その後，筆者にとって2回目の転機が訪れた。それは，日本への留学とともに，日本の恩師である慶應義塾大学の小林良彰先生との出会いであった。小林先生の下で筆者は，行政学に政治学的な視野を付け加え，民主主義としての地方自治を身につけることができた。留学初期において小林先生から受けた「地方自治に対する君の理想は何か」という質問は，いまだに記憶に残り，常に心の中に存在している。お二人の恩師に恵まれ心から感謝しており，お二人の先生からのご指導がなければ，筆者の今日はない。

また，本書は，学会，シンポジウム，研究会などで報告して多くの先生方による建設的な批判，ご指摘を頂いて完成されたものである。大学院博士課程在籍中より今日に至るまで，数多くの先生方にお世話になった。まず，大

学院在籍と慶應義塾大学のCOEプログラムにおいて，慶應義塾大学の大山耕輔，片山善博，河野武司，関根政美，玉井清，富田広士，萩原能久，増山幹高の各先生方のご指導がなければ，本書も存在しなかった。

　平野浩（学習院大学），和田淳一郎（横浜市立大学），桑原英明（中京大学），石上泰州（平成国際大学），森正（愛知学院大学），三船毅（愛知学泉大学），谷口尚子（帝京大学），河村和徳（東北大学），堤英敬（香川大学），名取良太（関西大学），中谷美穂（明治学院大学），佐々木寿美（平成国際大学），市島宗典（中京大学），羅一慶（中京大学），金永坤（慶應義塾大学），張殷珠（慶應義塾大学），慶済姫（慶應義塾大学），小田義幸（慶應義塾大学），松本淳（慶應義塾大学）の各先生方ならびに同門からは，学会や研究会などの際に，貴重なご指導と建設的なご意見を頂き，感謝している。

　さらに，未熟なものにもかかわらず出版の機会を与えてくださった木鐸社の坂口節子社長にも心より厚く御礼を申し上げたい。

　最後には，我慢強く見守ってくれた私の家族に感謝を述べることをお許しいただきたい。まず，結婚とともに来日して10年間，物心両面で支えてくれた両親とともに，義理の両親にお礼を申し上げたい。また，自分の犠牲を惜しまず，常に筆者のそばにいてくれた妻・李ヒョンジョンと，「パパは，何でまだ学校に通っているの？」と戸惑いの質問をしている息子の起徳に，お詫びとともに愛情をこめて感謝する。

　　　平成20年12月

　　　　　　　　　　　　　　　　　　　　　　　　　　　　　金　宗郁

The Policy Performance and the Organizational Behaviors of Bureaucrat on Local Governments in Japan

Kim, Jong-Ouck

This study focuses on the competition of the policy performance and the determinants of policy performance variation among local governments since the decentralization reform in Japan. In this study, the policy performance variation represents the policy output for reforms on same level local governments.

Furthermore, this study examines bureaucrat's organization norm which adapt the institutional environment, is the important determinants to explain the policy performance variation on local governments, and this can explain the "Black Box" in the policy process on local governments.

First of all, in order to investigate the policy performance variation on local governments, this study observes the process of the cognition and interpretation adapting the institutional environment on local governments. The cognition and interpretation process of local governments refer to the decision making process or policy making process by the actors on the local government. From the previous research on the policy decision in the local government, an internal process on the policy decision has been caught from the influence relation among the actors. Since the chief executive who had an absolute authority in the policy decision on the local government have regarded as the determinants, the most of studies has focused on the relation between the policy output and leadership of the chief executive. But, this study focuses on the behaviors of bureaucrat at the policy formation, the execution stage, and the verifications of the relation to the policy output. In addition, under the institutional environment, the behaviors of bureaucrat at the individual level how is converted to the organizational behaviors at the organization level, produces effect on policy of the local government observing to concept it converted "Organization norms" as a mediation body of the behaviors of bureaucratic at the individual level and organizational behaviors at the organization level.

"Organization norms" is the value and a system of beliefs in the organization that makes the bureaucrat's individual behavior converted into the organizational behavior as cognition and interpretation frame of the local government adapting the institutional environment at the macro level. And this "Organization norms" is the one carries out functions such as "cognition and interpretation frame offer of the local government" and "Internal control function to the staff", "Promotional function to the policy performance", "Subordinate level of the organizational culture", and "Alternative thing of the leadership". Add to this, this study sets organization norms – "Policy execution norm", "Organizational management norm", "Public participation norm". Policy execution norm relates to the market – oriented, economic efficiency – oriented. Organizational management norm relates to deviation from bureaucratic system that was symbol of low performance of government. Public participation norm is meant to attitude of staff for the enlargement intention for the participation of residents in policy formation and executing.

On the basis of this problem setting, this study is comprised four analysis frameworks (Chapter 2).

First, analysis I (Chapter 3) shows specifying the organization norms, which are attempted by examining the staff attitude of the 47 prefectures to NPM (New Public Management) means a change of administrative paradigm. The administrative reform of the NPM type was an attempt to solve a traditional, administrative dilemma in democratic and efficiency with the market mechanism by the managerialism. The change in administrative value by NPM occupies an overwhelming position in the administrative reform of the local government, and the response of the local government to it is becoming a process of acquiring own validity in the society.

Second, in analysis II (Chapter 4), "Internal control function to the staff" of the organization norms verified based on the administrative responsibility theory. As a result, the influence of the organizational culture and the organization norms is confirmed for the responsibility behavior of the staff.

In analysis III (Chapter 5), "Promotional function to the policy performance" of these organization norms was verified. Concretely, it has been analyzed that the organization norms has the influence for the enactment of the ordinance in local government with "Financial environment" and "Governor factor".

Finally, analysis IV (Chapter 6) clarified the formation and the promotion factor of the organization norms.

Thus, this study verified the "Organization Norms" has an effect on bureaucrat's organizational behavior for the policy performance variation among local governments theoretically and empirically. This argument will become meaning one step that the Black Box as how the policy process works on the local government establishes white box. Moreover, this study will offer an approach of inter-discipline by attempting the possibility of uniting the policy decision-making theory and the organization study on policy study.

索　引

あ行

アカウンタビリティ（accountability）　59, 63-67, 108
アジェンダ統制力（agenda control power）　111
エリート主義論　30-31

か行

外部統制　26
階層線形モデル（HLM）　27, 181-186
価値前提（value premise）　24, 72-75
管理主義　58, 94
管理主義志向の政策執行規範　90, 96, 98-105, 127
官僚制・官僚組織　37, 43-44, 48, 63
決定前提（decision premise）　24, 72-75
権力構造論　30
限定された合理性（bounded rationality）　24, 70-72
機関委任事務　9, 13, 141, 196
起業家主義　58
技術的環境　50-51
規範的圧力（normative pressures）　45-46
基本前提　83-84, 86
逆選択（adverse selection）　113
客観的評価　142
旧制度論　53
強制的同型化（coercive isomorphism）　45
行政機能　39-40
行政責任　124-127
行政統制　85, 121-124
競争価値モデル（competing values model）　131-132
合理性の領域　71
合理的文化　131-134
コンティンジェンシー理論　49

さ行

三位一体改革　15-18
事実前提（factual premise）　72-75
社会学的新制度論　43, 46-48
住民参加志向の公共参加規範　90, 96, 98-105, 127
主観的評価　142
集団的文化　131-134
情報公開制度　21, 41, 68, 118-121
情報独占力（information power）　111
情報の非対称性　113-114, 118
奨励的な機能　86
条例離れ　146
心理的環境・構造　74-75
信念体系　25, 76-77, 80
神話と儀式　43-44
政策決定要因論　34-40
政策バリエーション　21-23, 25, 29, 37-38, 150, 157
政策パフォーマンス　40, 86, 141, 157
政治システムモデル　39
成長マシーン論　32
制度的環境　24, 48-51, 52, 57, 79, 87-89, 150
正当性　44-45
責任行動　124, 127, 153-156
専門職業的責任　125-127
争点法　31
組織環境　49
組織規範　25, 29, 75-87, 95, 98, 127, 137-139, 142, 150, 153-156, 169-171, 179
組織行動　69, 76, 80, 89, 105, 142
組織的決定　24
組織文化　80-85, 129-134

た行

第一次分権改革　12-14, 141
第二次分権改革　15-18
多元主義論　30-31
脱官僚制志向の組織運営規範　90, 96, 98-105, 127

脱官僚制的パラダイム　58
単独事業費　115-118
地方分権一括法　12, 14, 146
適切さの論理　47, 90
手続き的合理性　72
同型化理論（isomorphism）　24, 43, 45-46, 51, 53-54
統制対抗の法則　124
都市限界論　31-32

な行

内部統制　26, 85, 121
NPR（National Performance Review）　67
NPM（New Public Management）　10, 57-69, 89, 93, 165-168

は行

発展的文化　131-134
ヒエラルキー的責任　125-127
ヒエラルキー的文化　131-134
フィールド内のバリエーション　51

ブラック・ボックス（black box）　23, 39-40, 55
フリードリッヒvsファイナー論争　122-123
文化・認知的アプローチ　43, 46-48
分権化定理　21
評判法　31
法規国家（Rechtsstaat）　195
法律的責任　125-127
法令解釈権　197
本人－代理人　64, 94, 112-114

ま行

認知・解釈フレーム　85
模倣の過程（mimetic processes）　45
モラル・ハザード　113

や行

予算最大化行動　110

ら行

レジーム論　32
レスポンシビリティ（responsibility）　124-125

著者略歴

金　宗郁（きむ　じょんうく）

1969年　韓国ソウル生まれ
2003年　慶應義塾大学大学院法学研究科博士課程政治学専攻単位取得退学
2008年　慶應義塾大学　博士（法学）
現　在　慶應義塾大学先導研究センター特別研究講師

主要論文

「自治体の政策パフォーマンスと組織規範，住民意識」日本選挙学会『選挙研究』第21号（2006）
「政策形成過程における官僚の民主的統制としての組織規範」日本政治学会『年報政治学』2005年Ⅱ号（2006）
「第一次分権改革以降の自治体における変化－職員の意識変化と条例制定－」日本選挙学会『選挙学会紀要』第8号（2007）
『地方分権時代の市民社会』（共著）慶應義塾大学出版会（2008）

地方分権時代の自治体官僚
Policy Performance and Organizational Behaviors of Bureaucrat in Local Government

2009年2月10日第1版第1刷　印刷発行　©

著者との了解により検印省略

著　者　金　　　宗　郁
発行者　坂　口　節　子
発行所　㈲　木　鐸　社
　　　　　　　ぼく　たく　しゃ
印　刷　アテネ社　製本　高地製本所

〒112-0002 東京都文京区小石川 5-11-15-302
電話（03）3814-4195番　FAX（03）3814-4196番
振替 00100-5-126746　http://www.bokutakusha.com

（乱丁・落丁本はお取替致します）

ISBN978-4-8332-2413-0　C3031

日本の政府間関係 ■都道府県の政策決定
Steven R. Reed, Japanese Prefectures and Policymaking, 1986
スティーヴン・リード著　森田朗他訳
A5判・296頁・2800円（1998年2刷）ISBN4-8332-2151-9
1 政府間関係における影響力　2 比較的視座における日本の地方政府　3 日本の地方政府の発展　4 公害規制政策　5 住宅政策　高校教育政策　7 結論
　日本の地方自治を，比較政治学の観点から考察し政策決定に当ってどのような影響力関係が働いているかを分析。

行政サービスの組織と管理
田尾雅夫著
A5判・302頁・4000円（1997年5刷）ISBN4-8332-2145-4
■地方自治体における理論と実際
　本書は，「地方自治」という規範的概念を内実化するための方途として地方自治体の組織の変革可能性を議論したものである。即ち地方自治を機能させるための道具或いは装置としての自治体をどう運営するかということに実証的・理論的に取り組んだ。組織論の研究蓄積を駆使した試行調査の成果。日経図書文化賞受賞。

自治体発の政策革新
伊藤修一郎著（筑波大学）
A5判・300頁・3000円（2006年）ISBN4-8332-2376-7
■景観条例から景観法へ
　本書は景観条例を題材として，自治体が現代社会の政策課題に取り組む主体として，その潜在力を発揮できるのは，どのような条件のもとでか。いかにして自治体発の政策革新が可能になるのか，を追究する。分析した自治体は全国に及び，理論整理と実証的積み重ねは，他に類をみない。

日本型教育システムの誕生
徳久恭子著（立命館大学法学部）
A5判・352頁・4500円（2008年）ISBN978-4-8332-2403-1 C3031
　敗戦による体制の転換において，教育改革は最優先課題であった。それは米国型の「国民の教育権」を推し進めようとするGHQと旧来の伝統的自由主義にもとづく教育を取り戻したい文部省との対立と妥協の政治過程であった。教育基本法という日本型教育システムの誕生にいたるそのプロセスを，従来の保革対立アプローチの呪縛を脱し，アイディアアプローチを用いて論証する政治学的考察。

（税抜価格）